PECAR
como
DIOS
MANDA

Eugenio Aguirre

en colaboración con Federico Andahazi

PECAR *como* DIOS MANDA

Historia sexual de los mexicanos

Del México prehispánico
hasta el inicio de la Colonia

Diseño de portada: Vivian Cecilia González García

© 2010, Eugenio Aguirre y Federico Andahazi
c/o Guillermo Schavelzon & Asoc., Agencia Literaria
info@schavelzon.com

Derechos reservados

© 2010, Editorial Planeta Mexicana, S.A. de C.V.
Avenida Presidente Masarik núm. 111, 2o. piso
Colonia Chapultepec Morales
C.P. 11570 México, D.F.
www.editorialplaneta.com.mx

Primera edición: junio de 2010
ISBN: 978-607-07-0426-0

El contenido de este libro es responsabilidad exclusiva del autor
y no refleja necesariamente la opinión de los editores.

Ninguna parte de esta publicación, incluido el diseño de la portada,
puede ser reproducida, almacenada o transmitida en manera alguna
ni por ningún medio, sin permiso previo del editor.

Impreso en los talleres de Litográfica Ingramex, S.A. de C.V.
Centeno núm. 162, colonia Granjas Esmeralda, México, D.F.
Impreso y hecho en México – *Printed and made in Mexico*

*A Gerardo y José Cornejo,
entrañables amigos.*

Porque aunque es verdad que algunos mentirán, yo me precio de decir verdad en lo que escribo, e hiciera alevosamente si no la dijera, pues no es libro de caballerías este, donde se toma licencia para sacar de quicio las cosas y aun para mentir en todo, sino historia donde todo lo que digo es verdadero y digno de toda fe humana.

FRAY JUAN DE TORQUEMADA

> # México
> prehispánico
>
> ....
>
> ## LOS NAHUAS

1

LAS DEIDADES Y EL SEXO

Aun antes de que se creara el cosmos, previa a la explosión universal que hoy conocemos con el nombre de *Big Bang*, ahí en la nada, entre nebulosas carentes de materia, la deidad de la dualidad, Ometéotl u Ometecuhtli, provisto de la doble esencia masculina y femenina, esta última nombrada Omecíhuatl, comenzó una intensa actividad sexual que devino en la creación del universo.

Este mito de creación que concebía al cosmos sexualmente dividido, sirvió a los nahuas para explicarse el origen de las múltiples divinidades que componían su panteón y, lo más importante, el de los hombres.

A fin de comprender la sexualidad divina, los artífices de esta cosmovisión, sacerdotes y filósofos, se vieron precisados a darle a Ometecuhtli otras advocaciones que lo vincularan a las categorías humanas asociadas con la vida y la muerte, y que justificaran la procreación de todo lo que les rodeaba. Así, dieron a la deidad de la dualidad la advocación de Tonacatecuhtli, *señor de nuestra carne* o *señor de nuestro sustento*, con su contraparte femenina Tonacacíhuatl; los dioses quedaron, desde su primera concepción, conceptualizados como parejas de marido y mujer.

Los dioses, es comprensible, requerían un espacio para su solaz esparcimiento, así como para celebrar sus encuentros amorosos; por ello, sin perder un segundo cósmico, se dedicaron a la construcción de una especie de paraíso, el Tamoanchan (mismo que situaron al oeste, en el seno de la Vía Láctea) que, amén de servirles como leonera celestial, les permitiría vigilar todo lo que habían inventado, particularmente el destino de los hombres, una vez que estos fuesen creados.

Así, la pareja divina primordial en la advocación compuesta por Tonacatecuhtli y Tonacacíhuatl se instaló en el decimotercer cielo, el plano más elevado del paraíso o Tlalocan, y muy pronto (no se precisa en los mitos el tiempo que duraba la gestación de las deidades) engendraron cuatro hijos: Tezcatlipoca que nació rojo, identificado con Xipe Totec y Camaxtli o Mixcóatl; Tezcatlipoca Negro, *espejo brillante que humea,* el todopoderoso que conoce los pensamientos que están en todas partes y penetra en los corazones, y quien dará muy pronto de qué hablar en esta historia; Tezcatlipoca Azul, que no es otro que Huitzilopochtli; y, finalmente, Quetzalcóatl.

Estos dioses pasaron a formar el nivel supremo de la teogonía náhuatl (Quetzalcóatl sería adoptado como el dios más importante de los toltecas y Huitzilopochtli de los aztecas) y se convirtieron en los responsables, entre otras cosas, de engendrar nuevas deidades, ordenar el universo y crear a la primera pareja humana: Uxumuco y Cipactónal, los correspondientes de Adán y Eva dentro del mito de creación de la religión judeocristiana.

De esta manera, en la cosmovisión náhuatl se determinó que el cielo, el sol, el día y los trabajos agrícolas fueran vinculados a la masculinidad, mientras que la tierra, la luna, la noche, las estrellas, así como los oficios de hilandera y tejedora adquirieron un carácter netamente femenino. La imagen de un dios celeste arrojando lluvia y semen sobre la tierra fértil y sobre una diosa telúrica, seguramente Tlazoltéotl, ilustra esta concepción en forma harto elocuente.

La sexualidad estuvo siempre presente, tanto en las instancias divinas como en las humanas y en la interacción que se dio entre ambas esferas. Quetzalcóatl desciende al inframundo para obtener huesos de los imperfectos hombres creados con anterioridad por los dioses supremos, a fin de trasladarlos a uno de los cielos superiores, donde los muele y los mezcla con la sangre que obtiene punzando su pene, y crea la sustancia con que habrá de formar a los hombres que reúnen los atributos deseados.

Las representaciones de la primera pareja humana contemplan la realización del acto sexual con una lucidez prístina no exenta de sensualidad y de un aura divina. Los amantes aparecen en postura yacente y sus cuerpos están ocultos bajo una sola manta, pintada con los colores de la piedra preciosa, *chalchihuite*-jade o esmeralda, por encima de la cual cuelga un sartal de las mismas piedras, lo que indica, sin lugar a duda, que están celebrando el coito. También, entre los cuerpos, se yergue un *chicauaztli,* palo de sonajas, símbolo de la fecundidad. Asimismo, se muestra a la primera pareja humana junto a Xochiquetzal que, como veremos más adelante es, entre otras advocaciones, la diosa de las flores y del amor. Otra más, un tanto audaz y provocativa, muestra a los amantes frente a frente, rodeados por una manta primorosamente pintada, debajo de la cual se advierten sus piernas entrecruzadas. En medio de Uxumuco y Cipactónal está clavado un cuchillo de pedernal, con forma fálica, y a sus espaldas se levantan sendas cañas de flecha que quizá signifiquen unos palos sacadores de fuego que, al integrarse con el pedernal, simbolicen el fuego que se produce con él; todo el conjunto probablemente sea una notable representación de la unión sexual. En ocasiones, estas figuras están unidas por un río de sangre que brota de sus bocas, símbolo de las energías vitales que confluyen en el acto sexual.

Resulta evidente que la primera pareja humana, eslabonada íntimamente con las deidades, dedicaba sus ocios paradisiacos al dulce quehacer de la fornicación. Esta actividad amatoria debió de iniciarse, una vez vencidos los primeros rubores y asombros propios del conocimiento recíproco del cuerpo, de sus elongaciones y recovecos deliciosos, con alegría festiva, pues con la primera relación sexual entre seres humanos, Uxumuco y Cipactónal, fue engendrado Piltzintecuhtli.

Nació Piltzintecuhtli y su madre, ni tarda ni perezosa, le ofreció sus senos para procurarle alimento y prodigarle ternura. El pequeño hombre-dios se prendió como lapa de una de las generosas tetas y succionó un cúmulo de estrellas. Sus padres estaban arrobados ante su belleza; sin embargo, pronto advirtieron que para estar completo y poder ser feliz, el chico requería una pareja. Así, mientras Piltzintecuhtli era amamantado, Uxumuco y Cipactónal le cortaron un mechón de bucles para formar con ellos a Xochiquetzal-Flor preciosa, deidad que sería su esposa y con quien, en su momento, engendraría a Cintéotl, joven dios del maíz, de cuyo cuerpo brotaría una gran cantidad de plantas alimenticias.

La pareja formada por Piltzintecuhtli y Xochiquetzal, con el paso del tiempo y sus demostraciones de afecto, se convirtió en el paradigma del amor. Los jóvenes amantes eran pródigos en la entrega de sus dones a las criaturas que creaban. Piltzintecuhtli dio sangre y sustancia —léase semen— para la creación del venado y lo dotó con la belleza que ostenta su especie. Xochiquetzal, por su parte, se convirtió en la diosa de todo lo que es bello, artístico y de buen gusto. Al igual que la Afrodita nacida del mar, no tardó en ser identificada como la joven y bella diosa lunar, y, gracias a los mismos atributos, como diosa del amor, patrona de las rameras.

Hermosa diosa de la Luna, Xochiquetzal es amada y buscada por el joven Sol a todas horas y en todo momento, lo que no es de extrañar cuando la vemos representada desnuda, como pecadora; condición que no debe causarnos sorpresa, pues siendo la diosa de las flores y el amor, fue natural que se le definiese como propiciatoria de las relaciones ilícitas; esto es, como diosa de la transgresión y el pecado y, por ende, patrona de las prostitutas o *auianime*, y de las *maqui* o entremetidas.

El carácter lascivo atribuido a Xochiquetzal impregnó a muchas de las festividades que los nahuas le consagraban. Tal es el caso de la fiesta Quecholli celebrada por los tlaxcaltecas en su honor, donde se inmolaba a un gran número de muchachas y se permitía que las *maqui*, prostitutas, se ofrecieran a sí mismas en holocausto, a la vez que maldecían, con palabras soeces, a las mujeres honradas. O la fiesta que pintoras y bordadoras le dedicaban para limpiar sus pecados, y que comenzaba con un baño comunitario para evitar el contagio de enfermedades tremendas: sífilis, lepra y otros males de la piel. Después del baño y de tragar ranas y culebras vivas, animales que representaban el agua y su fuerza fecundante y vivificadora, los que se sabían culpables de graves delitos de índole sexual, los confesaban y como castigo o penitencia se horadaban la lengua y pasaban por el agujero tantos palitos o pajuelas como pecados hubieran cometido. Los palitos o tallos sangrientos eran quemados en el gran fogón del templo. ¿Derivará de aquella festividad la expresión *¡vamos a echarnos un palito!*, que aún se utiliza como invitación al coito? Es probable.

Xochiquetzal fue adoptada como la diosa de las diversiones, del canto, la danza y el juego, patrona de la creación y el talento artístico, y por ello era adorada por aquellas mujeres diestras en alguna faena artística, así como por toda clase de artesanos.

Tanta exuberancia sexual no podía pasar desapercibida para otras deidades. La envidia y la codicia se apoderaron del espíritu —todavía no tenía corazón— de Tezcatlipoca, el dios Negro y todopoderoso, quien decidió raptar a Xochiquetzal para conducirla a la región fría y oscura del norte, ubicada en el noveno cielo.

Xochiquetzal, distraída en sus actividades, ni siquiera imaginaba que iba a ser protagonista del primer rapto y violación cometido por las potestades celestiales de la cosmovisión náhuatl, ni que se equipararía a Europa raptada y violada por Zeus, dioses ambos del panteón Aqueo. Andaba vestida con atuendos provocativos: una enagua con dibujos sensuales y atractivos, su máscara-yelmo en forma de quetzal y una placa de turquesas con forma de mariposa colgando de su boca. Dos grandes penachos de pluma de quetzal sobre su cabeza. Una flor y una mariposa inclinada sobre el cáliz. En la nuca, una roseta de piel de jaguar de la que colgaba una manta pintada con los colores del *chalchíhuitl*, que tapaba su espalda e insinuaba sus glúteos. ¡Un portento de belleza!, cuando la miró Tezcatlipoca Negro y se arrojó sobre ella, sin darle tiempo siquiera de huir o pedir auxilio a su marido y amante, Piltzintecuhtli-Tláloc, de quien se dijo primero que andaba juntando rábanos, aunque después se supo que había sido hechizado con una oración mágica que había provocado en él, en los dioses creadores que vigilaban a la diosa, en los sacerdotes y en la misma Xochiquetzal un sueño profundo que los había dejado turulatos:

> Yo mismo, cuyo nombre es tinieblas
> [...] invoqué a voces al sueño, y
> [...] los hice quedar insensibles,
> [...] borrachos perdidos en (o) tinieblas
> (i) de sueño.

Tezcatlipoca se la echó sobre los hombros y la llevó al país de la podredumbre, de las brisas frías, delicadas y heladas, residencia de los muertos divinizados, donde tenía su reino.

Algunos, que insistieron en permanecer en el anonimato, dejaron entrever que Tezcatlipoca la penetró por primera vez cuando aún estaba dormida y que al despertar y cobrar conciencia de lo que había sucedido, le había recriminado su falta con palabras, por demás duras: «¡Ahora comprendo por qué cuando atacas a los hombres en compañía de las *cihuateteo*, al amparo de la noche, estos te gritan puto! Y por qué los nahuas llaman al acto sexual *tlazolli*, que significa erotismo, tierra y destrucción, pero también usado, desgastado, podrido, corrupto, desecho, basura, suciedad.» Enseguida, le exigió que la sacara de la pocilga en que la había metido y que la trasladara al Tamoanchan donde, al menos, podría limpiar su cuerpo y quizá ver a la madre de los dioses, Tonacacíhuatl, para que la consolase.

Tezcatlipoca accedió a regañadientes. Dejó que pasaran unos días y, una vez que constató que Xochiquetzal se había repuesto, logró seducirla e iniciarla en las artes perversas del amor carnal, hasta que ella quedó emputecida y más que lista para comportarse como la deidad de las relaciones sexuales ilícitas y de sus múltiples desviaciones.

Todavía, durante el siglo XVI, un misionero católico recordaba el rapto de Xochiquetzal: «Dicen que fue mujer del dios Tláloc, dios de las aguas, é que se la hurtó Tezcatlipuca, é que la llevó á los nueve cielos é la convirtió en diosa del bien querer».

Para desesperación de Piltzintecuhtli, Xochiquetzal se quedó a vivir eternamente en el Tamoanchan, a pesar de que se asevera que ella no estaba del todo contenta y se quejaba. El método que utilizó Tezcatlipoca para secuestrar a su divina amante, mediante el recurso de una oración somnífera, se perpetuó entre los macehuales durante muchos siglos. No era raro que un joven náhuatl, que pretendiese hacer el *tlazolli* con una doncella retobada dispuesta a defender con uñas y dientes los bastiones de su *rajita de canela*, después de reunir veinte varas de la escoba utilizada por ella para barrer, repitiera la oración y lograse ganar su amor con todas sus implicaciones. También, pero esta era una variante utilizada por las mujeres para conquistar los favores de algún mancebo de su predilección, la doncella invocaría los versos que condenaban al sueño, al tiempo que le hacía comer en cualesquier alimento o beber en pócima o brebaje su sangre menstrual.

La experiencia sexual de las deidades supremas, fundadoras de los orígenes del universo náhuatl, permeó en los estratos sociales y en la convivencia cotidiana de los mexicanos, al grado de que en los banquetes que se ofrecían durante un matrimonio, uno de los notables, que se dirigía particularmente a la futura madre, comparándola con un trozo de jade, *chalchihuite,* y con un zafiro, le recordaba que la vida que ella traía en su seno provenía de la pareja divina Ometecuhtli-Omecíhuatl. Así, lo que comenzó como el mito de un regodeo sexual celeste, un tanto turbulento, se afincó en la Tierra para perpetuar los vínculos amorosos entre las deidades y los hombres.

DEIDADES DE LA VOLUPTUOSIDAD

Debido a la promiscuidad amatoria atribuida a los dioses, que en cierta forma no era más que el reflejo de lo que sucedía entre los hombres bajo el pretexto de la reproducción, tarea felizmente sazonada con el deleite sexual, el panteón náhuatl proliferó en deidades consagradas a la satisfacción de los deseos carnales, a los desmanes inspirados por la lujuria, a la voluptuosidad incontrolada, mas también al castigo de los excesos que se cometían en las esteras o petates terrenales.

Destacan entre estas deidades: Tlazoltéotl, reconocida comúnmente como diosa del placer sensual y de la voluptuosidad y de quien trataremos con amplitud más adelante. Xochipilli, también conocido como Macuilxóchitl, dios de las flores, del amor, la procreación, la música, la danza, asociado en el imaginario de los mexicas a la sensualidad, las relaciones sexuales ilícitas y el pecado, particularmente como numen del placer, e identificado, como lo hemos visto, con Piltzintecuhtli y, por ende, pareja de Xochiquetzal. Xochiquetzal, cuya regencia y atributos ya han sido descritos, pero a los que habría que agregar haber sido la diosa que llevó a cabo el primer encuentro sexual, el primer parto propiamente dicho, y quien también es reconocida como la primera deidad-mujer muerta en la guerra, lo que dio pauta para que los mexicas consideraran al parto como un combate e identificaran a las mujeres fallecidas en dicho acontecimiento con los guerreros muertos en batalla, hecho que les conferiría un carácter divino bajo el nombre genérico de *cihuateteo*, y que se convertirían en acompañantes del sol durante su trayectoria del cenit al poniente. Vale, asimismo, recalcar en el caso de esta diosa, que era más proclive a la actividad amorosa que a la fecundidad, y que ello explica la protección que ejercía sobre las relaciones sexuales ilícitas y las prostitutas libres o rituales; es decir, aquellos amoríos en los que la finalidad era el disfrute de la carne. Esta proclividad al placer se hacía explícita en el trabajo de las hilanderas y tejedoras, sus protegidas, cuyos meneos corporales aplicados en sus labores provocaban fervorosas erecciones en todo aquel que pusiese su mirada en *salva sea la parte*.

Como hemos visto, Xochiquetzal no tenía empacho en compartir su lecho con las deidades que solicitaban sus favores, tampoco se andaba con remilgos para echarse unos cuantos *palitos* con algún humano, aunque este viviese encima de una piedra y, en el revolcón, arriesgara la morbidez de sus divinas nalgas, como hizo con un penitente de nombre Yappan, quien había dejado casa y mujer y habitaba sobre una piedra consagrado a la abstinencia y castidad.

Queda claro, entonces, que los creadores del sexo, *tlaltipacáyotl*, del acto sexual, *tlazolli*, y de las apetencias propiciaban los deseos carnales en los hombres. Ello explica por qué el panteón náhuatl incluía tanto a las deidades eróticas como los actos voluptuosos de las mismas, que, como Tezcatlipoca, «daba vida al polvo, a la basura» cuando recorría la Tierra; o cómo la diosa Tlaelcuani era tanto la que inspiraba como la que perdonaba los pecados del sexo y recibía en confesión al enfermo del corazón torcido por daños de su lujuria; o que el dios de los otomíes, cuya liberalidad sexual era proverbial, Huehuecóyotl, fuese el dios del erotismo por excelencia; y que las diosas Cihuateteo o Cihuapipiltzin, que moraban en el oeste, bajaran a la Tierra para pasar a los niños la epilepsia e inducir a los hombres a la impudicia y el pecado de adulterio.

Varios de estos dioses que impulsaban la actividad erótica de los humanos, se encargaban, sin tapujos, de castigarlos y en algunos casos, perdonarlos. Alfredo López Austin nos ilustra al respecto: «...todos los pecados y excesos sexuales originaban daños al cuerpo: la enfermedad de pecado conducía a la locura; el pecador, hombre o mujer, que se entregaba a amores ilícitos, derramaba a su alrededor emanaciones nocivas llamadas *tlazolmiquiztli*-muerte causada por el amor, sobre todo entre sus inocentes prójimos, niños y parientes, quienes eran atacados por delirios de melancolía; las muchachas que habían perdido la virginidad sufrirían el podrecimiento de sus genitales; el exceso sexual llevaba a la ruina física, a la consunción...» Xochipilli-Macuilxóchitl castigaba severamente con enfermedades venéreas, hemorroides y pústulas en la piel, a aquellos que tuviesen relaciones sexuales durante los días de ayuno prescritos en el calendario religioso. Sin embargo, estas mismas deidades, por invocación de las *tlazolteteo*, diosas del amor y el deseo, podían aliviarlos mediante baños de vapor en el *temazcalli* o en respuesta a sus oraciones y sacrificios específicos.

Víctima divina de estos castigos fue Nanahuatzin, cuya peculiar historia está íntimamente vinculada a Xochiquetzal y Piltzintecuhtli. Resulta y esto se divulgó como un infundio cósmico, nunca esclarecido del todo, que Xochiquetzal aparentemente pudo escapar del Tamoanchan, donde la mantenía cautiva Tezcatlipoca Negro, o quizá se dio maña para introducir subrepticiamente en su alcoba paradisiaca a Piltzintecuhtli-Xochipilli-Macuilxóchitl, su marido encornado, con el objetivo de gratificarse con aquellas delicias eróticas que les había escamoteado el Negro desgraciado; deliquios que fructificaron con la procreación de Nanahuatzin, aunque un mito de origen texcocano, quizá creado para *tapar el ojo al macho*, se encargó de propalar que este había sido adoptado y criado por la pareja junto con su hijo Cintéotl. El caso es que Nanahuatzin se llenó de bubas de origen venéreo, enfermedad que, conociendo cómo se las gastaba, es muy probable que Tezcatlipoca se las hubiera contagiado a su madre; ello ocasionó que además de volverse deforme, diera pábulo para que sus pares lo apodaran *el Buboso* y que los humanos lo clasificaran como el dios sifilítico.

Aunque en ocasiones los lazos que inventaron los nahuas para unir a diversas deidades en un solo numen puedan resultar confusos, ello se explica por la forma en que tenían organizada su visión del cosmos y por la gran promiscuidad con que aquellas se comportaban. Macuilxóchitl, por ejemplo, se ostentaba con el cabello largo sobre su espalda y adornado a los lados de la coronilla con un disco de piedra preciosa. En dicho disco figuraba un mono, su insignia como dios de la música, la danza, los placeres y la concupiscencia.

El dios Ahuiatéotl, al igual que Macuilxóchitl y Tezcatlipoca, unido a su falo lleva el signo *cuetzpalin*-lagartija, símbolo de sensualidad e impudicia. Macuilxóchitl, a su vez, puede verse acompañado de Tlazoltéotl y de los signos de la lluvia y la flor, unidos con el ano y la vulva de la diosa y con el ano y el pene del dios.

Otra variable se dio cuando los mexicanos y otros pueblos concibieron a Xochipilli como dios del pulque —bebida de naturaleza ardiente—, con el fin de asociar la ebriedad y sus excesos con la lujuria que, en esas condiciones, sentían por las mujeres. Impactante y sugerente es la representación de Xochipilli en un *ménage à trois* con dos advocaciones de Xochiquetzal, como representante de la unión conyugal y como patrona de las rameras, *ahuiani*, y de las compañeras de los guerreros, *maqui*. ¡Vaya que se divertían!

Así, es patente que no se andaban con tapujos e incluso exageraban. Mayahuel, la diosa del pulque, deidad lunar por excelencia, la única mujer entre los Cuatrocientos Dioses Conejo, fue concebida y representada con ¡cuatrocientos pechos! Fantasía erótica más que propicia para aquellos aficionados a prenderse con los labios de las mamas grandes, generosas y bien torneadas de sus compañeras y que no dudarían, respecto de sus preferencias, en proferir *más jalan un par de tetas que un par de bueyes en la carreta*.

Las coincidencias entre Mayahuel y la luna y el conejo nos llevan a reflexionar sobre el misterioso vínculo que une a la luna con las mujeres y su naturaleza; es decir, con el extraño y enigmático dominio que el astro ejerce sobre su cuerpo y que se manifiesta en la menstruación.

A pesar de que existen variantes respecto del sexo de la luna, la mayoría de las veces se le considera una entidad femenina. Metztli-Luna es la que determina el ciclo menstrual, esto es la lunación femenina, y está constantemente asociada a las deidades que propician la sexualidad, la voluptuosidad y la lujuria, y a las deidades del placer, la danza y el juego. Sin embargo, en las fuentes documentales de la época prehispánica no hay un criterio seguro de la naturaleza sexual de la luna.

Esta doble calidad de género en las deidades facilitó que, por ejemplo, Tlaltecuhtli —en su advocación de Señor de la Tierra llamado Mecitli—, desempeñase un papel femenino al verse compelido a amamantar a los quintillizos estelares llamados Mixcohua, que nacieron después de que las cuatrocientas estrellas hubieran sido, literalmente, dadas a luz. *La leyenda de los soles* es explícita al afirmar que «fue Mecitli quien les dio de mamar». Quizá por ello, en las fiestas en honor de Tláloc, algunos hombres se disfrazaban con ropajes mujeriles y aparentaban amamantar muñecas y tejones disecados, a fin de invocar las lluvias y la fecundidad de las milpas. Travestismo que, como en muchas otras festividades y ceremonias, obedecía a un ritual litúrgico y no a una desviación sexual como quisieron hacernos ver, con su mente cochambrosa, algunos cronistas que no comprendían lo que pasaba.

Muchas fueron las deidades, en sus diversas advocaciones, que regularon el comportamiento sexual de los hombres y mujeres que hicieron florecer las culturas asombrosas de Mesoamérica. Su influencia, cuyos pormenores relataremos a lo largo de esta obra, fue definitoria para que su existencia fuese feliz y luminosa, aunque también para que enfrentasen, tanto en cuerpo como en espíritu —en la *tonalli* que los frailes identificaron con el alma—, los horrores del lado oscuro de la luna.

TLAZOLTÉOTL

Diosa de la carnalidad y la fertilidad, de la lujuria y lascivia desbordadas, de las transgresiones sexuales, comedora de excrementos e inmundicias, vinculada íntimamente a la noción del pecado —ya fuese para provocarlo o para perdonarlo— que impregnaba la mentalidad de los nahuas y otras culturas, esta deidad fue, a todas luces, la más influyente y definitoria del comportamiento sexual de los pueblos que la veneraban.

> Se llamaba devoradora de inmundicias,
> porque ante su rostro se decían
> las acciones de la carne.
> En su cara se decían, se enderezaban
> todas las obras del placer,
> por muy espantosas que fueran,
> por muy depravadas,
> nada se escondía por vergüenza...

Tlazoltéotl fue una diosa enigmática y polifacética, ya que su numen estaba integrado por ella y otras cuatro representaciones diferentes, a las que se concebía como hermanas, y cuyo conjunto fue llamado, en plural, Ixcuínanme.

Los pueblos que la adoraban y honraban, entre ellos los mexicanos, especialmente mixtecas y olmecas, huastecos y totonacas, así como cuextecas —los únicos que no se confesaban para obtener el perdón, porque no asumían la lujuria como un pecado—, daban a Tlazoltéotl otras advocaciones que la elevaban a un rango supremo dentro del panteón náhuatl: Teteo Innan, *madre de los dioses*; Tlalli iyollo, *corazón de la Tierra-entraña de la Tierra*; Tonantzin, *nuestra madre*, y Toci, *nuestra abuela-la anciana madre Tierra*, y, por ende, *la gran pa-*

ridora. También, al ser considerada, ella sola o junto con sus hermanas, apasionadamente apta para las artes del amor y el estupro, era la protectora de las embarazadas, las parturientas y las parteras. Debido a que las mujeres recurrían antes y después del parto a los efectos de un buen baño de vapor en los *temazcalli*, se le designó numen protector de los mismos, con el apelativo de Temazcaltoci, *abuela de los baños*, sin que obviasen colocar su efigie en el portal de ingreso. A propósito de estos baños de vapor, veremos cómo se convirtieron en el escenario ideal para, en honor a la deidad, perpetrar innumerables bellaquerías que llamaban a vergüenza.

Asimismo, Tlazoltéotl era reverenciada como la diosa de las medicinas y de las hierbas medicinales. Tlazoltéotl era celebrada en el undécimo mes del año azteca, durante la fiesta llamada Ochpaniztli o *la gran barredura*. Esta festividad se celebraba con bailes, escaramuzas y el sacrificio de una doncella durante el otoño. Compraban una esclava de belleza excepcional y la ataviaban con los ornamentos con que pintaban a la diosa, a fin de que representase la encarnación de la misma.

Con el objetivo de distraer a la víctima para que no advirtiese que iba a morir, la sentaban frente a un telar para que tejiese un trozo de tela. Luego, era conducida al *tiánquez* o mercado para que paseara en él y, en su camino, esparciese harina y granos de maíz, con lo que se simbolizaba la despedida de la diosa Toci de uno de sus lugares predilectos, donde supuestamente realizaba muchas de sus actividades. Más tarde, la doncella era entregada a los sacerdotes, quienes la rodeaban para conducirla al templo donde se realizaría el sacrificio.

Llegada la noche en que había de morir, la ataviaban ricamente como correspondía a la diosa Toci, y le hacían entender que la llevaban para que durmiese con ella algún gran señor. Todo ello en medio de un silencio absoluto. Llegados al pie del *cu* o adoratorio, la hacían subir y, entonces, un sacerdote especialmente fornido, tal y como se acostumbraba llevar a la novia a casa del novio, la prendía y colocaba sobre sus espaldas, "de presto le cortaban la cabeza" e inmediatamente la desollaban. Un mancebo robusto, alto y fornido se vestía con su pellejo para representar a la diosa Tlazoltéotl en las ceremonias sucesivas. Sin embargo, hay que aclarar que lo primero que desollaban era la piel correspondiente al muslo; con ella elaboraban una máscara que colocaban sobre el rostro de la efigie del dios del maíz, Cintéotl, hijo de la diosa Tlazoltéotl-Toci, con quien esta se reuniría a lo largo de la fiesta. Es claro que este pasaje de la fiesta simbolizaba la celebración de un matrimonio, pues, al llevar a la doncella sobre sus espaldas, se reproducía el ritual que los nahuas acostumbraban durante la ceremonia nupcial.

El contenido sexual de las acciones con las que proseguía la fiesta en honor de Tlazoltéotl se hacía más evidente a medida que el ceremonial avanzaba. Así, el sacerdote que vestía el pellejo de la doncella muerta era llevado con mucha solemnidad y acompañado de sus servidores huastecos, *icuexuan*, quienes ostentaban unos falos enormes, gruesos y con el glande hinchado, que sostenían con la mano derecha, y escobas salpicadas de sangre en la izquierda, y de muchos cautivos al *cu* del dios Huitzilopochtli, «donde [simulando los movimientos del coito] se acomodaba, estiraba, abría los brazos y las piernas a los pies de Huitzilopochtli, con el rostro vuelto hacia él, y luego alzaba los brazos y se ponía en forma de cruz». Después, allí mismo, delante de ese dios sacaba el corazón a cuatro cautivos, y dejaba a los demás para que los matase otro sátrapa. Esta escena reproduce el acto sexual entre Tlazoltéotl y Huitzilopochtli.

Los servidores huastecos desempeñaban un papel importante en estas ceremonias. Se representaban sosteniendo el falo y la escoba antes descritos, y enfrentados a los guerreros con los que habían librado combate durante la fiesta, quienes también portaban sendos falos y escobas, caracterizaban a la diosa como paridora, e incluso, como se insinúa en los *Anales de Cuauhtitlán*, dichos huastecos portadores de falos desempeñaban un papel activo, al comportarse como los esposos de las Ixcuínanme, esto es las hermanas de Tlazoltéotl, que junto con ella conformaban un conjunto plural divino.

Esta actividad sexual de los huastecos se infiere de los versos del canto que aparece en el códice azteca que se conserva en la Biblioteca del Real Palacio de Madrid, traducido por Sahagún, en el que después de hacer una descripción de cómo se sacrificaba y desollaba a la doncella, y cómo se vestía el sacerdote con su piel, se dice:

> Al ponerse el sol se llamaba mocuexyecoaya
> y de noche se decía: «ella lucha con la escoba».

Bajo la advocación de Tlaelcuani, «comedora de excrementos e inmundicias», Tlazoltéotl tenía el poder de perdonar los pecados, una vez que estos eran confesados a los sacerdotes dedicados a su culto. Esta confesión auricular, sobre todo de adulterios, la hacían los varones cuando ya eran viejos, porque argüían que habiendo cometido muchos pecados en su juventud, no los confesaban hasta la vejez para no verse obligados a dejar de pecar antes, ya que si reincidían no tendrían perdón ni remedio, y serían condenados indefectiblemente a pena de muerte, procedimiento que se realizaba machucándoles la cabeza o haciéndoselas tortilla entre dos grandes piedras. Sin duda se trataba de una forma eficiente de curarse en salud, una vez que tenían la certeza de que sus facultades amatorias habían menguado al grado de no tener erecciones y, en consecuencia, carecer de apetitos sexuales.

Respecto de las mujeres, la confesión era distinta. Cuando estaban embarazadas y ante el inminente peligro de parto, esto es de perder la vida, confesaban sus pecados, sobre todo de carácter sexual, a la partera, con la esperanza de que el parto no tuviese complicaciones.

La penitencia podía implicar desde laceraciones severas, como perforarse y sangrar el pene, hasta el ayuno por cuatro días.

Muy impresionantes y por demás sugerentes son las ilustraciones que se conocen de los pecadores: ¡Un hombre que está comiendo sus excrementos! También, un hombre defecando sentado con las piernas abiertas y el pene al descubierto; en una mano además sostiene sus heces fecales, *cuítlatl*, símbolo del pecado, y en la otra un manojo de hierba *malinalli*, que significa la muerte, lo que quizá quiera expresar que el pecado conduce a la muerte.

Vinculadas íntimamente con Tlazoltéotl, las mujeres que morían durante el parto y se transformaban en diosas de la tarde del oeste, las Cihuateteo o Cihuapipiltin, «eran también los demonios que seducían a los hombres y los conducían a la impudicia, al adulterio y al pecado».

Los nahuas, asimismo, consideraban el parto como una batalla y a las parturientas como guerreras, por ello en caso de muerte se les nombraba *mocihuaquetze*-mujer valiente, y se les enterraba en el patio del adoratorio de las diosas que se llamaban *cihuapipiltin*-mujeres celestiales. Las *tonalli* de estas mujeres iban, de acuerdo con el mito, a la casa del Sol, donde se unían a los espíritus de los guerreros, «se esparcían por los jardines del cielo o paraíso terrenal, Tlalocan, y transformados todos en colibríes, se engolfaban en chupar flores hasta otro día»; metáfora que es factible leer con sus implicaciones sexuales.

Una vez transformadas en diosas, las *cihuateteo* descendían —solo las mozas, más empecibles y temerosas— y se metían en el cuerpo de muchachos y muchachas, y les hacían visajes, ocasionando que quedaran petrificados de espanto.

En virtud de que estas diosas se aparecían en los cruces de caminos, los habitantes del Anáhuac y de otras zonas donde eran tanto veneradas como temidas, levantaron innumerables «oratorios en las divisiones de las calles y caminos, donde las ofrendaban con espadañas y flores, pan de maíz hecho con diversas figuras, como mariposas y rayos, tamales y granos de maíz tostados, de cuya cáscara reventada sale la sustancia deslumbradoramente blanca», de donde les vino el mote de *las reinas que moran en las encrucijadas.* Espectros no muy diferentes a los descritos en la literatura de terror, desde el origen del hombre hasta nuestros días, y que abarcan «lo fantasmal, lo misteriosamente terrible, lo nocturno y lo pecaminoso».

La influencia de las representaciones de Tlazoltéotl provocó en las mujeres el gusto por usar bordados multicolores, así como una venda de algodón alderredor de la cabeza, donde fijaban los husos. Entre los huastecos y totonacas, al igual que entre lo otomíes, las mujeres buscaban el efectismo y lo brillante. Las mujeres se adornaban mucho y andaban muy bien vestidas... para luego ser desvestidas y *darle vuelo a la hilacha* o mejor a las hilachas con que se descocaba la frente la portentosa Tlazoltéotl.

SÍMBOLOS DEL PECADO Y LOS PLACERES SEXUALES

El universo erótico de las culturas mesoamericanas estuvo colmado de innumerables signos y símbolos indispensables para su comunicación con las deidades y para comprender su influencia en el comportamiento sexual de cada individuo. Una voluntad abiertamente determinista se advierte entre los nahuas, quienes vivían al arbitrio de lo establecido en el *Tonalámatl*, el libro de los días y su influencia sobre los destinos.

Este libro maravilloso, cuya creación se atribuía a la deidad femenina Oxomoco y a su pareja masculina Cipactónal, era consultado cada vez que se producía un nacimiento para poder predecir los avatares que el destino deparaba al recién nacido, varón o hembra, sin importar el estrato social al que perteneciera. El *Tonalámatl* comprendía doscientos sesenta días que podían ser muy afortunados o definitivamente desastrosos. Los signos estaban definidos por símbolos específicos, cuyos nombres eran palpables y concretos, las más de las veces nombres de animales, que imprimían un carácter preestablecido en el individuo bautizado bajo la concurrencia de dicho nombre.

Así, por ejemplo, los nacidos bajo el decimocuarto signo,

océlotl-tigre, y bautizados durante la regencia de las primeras seis casas (tigre, águila, pájaro, movimiento, pedernal y lluvia), serían desafortunados. Los varones serían desdichados, viciosos y muy dados a mujeres. Las mujeres corrían el riesgo de convertirse en adúlteras y morirían con la cabeza aplastada entre dos piedras.

En cambio, si una mujer era bautizada durante la regencia de la séptima casa, *xóchitl*-flor, y adoptaba la ocupación de hilandera o tejedora de mantas y prendas de vestir, era probable que se convirtiese en mujer pública. Al parecer, los movimientos corporales de las tejedoras e hilanderas —rotación de la cintura y las caderas— calcaban los movimientos lascivos previos a la cópula, y el malacate que penetra en el hilo simbolizaba el coito.

Los nacidos en la casa del signo ciervo estaban predestinados a ser borrachos. Además de cometer muchas desvergüenzas, pues eran por naturaleza alegres, ingeniosos e inclinados a la música y a los placeres, no tenían empacho alguno para echarse encima de las mujeres casadas, tomar por la fuerza a algunas mujeres o retozar con ellas; todo ello a pesar de que los borrachos eran despreciados socialmente y a que la embriaguez ostentada en lugares públicos se castigaba con la muerte sumaria a garrotazos.

La influencia de estos signos, cuya ascendencia en el comportamiento sexual había sido observada durante centurias por los nahuas, fue definitiva. El signo *cuetzpalin*-lagartija significaba tanto el comercio sexual como la impudicia, y en algunas ocasiones estaba unido por un río de sangre con el miembro viril para magnificar el pene, y, tratándose de mujeres, a la matriz; tal y como afirmó el protomédico de Felipe II, Francisco Hernández, en su *Historia Reptilium Novae Hispaniæ*: «*Lagartixa nella matrice delle donne*». Este signo servía para representar el instinto sexual y el comercio carnal, concepción que prácticamente ha existido en todo el mundo, pues tanto en la antigüedad como durante toda la Edad Media, la lagartija fue considerada un afrodisíaco sumamente eficaz. Así, el naturalista Conrado Gessner refiere que «la carne del animal tiene una virtud extraña para excitar la lujuria».

Asimismo, la lagartija pintada sobre el brazo de un personaje masculino simbolizaba la lujuria o el estímulo de la misma, tal y como aparece en las figuras de los huastecos desnudos dibujados con un falo enorme, a los que hicimos referencia, hecho que fortalece aún más la naturaleza sexual del símbolo. En resumen, el cuarto signo de los días, *cuetzpalin*-lagartija, era para los *tlacuilos* que pintaban los códices quizá el más representativo del instinto de procreación, el comercio carnal y la lujuria.

El signo *ozomatli*-mono también era relevante debido a que los mexicanos lo concebían como el animal del placer, la voluptuosidad y la concupiscencia, y se le representaba con su cara prognata, de color distinto, y cubierta de poco pelo, con la cuencas de los ojos hundidas, nariz chata y ancha, y sobre la frente ligeramente abombada el pelo que crece hacia adelante. A menudo el mono fue dibujado como si estuviese sacando la lengua, defecando y haciendo visajes.

El mono fue el animal consagrado a las diversiones y el placer, la danza, el juego y la representación mímica; en su carácter de animal del placer, es el símbolo de la voluptuosidad, el amor sexual, el deseo pecaminoso y el pecado en general. Se le asocia con Xochipilli para dar relevancia al placer de los sentidos, al placer ilícito y al pecado. Por su parte, Xochipilli y Macuilxóchitl ligados a dicho signo castigaban a los pecadores con graves enfermedades en los genitales. Por ello, el mono puede aparecer pintado junto al adúltero, las plagas divinas, la muerte y el castigo, y ser el vehículo para representar los sacrificios rituales que se hacían con la finalidad de expiar los pecados. El autosacrificio para sangrar orejas, lengua y genitales —«muchas orejas acuchilladas o muy harpadas», observaron los conquistadores— está implícito en dichas figuras.

Otro signo recurrente vinculado al placer carnal es *cóatl*-serpiente, que enroscada en forma de lazo y cortada por un cuchillo de pedernal alude al anillo, *tlaxapochtli*, símbolo de lo femenino, o al pecado y el castigo que aquel conlleva. Cuando figura delante de Tlazoltéotl, se le puede interpretar como símbolo de la cópula, que implica el concepto fundamental de la sangre derramada con la ruptura del himen.

Por último, cuando la serpiente era utilizada para curar alguna enfermedad venérea, el polvo que se obtenía con su carne seca y molida era aplicado directamente sobre los genitales, en especial sobre el miembro viril, porque no se dudaba de que el mal le hubiera llegado por esa vía.

Aunque parezca una exageración escatológica, los excrementos, *cuítlatl*, eran otro signo importante en la simbología sexual de los mexicanos. Asociados con la desnudez se les llevó a la esfera de la sexualidad. Es frecuente distinguir la desnudez en las ilustraciones de la diosa Tlazoltéotl, pues resulta hasta cierto punto natural la asociación de la desnudez, como símbolo, con los actos carnales, la voluptuosidad y la lujuria.

El coyote, *canis latrans*, es decir, lobo aullante, es un animal que se mantiene sumamente excitado durante la época de celo. Posee un instinto sexual muy desarrollado, por lo que es un digno representante de la idea del placer sexual y el placer en general. Algunos intérpretes lo han identificado como Tatacoada, deidad de los otomíes, pueblo que se distinguió por su intensa actividad sexual y su naturaleza lujuriosa.

Connotaciones de carácter sexual también tuvieron la figura de un sartal compuesto de cinco cuentas que termina en flor, signo de Macuilxóchitl, dios de los placeres. Es probable que dicho sartal representara a las *auianime*, alegradoras o prostitutas que, en la casa de la danza, fornicaban con los guerreros solteros que vivían en el Tepochcalli. Un último signo, patético y triste, respecto del que no nos extenderemos, fue la *piedra*, utilizada para simbolizar la esterilidad de los personajes representados.

Con el paso del tiempo y a través de tradiciones, mitos y leyendas, estos signos y símbolos quedaron marcados en la piel, las mucosas y los fluidos de los habitantes de Mesoamérica, hasta formar parte de su naturaleza.

2

LOS ATRIBUTOS SEXUALES DEL CUERPO

La minuciosidad con que los nahuas asumieron su sexualidad y las implicaciones de esta potencia vivificadora y, al mismo tiempo, sumamente peligrosa en su vida cotidiana, desde el nacimiento hasta la muerte, no deja de ser sorprendente. Crearon todo un universo de signos y símbolos para referirse a su existencia y no descuidaron la conformación del cuerpo humano, el análisis escrupuloso de las funciones de las vísceras y glándulas, la descripción, a veces pasmosa, de cada una de las partes que componen los genitales y otros elementos de su anatomía que utilizaban en sus escarceos eróticos. Asimismo, concibieron una esmerada nomenclatura de los órganos reproductores, ya que, con frecuencia, se referían a ellos con nombres que los personalizaban o les atribuían sentimientos gozosos, como *el ofrendador, el pájaro* o *el paje* para el pene, o *el caliente, la muñeca* o *el enfermo* para la vulva y la vagina.

Para los nahuas, el sexo era un don divino. El regalo de los dioses para que su vida fuese alegre y luminosa, y el medio idóneo para escapar de las penurias terrenales. Así, el sexo participaba de un carácter sagrado y, a la vez, de una naturaleza terrena.

A fin de comprender la naturaleza terrena del amor y la objetivación carnal de los sentimientos involucrados con la participación del cuerpo, los sacerdotes, nigromantes y médicos nahuas dividieron el cuerpo en tres centros anímicos mayores: en la parte superior de la cabeza se ubicaban conciencia y razón; en el corazón, todo tipo de procesos anímicos; y en el hígado, sentimientos y pasiones ajenas a las funciones del conocimiento. En la pasión erótica, en la pena y en la alegría participaban tanto el corazón como el hígado.

La pasión, concebida como un sentimiento arrebatador y enajenante, era y es el detonador de las audacias sexuales y el *padrino* o *madrina* de las conductas transgresoras y pecaminosas, entre ellas la lujuria y la voluptuosidad.

El término que utilizaban para designar al cuerpo humano en su totalidad era *tonacayo*-nuestro conjunto de carne; de los genitales u órganos de la reproducción se expresaban con una pluralidad metafórica, gozosa y, a veces, picante. Podían ser llamados con nombres de personas reales o imaginarias: *sacerdote, criado, pájaro*, respecto del falo; *madre, muñeca*, en relación con la vulva. El término *chichotl*, ají o chile verde, era usado desde entonces con la misma acepción que aún hoy se emplea en México, como expresión vulgar para designar el miembro viril. Las expresiones: *¡Te voy a meter el chile!* o *Ándale, mi reina, no seas mala y dame una mamadita en el chile*, y muchísimas variantes más, hoy son de uso común y seguramente fueron utilizadas por los macehuales de Tenochtitlan y otros señoríos adyacentes. Otra palabra, *itotouh*-su pájaro, tiene una clara alusión al falo.

La nomenclatura relativa a los genitales y todo aquello que conformaba una especie de delicatesen erótica es prodigiosa. Nos concretaremos a dar unos cuantos ejemplos tomados de la obra *Cuerpo humano e ideología,* de Alfredo López Austin:

MASCULINOS   FEMENINOS

Pene: tótotl, tepolli   Vulva: chihuapilli
Cuerpo del pene: tepulacayotl   Labios mayores: tepiltentli

Glande: tepolcuaitl
Piel del pene: tepulehuayotl
Prepucio: xipintli
Testículo: atetl
Escroto: atexicolli

Labios menores: tepiltexipalli
Clítoris: zacapalli
Vagina: cihual iacayo
Himen: chittolli
Teta: chichihualli
Pezón: chichihualyacatl

AMBOS GÉNEROS

Nalgas: nacayocan
Trasero: tzintli
Muslo: metztli
Ingle: quexilli
Abdomen: ititl
Ombligo: xictli
Ano: tzintli
Recto: cuilchilli

DELICATESEN

Lunar pequeño: tlacihuiztontli
Lengua: nenepilli
Labios: tentli
Región del cuello: quechtla
Esfínter del ano: tzoyotentli
Dedo de la mano: mapilli
Cabellera: tzontli
Pelo pubiano: imaxtli
Piel de la pierna: metzehuatl
Piel del muslo: metzehuatl
Piel de la espalda: cuitlapanehuayo

Curiosamente, fray Bernardino de Sahagún, en su *Historia general de las cosas de la Nueva España*, confunde a los testículos con los riñones y en la descripción que hace define a los primeros «como órganos que participan en el acto sexual: Riñones [...] alegres, alegradores, se alegran, se hunden al deshincharse, se deshinchan, se alegran al torcerse, se siente su frote. Frotadores, se alegran, actúan de par en par, tienen comezón, mueren de lujuria».

Por su parte, el historiador y antropólogo Chirino de Cuenca, autor español del siglo XV, dejó un texto cuya sabrosura nos ha motivado citarlo y lo reproducimos aquí como un homenaje a los *güevos*, así con «g», como se pronuncia vulgarmente en México.

> Cuando la esperma sale mucho a menudo en sueños, trae muchos daños. Conviene para esto escusar vianda aguada y caliente: y las cosas con que crece la esperma, y si pudiere, deje el vino y lo más dello; y las lechugas y calabazas y borrajas y verduras frías y lentejas son todas buenas para esto. Resfríe los riñones y la verga y testículos con aceite rosado y agua rosada batido o con agua fría. E las melezinas que dan a comer para esto son: la yerba buena, la ruda, simiente de verdolagas y de lechugas, y todo lo que aprovecha para el mucho orinar...

Abonaban, también, en la concepción del *tonacayo*, los fluidos, excrecencias y humores que el cuerpo expulsaba por distintas vías, el semen entre los principales. Los nahuas creían que este se producía en los huesos y utilizaban el término *omícetl*-lo óseo que se coagula, para atribuir a la médula la producción de dicho fluido. Sin embargo, usaban otra palabra, *tepuláyotl*-líquido de los genitales masculinos-líquido del pene, para justificar el hecho de que la eyaculación se diese por esa vía.

Los nahuas estaban convencidos de que la gestación humana se lograba mediante la mezcla de dos líquidos seminales, uno proveniente del padre y otro de la madre, y que el desarrollo del feto se daba gracias a la constante aportación de estas sustancias, lo que los obligaba a sostener relaciones sexuales durante un largo periodo del embarazo. Asimismo, creían, y no andaban tan errados, que la acumulación de semen tenía un efecto *desasosegador* y provocaba una desagradable *inquietud sexual*, por lo que más les valía desfogarse aun en el caso —común en el adulterio— de arriesgar la vida.

Por último y como debe ser, se sabe que los nahuas aplicaban todos sus sentidos en sus relaciones sexuales. Por ello, no descuidaron ciertos órganos a los que llamaron *los realizadores de nuestra voluntad*, que no eran otros que los labios, la lengua, la voz y los dedos de las manos, con los que se auxiliaban para alcanzar la plenitud del orgasmo.

3

EL VIEJERÍO Y SU PAPEL
EN LA CONFORMACIÓN DE LOS SEÑORÍOS
(esposas, concubinas y mancebas)

La condición sexual de las mujeres entre las culturas que nos ocupan estaba sujeta a una estratificación rígida, que obedecía a innumerables principios y reglas ancestrales con los que se había configurado una tradición milenaria que demandaba de las personas una conducta irreprochable.

Los nahuas, a través de la experiencia, conocían muy bien las debilidades de la carne, y por ello habían desarrollado una nutrida cantidad de normas de carácter ético y moral que, con el tiempo, pasaron a conformar el inconsciente colectivo rector de su existencia.

Desde su nacimiento, las niñas eran vigiladas cuidadosamente para evitar que la integridad de su himen sufriera alteraciones y, en la medida en que crecían, se les educaba para preservar su virginidad como una exigencia que les garantizaría un futuro prometedor y su aceptación en el seno de una sociedad inclemente con aquellos que se atrevían a transgredir sus preceptos. Por ello, en el caso de las niñas que pertenecían a la clase dominante, las habitaciones del palacio albergaban escuelas donde se les educaba para practicar la virtud y el trabajo doméstico. En estos espacios se mantenía una vigilancia absoluta, donde las mínimas desviaciones de las normas merecían castigos severos, tales como punzarles los pies con unas púas muy afiladas hasta hacerlos sangrar.

Si bien durante los primeros años la educación de los varones correspondía al padre y la de las mujeres a la madre, los centros de educación —el *calmecac* para los *pipiltin*, hijos de los dignatarios, y el *telpochcalli* para los *macehuales*, gente del común— no descuidaban inculcarles a las niñas tres preceptos que deberían constituir la norma de su vida: servir a los dioses, conservarse honestas, y amar y respetar a su marido.

Asimismo y casi de forma simultánea, las jovencitas eran enviadas al templo, y podían optar por permanecer ahí durante un determinado número de años, o bien esperar la fecha de su matrimonio. Ahí quedaban bajo la tutela de las sacerdotisas, quienes las adoctrinaban para que vivieran en castidad, adoraran a sus dioses y se ejercitaran en la confección de telas que bordaban primorosamente. Mientras permanecían en el templo se les otorgaba el título de sacerdotisas.

Una vez que la niña cumplía seis años, era convocada por su padre para, en presencia de su madre, comenzar su educación moral basada en el legado acerca del sentido de la existencia y de las convenciones comunitarias, que regían a la sociedad mexica. El padre iniciaba su alocución con palabras laudatorias llenas de significado y luego continuaba su discurso con términos que explicaban a la niña su origen y el sentido de la vida, poniendo énfasis en los impulsos sexuales a los que, tarde o temprano, debería enfrentarse con voluntad y conocimiento pleno de sus consecuencias: «Se dice que la Tierra es un lugar de alegría penosa, de alegría que punza [...] empero, el Señor Nuestro nos dio a los hombres la risa, el sueño, los alimentos, nuestra fuerza, nuestra robustez y finalmente el acto sexual, por el cual se hace siembra de gentes [...] Porque se vive en la Tierra [...] se busca mujer, se busca marido». Enseguida, para que la niña pudiese cumplir con su destino, el padre le señalaba cómo debería obrar en general, mas advirtiéndola de que preservase una conducta sexual sana y decorosa: «Mira, escucha, advierte, así es en la Tierra. No seas vana, no andes como quiera, no andes sin rumbo [...] Ahora es buen tiempo, porque todavía hay en tu corazón un jade, una turquesa. Todavía está fresco, no ha sido aún torcido [...] No le eches polvo y basura, no rocíes inmundicias sobre la historia de tus ancestros, su *tinta negra y roja*, su fama [...] Mira que no te des al deleite carnal; mira que no te arrojes sobre el estiércol y hediondez de la lujuria. No los afrentes con desvaríos sexuales y, si no te apartas de ellos, ¿acaso serás divina? Mejor valdría que te murieras luego [...] no vaya a ser que te conviertas en mujer pública...»

La amonestación del padre, expresada con un lenguaje retórico y saturada de simbolismo, era larga y reiterativa para que a la niña no le quedase alguna duda. Una vez terminada, intervenía la madre para enseñar a su hija cómo debería hablar, caminar y mirar en público; cómo debería ataviarse, pintar su rostro y su cuerpo, y hacer hincapié, quizá con mayor vehemencia, en su comportamiento sexual que, si no era digno, correcto y prudente, podría acarrearle infinidad de males.

Curiosamente, los nahuas tenían estas advertencias por absolutamente ciertas. El ojo avizor de la deidad Tloque-Nahuaque siempre estaba pendiente y nunca descansaba. No había escapatoria ni posibilidad de ocultar cualquier transgresión sexual, porque de inmediato se manifestaban las señales que denunciaban públicamente a los pecadores. Si bien la educación sexual de las doncellas era sumamente estricta y la mujer no tenía los mismos derechos que el hombre, pues en esta cultura masculina se le exigía castidad prematrimonial y fidelidad conyugal, y era menos respetada en su calidad de compañera del hombre que en la de *madre* de sus hijos, los jóvenes también eran advertidos de que una conducta sexual inadecuada disminuiría sus capacidades físicas y mentales, y se les recomendaba mantenerse castos.

La templanza carnal era inculcada por igual a todos los miembros de la sociedad, bajo cualesquier circunstancia. Los varones no solo eran advertidos de mantener una conducta sexual decorosa, sino amonestados para evitar que transgredieran las reglas: «...mira que te apartes de los deleites carnales y en ninguna manera los desees; guárdate de todas las cosas sucias que ensucian a los hombres, no solamente en las ánimas, pero también en los cuerpos, causando enfermedades y muertes corporales [...] no te arrojes a la mujer como el perro se arroja a lo que ha de comer [...]; aunque tengas apetito de mujer resístete, resiste a tu corazón, hasta que ya seas hombre perfecto y recio [...]; y si por ventura destempladamente y antes de tiempo te dieres al deleite carnal, en este caso quedarás desmedrado, nunca serás hombre perfecto y andarás descolorido y desainado; andarás como cuaternario, descolorido, enflaquecido y de presto te harás viejo y arrugado. Se seca la gente, porque termina nuestra sangre, nuestro color y nuestra grasa; porque termina nuestro semen; termina nuestra resina, nuestra trementina, y cuando te casares, serás como el que coge miel del maguey, que no mana porque le agujeraron antes de tiempo, y el que chupa para sacar la miel de él, no saca nada, y aborrecerle ha y desecharle ha; así te hará tu mujer, que como estás ya seco y acabado y no tienes qué darle, le dices no puedo más; y porque no satisfaces a su deseo, buscará otro porque tú ya estás agotado y te hará adulterio...»

Como antes vimos, las niñas eran enviadas a los templos para, amén de adentrarse y cumplir con sus obligaciones religiosas, recibir una educación que exaltaba los valores de la castidad y la continencia sexual hasta su matrimonio. Ahí se les «hacían pequeños cortes con navajas de obsidiana en el pecho y en las caderas», se les exhortaba para que mantuvieran un comportamiento adecuado y se les advertía que «...cuando llegares a la edad en que la sangre se enciende, mira cómo cuidas de tu pureza, pues solo con que tengas deseo de pecar, ya habrás pecado, y por eso serás privada de tu buena fortuna y castigada rigurosamente con que tus carnes se pudran».

Otra vez te exhorto, clamaba la sacerdotisa responsable de su educación, dirigiéndose a alguna niña a la que había cobrado ojeriza, que obedezcas, «con lo cual serás honesta y recogida y dejarás de ser desvergonzada y liviana». Y luego, una vez que las demás chiquillas temblaban de miedo ante el ímpetu de su cólera, se dirigía a todas: «Y si por estar vestidas de carne estas doncellas que me escuchan, hubiere alguna en quien se pueda reconocer nota de infamia, huyan de su compañía, porque cada cual gana la merced de sus obras, y en una casa de recogimiento se ha de tomar de las unas lo bueno y huir de lo malo que hayan cometido las otras».

Parece ser que muchas de estas doncellas aprendieron bien la lección y se comportaron de conformidad con las exigencias que les imponían sus tutoras, mediante una educación esmerada, rigurosa y colmada de buenas intenciones; pero, como dicen por ahí, el camino que conduce al infierno está empedrado con buenas intenciones, y estas casi nunca fueron una respuesta eficaz para lo que sucedía en la cruda y descarnada realidad.

Las mujeres que cumplían con el ideal náhuatl de la feminidad y que eran consideradas *ahuíac*, esto es «cosa suave, olorosa y gustosa» para despertar el placer que algunos concebían solo como un sueño, se convirtieron en esposas de los señores principales, desde los toltecas hasta la época de Moctezuma Xocoyotzin.

Guiados por un gran astrólogo llamado Huemantzin, los toltecas padecieron una larga y penosa migración en búsqueda de un lugar apropiado —Tula— para establecerse y desarrollar su cultura. Sin embargo, mucho antes, alderredor del año 466 de la era cristiana, «llegaron a Chimalhuacán Atenco, donde estuvieron cinco años, y esta fue la época en que los hombres comenzaron a tener sexo con sus mujeres y ellas comenzaron a parir, porque habían hecho voto al tiempo que ellos salían de su patria: "¡que en veinte y tres años no habían de conocer a sus mujeres ni ellas a sus maridos!"». Podemos imaginar que, después de haber cumplido fielmente con un voto de castidad, a todas luces excesivo, los toltecas no perdieron el tiempo para resarcirse del placer al que habían renunciado. La *siembra de semilla* se intensificó y la población se multiplicó rápidamente, por supuesto sin violentar la prudencia. Los toltecas se casaban solo con una mujer y tenían la costumbre, que luego se transmitió a sus descendientes, los nahuas, de mantenerse en abstinencia sexual durante un periodo, antes y después del parto.

Llegados a Tula, no sin antes enfrentarse a sus enemigos en multitud de batallas, los toltecas iniciaron una etapa de prosperidad y expansión que les facilitó desarrollar una cultura portentosa. Dicen las fuentes que Huemantzin el astrólogo tenía a la sazón ciento ochenta años y gobernó hasta que cumplió trescientos años de edad, un poco antes de su muerte.

El primer registro acerca de cómo celebraban sus matrimonios los toltecas, lo encontramos en la boda de Toxochipantzin —hija de Náuhyotl, primer rey de Culhuacan casado con Iztapantzin— una vez cumplidos los veinte años, con Póchotl, de cuarenta años e hijo legítimo del gran Topiltzin de Tula.

Sucesores de los toltecas, cuando estos declinaron y su señorío fue destruido, fueron los chichimecas. Sin embargo, aún quedaban unos cuantos toltecas cuando los chichimecas entraron en sus tierras, entre ellos los hijos del gran tolteca y gigante llamado Mitl. También se dice que de dicha nación quedó una niña llamada Azcatxóchitl, hija de personas principales y nieta de uno de los mayores señores toltecas. La niña, aunque de sangre ilustre y noble, vivía y se criaba en grandísima pobreza, tratando de esconder su belleza para que no la matasen los chichimecas, que eran gente de gran belicosidad. Xólotl, el caudillo chichimeca, se enteró de su existencia y habiendo apreciado sus dones, decidió casarla con su hijo Nopaltzin, a quien la dio por mujer y en cuyo contrato y casamiento hubo grandes regocijos. Así, quedaron emparentados toltecas, chichimecas y aculhuas.

Hecha esta aclaración, continuamos con el caso de Ixcazozólotl, señor chichimeca de los tributarios y cabeza de los otros seis pueblos, quien pidió por mujer a Atototztli, hija del rey Achitómetl de Culhuacan. Empero, el rey le contestó que no podía entregársela porque ya había comprometido a sus dos hijas, a la solicitada con Huetzin, señor de Cohuatlychan, y a la otra, llamada Ilancueitl, con su sobrino Acamapichtli.

El pretendiente, furioso, amenazó entonces con que «aunque fuese con el uso de las armas le había de dar a la infanta Atototztli». La guerra no tardó en presentarse, a pesar de que el gran rey Xólotl había intervenido para calmar los ánimos y pacificar a los contendientes, y en los llanos de Chiautla se dio el enfrentamiento donde Huetzin derrotó a Ixcazozólotl, quien logró escapar porque se decía que era «encantador y tenía tratos con el demonio». Esta guerra, conocida como *chichimecayáyotl,* fue una de las más crueles que hubo en esta tierra, después de la destrucción de los toltecas.

Como consecuencia de su victoria, Huetzin se casó —en el año de 1050 de la encarnación de Cristo— con Atototztli, «su esposa por quien peleó y le costó tanto trabajo, y el rey de Culhuacan, su padre, le dio en dote unas tierras de riego y huertas con muchos vasallos renteros junto a su ciudad, como era uso y costumbre de los señores de esta tierra».

Atototztli, estamos ciertos, debió de ser una mujer muy codiciada, porque en otro relato se nos informa que un caudillo de nombre Yacánex se opuso a la boda y la pidió con violencia y amenazando al rey su padre, lo que obligó a que despacharan en secreto a la infanta para entregarla a su esposo Huetzin.

Esta breve historia y su colofón son buenos ejemplos para hacernos ver hasta qué punto podían complicarse los matrimonios, pues había escasez de mujeres y con frecuencia los chichimecas hacían incursiones en los pueblos circunvecinos para violentarlos, robarles, matarlos y apoderarse de sus mujeres.

El reinado de Xólotl fue pródigo en acontecimientos importantes para la nación chichimeca, pero no fue hasta que decidió establecer su reino en la ribera de una gran laguna, en un sitio llamado Texcoco, cuando pudo casar a sus dos hijas con los príncipes Aculhua y Chicónquauh, en la población de Tenayucan. Las bodas fueron rumbosas, si uno las imagina, porque sus fiestas consistieron en «probar las fuerzas unos con otros, luchando, y otros peleando con leones y tigres, donde cada cual procuraba salir victorioso»; y duraron nada más y nada menos que sesenta días.

Esposa ampliamente reconocida por sus vasallos fue Tozcuentzin, quien casó con su primo hermano Techotlalatzin, quinto gran *chichimécatl tecuhtli*, y se destacó como una de las más heroicas y muy airosa en las cosas que pertenecen a mujeres, especialmente las de su calidad, y que tuvo cinco hijos. Techotlalatzin se desposó aún siendo muy niña; tenía apenas ocho años, y su marido no tuvo conocimiento carnal con ella hasta que transcurrieron treinta años, ya que en aquellos tiempos era costumbre que las mujeres no se casaran ni tuvieran acceso a hombres hasta cumplir cuarenta años de edad, y la que lo hacía antes era castigada con pena de muerte. Lo mismo sucedía con los hombres, especialmente entre los chichimecas. Muchos y graves conflictos causó el repudio o rechazo de las hijas de los señores principales que eran ofrecidas en matrimonio, más que nada para concitar alianzas y favorecer la creación de una clase hegemónica, casi una aristocracia, que ejerciese el poder y el domino sobre los pobladores de los diferentes señoríos.

Muerto Techotlalatzin, su sucesor Ixtlilxóchitl Ome Toxtli se rehusó a casarse con Técpatl Xóchitl, hija de Tezozómoc, señor de Azcapotzalco, porque este se negaba a jurar al primero y reconocerlo como señor de los chichimecas. A pesar de que Tezozómoc había enviado a su hija para los desposorios, Ixtlilxóchitl la ignoró.

Entonces Tezozómoc decidió vengarse y ejecutó innumerables añagazas que, al no dar resultado, desembocaron en una larguísima guerra que involucró a decenas de señoríos, en la que la suerte variaba como si fuese un péndulo y las traiciones fueron el pan nuestro de cada día; guerra que no se resolvió hasta que muchos años después unos guerreros chalcas y otumpanecas, aliados de Tezozómoc, lograron emboscar a Ixtlilxóchitl y matarlo con innumerables puñaladas.

Una causa recurrente, quizá la más mencionada, para el repudio de las mujeres fue la esterilidad. Uno de los casos más notables se dio entre el primer rey mexicano, Acamapichtli, quien determinó tomar estado. Luego que fue elevado al rango de señor, decidió casarse con la hija de uno de los reyes, sus comarcanos. Después de varios intentos fallidos, en los que fue humillado de lo lindo, al fin pudo convencer al rey de Cohuatlychan de que le diese a una de sus hijas, Iláncueitl, con quien se casó con gran solemnidad. Algunos años vivieron en pareja sin que lograsen tener hijos. Disgustados a causa de su esterilidad, los mexicanos hicieron que el rey la repudiase y enviase a su tierra. Poco tiempo después, los mexicanos determinaron volver a casar a su *tlatoani* con una señora llamada Tezcatlamiáhuatl, la cual quedó preñada y parió un hijo. Este hijo se llamó Huitzilíhuitl y —aquí la historia da una vuelta de tuerca de dulce voluptuosidad— se dice que Iláncueitl lo crió como propio. Al parecer, Acamapichtli disfrutaba plenamente con las artes amatorias de Iláncueitl, con su sensualidad y lujuria, y no quiso devolverla a su padre, sino que la conservó en su palacio. A causa de las exigencias de sus vasallos, recibió a la segunda mujer —con consentimiento y beneplácito de la primera— y hacía vida marital con ambas. ¡Un hermoso *ménage à trois*!, que habla muy bien de la mentalidad avanzada de los *cónyuges*.

De esta suerte, vemos cómo desde el principio de la *monarquía mexicana* se aceptó la poligamia entre los *huey tlatoani* o monarcas, sin que en lo sucesivo se hiciese reparo alguno. Tal fue el caso de Moctezuma Xocoyotzin, quien en 1487 —en versión de Marisol Martín del Campo— «tomó como esposa principal a la sensual Tayhualcan, hija del *tlatoani* de Tlacopan, y al año siguiente de su matrimonio tuvo como segunda esposa a la bella Miauaxóchitl y se le hizo la costumbre de tener muchas mujeres». Se sabe que Moctezuma Xocoyotzin no solo se regodeó con ambas sino que a su estera llegaron tantas mujeres que jamás pudo contarlas con los dedos de sus manos.

El ritual para celebrar casorios entre los dignatarios mexicas con el tiempo se fue haciendo más elaborado, sensual y erótico. Una vez cumplidos los veinte años de edad, se podía contraer matrimonio. La fecha de la boda se fijaba después de consultar a los adivinos para que esta coincidiese con un signo favorable, caña, mono, águila o casa. Las familias de los contrayentes preparaban la comida, hacían tamales toda la noche y todo el día, el cacao, las flores y las pipas con tabaco para el festín de bodas. La ceremonia de la boda se celebraba en la casa del novio al caer la noche. A mediodía tenía lugar una gran comida y los ancianos bebían pulque y las mujeres casadas llevaban regalos. Por la tarde, la novia era conducida al *temazcalli* para tomar un baño y lavar su cabellera. Ahí, las casamenteras adornaban sus brazos y piernas con plumas rojas y se le pintaba la cara de color amarillo claro, el destinado a las mujeres y a la diosa de la carnalidad y la lujuria: Tlazoltéotl. Más adelante, las *cihuatlanque* o ancianas encargadas de servir como intermediarias entre las familias, tomaban la falda delantera de la camisa de la novia y la ataban a la manta de algodón que cubría el cuerpo del novio. A partir de ese momento eran considerados marido y mujer.

Los esposos, entonces, pasaban a la cámara nupcial y permanecían en ella durante cuatro días en oración sin consumar el matrimonio, aunque nada los privaba de tocarse e ir preparando el calor de sus cuerpos. Al quinto día se bañaban desnudos en el *temazcalli* y, antes de que fuesen arrebatados por la lujuria natural de la carne, eran conducidos a «un lecho de esteras, entre las cuales se colocaban plumas y un trozo de jade», donde obviamente se enfrascaban, como diría don Luis de Góngora y Argote, en una batalla campal de plumas, igual que si fuesen gallináceos en celo.

Celebrado el himeneo, la joven desposada aparecía adornada con plumas, blancas en la cabeza y de colores en las piernas y los brazos, para participar en otro sarao en el que amigos y familiares tenían la ocasión de regocijarse, bailar, cantar y, solo los ancianos, beber.

En cambio, entre los macehuales, los enamorados no pedían autorización de los padres y se unían secretamente. Una vez que reunían recursos para poder convidar a sus deudos, el varón iba con los padres de la mujer y les decía: «Yo digo mi culpa, y conozco que os he ofendido en me haber casado y tomado vuestra hija sin os haber dado parte [...]; mas en consentimiento de ambos nos ayuntamos como casados y ahora queremos trabajar, buscar que tengamos que comer y criar a nuestros hijos. Los padres asentían...» ¡Y sanseacabó, todos contentos a festejar a los desposados!

Si los mexicas habían llegado a un alto grado de sofisticación, los rituales en otras culturas eran más rudimentarios. Los otomíes, por ejemplo, siendo muy muchachos y tiernos, se casaban con muchachas de la misma edad. Los principales, cuando les pedían sus hijas, si alguna de ellas era ya mujer hecha —y no la había solicitado alguno de su misma clase—, para que no se le fuese la vida sin dejar hijos la daban sin mayores exigencias a cualesquiera que estuviese dispuesto a desposarla.

Por su parte, entre californios y sonoras, considerados por los misioneros católicos como *la gente más bárbara del orbe*, sus bodas eran una especie de maratones sexuales: juntos, grandes y pequeños, todos en cueros, ponían a los mocetones y mujeres casaderas en dos hileras, y dada una señal ellas echaban a correr. Los varones las perseguían y una vez que las alcanzaban, cada uno cogía la suya de la tetilla izquierda y, con eso, quedaban hechos y confirmados los esponsorios. Luego, bailaban desnudos y, como ya tenían preparadas sus esteras, se metían en ellas y fornicaban hasta que amanecía o se cansaban. Cero complicaciones y mucho despelote porque ya al calor de los arrumacos, no eran raros los intercambios ni los acoplamientos en grupo.

Por extensión y para efectos netamente religiosos, los mexicas celebraban matrimonios litúrgicos en aquellos casos en que un mancebo, que representaba a una deidad, era preparado para su ulterior sacrificio. Gutierre Tibón transcribe una versión del caso de un cautivo de Meztitlan, al que se le dio la advocación del dios Tezcatlipoca, y a quien «veinte días antes de mi fiesta [esto es, su sacrificio] me llenaron de un regocijo que difícilmente puedo describir. Se trata de mi matrimonio [...] Pero no me casaron con una diosa, sino con cuatro, cuatro diosas doncellas: Xochiquetzal, *pájaro flor*, es la primera; las otras son Xilonen, *vulva de jilote*, Atlatónan y Huixtocíhuatl, *mujer de sal*. Desde luego, mis esposas fueron criadas en forma espléndida, y durante nuestro corto mes de matrimonio me hicieron feliz no como a un hombre, sino como a un dios». Luego, describe el sacrificio ritual en el *teocalli* de Tezcatlipoca y sus lamentaciones, no por su muerte, sino por el sacrificio de sus esposas, a las que arrancarían el corazón o les cortarían la cabeza.

Las causas para un divorcio o separación más frecuentes eran el abandono del hogar por cualquiera de los cónyuges; el maltrato consistente en golpes e injurias; la falta de atención de los hijos, y, como ya vimos, el repudio por esterilidad o descuido de las obligaciones inherentes al trabajo en el hogar. También, la falta de cariño entre los esposos y las desavenencias sexuales. La mujer señalada como estéril permanecería soltera de por vida, quizá transformada en amante de uno o varios guerreros, lo que, nos parece, no estaba nada mal en relación con sus propias necesidades sexuales. En cuanto a la viudez, el hermano del difunto podía desposar a su cuñada, y el viudo podía unirse a una hermana de su esposa.

El padre era la raíz y base de la familia. Solo los hijos varones tenían derecho a la herencia. Para los aztecas, los matrimonios entre parientes consanguíneos estaban estrictamente prohibidos. En cambio, los príncipes mixtecas no tenían inconveniente para celebrar matrimonios entre hermanos, y eran tan frecuentes como entre los incas o los faraones.

El sistema matrimonial de los mexicanos era una especie de transacción entre la monogamia y la poligamia. En términos *legales* solo existía una esposa legítima, aquella con la que se habían satisfecho las ceremonias descritas y, por supuesto, con la que el varón había anudado su manto durante la boda. Empero, muchos señores principales tenían un número indefinido de concubinas oficiales que vivían en sus palacios y eran consideradas y respetadas por todos sus servidores y vasallos, sin que fuesen objeto de burla o desprecio.

Si bien las esposas desempeñaron un papel sumamente importante en la composición social y desarrollo de estas culturas, no fue menos relevante el de las concubinas, muchas veces más poderosas y trascendentes en el destino de los hombres y sus pueblos, así como en los lechos sobre los que se pecaba con singular alegría.

El proceso mediante el cual una mujer alcanzaba el rango de concubina estaba muy diversificado: podía darse simplemente por voluntad del señor, quien al verla la exigía como suya por considerarla bella y atractiva o concebir un deseo desenfrenado ante la hermosura de su cuerpo; también, porque la mujer destacase entre un lote de princesas y doncellas regaladas por otro señor que quisiera congraciarse con el *huey tlatoani*; asimismo, ser el botín de guerra de un señorío derrotado; por méritos en la guerra; gracias a conjuros para atraer y aficionar mujeres; o por ser hijas de macehuales que consideraban un honor que fueran admitidas en el serrallo del *huey tlatoani* o de algún señor principal.

Mujer de gran hermosura y donaire que deslumbró al rey de los toltecas Tepancaltzin, fue la celebérrima Xóchitl, que una mañana radiante se presentó, acompañada por sus padres, en el palacio real para entregarle al rey un regalo consistente en la miel prieta del maguey —el célebre pulque descubierto por ella— y unas *chiancacas* hechas con azúcar de esta miel.

Tepancaltzin quedó prendado de esta doncella por su belleza, y exigió que en lo sucesivo fuese ella sola para hacerle entrega del pulque. Después de una serie de prolegómenos que podrían competir con los de los cuentos de *Las mil y una noches* contenidos en la traducción del capitán Richard F. Burton, Xóchitl accedió a lo que el rey le mandaba y este, cumplidos sus torpes deseos, la mandó llevar a un lugarcito pequeño fuera de la ciudad, donde la mantuvo custodiada por muchas guardas en calidad de concubina. Xóchitl «servida y regalada, al fin como cosa de rey y monarca tolteca», no tardó en empreñarse y parir un hijo, al que el rey puso el nombre de Maeconetzin o Topiltzin, que quiere decir «niño del maguey».

Muchas concubinas fueron destacadas en la *Historia de la nación chichimeca* de Fernando de Alva Ixtlilxóchitl, entre ellas Tecpaxochitzin, que habiendo sido casada con Técpatl, Señor de Atotonilco, fue repudiada, y después pretendió su padre darla por mujer legítima al rey de Texcoco, quien no la admitió sino como concubina.

El rey Ixtlilxóchitl se casó con la hermana del señor de México-Tenochtitlan, Chimalpopoca —quien, a su vez, tenía prole de damas y concubinas—, con la que tuvo dos hijos; «mas muchos otros tuvo en concubinas suyas».

Su sucesor, el célebre rey poeta de Texcoco, Nezahualcóyotl, tuvo un serrallo prodigioso en sus jardines y palacios, donde cohabitaban sus concubinas en compañía de sus hijos. Se dice, incluso, que se dio el lujo de devolver a su tío Izcoatzin y a su sobrino Moctezuma «veinticinco doncellas que le habían enviado para que escogiese por esposa a la que más le agradara»; hecho que no solo dejó confundidos a dichos reyes, sino que provocó una envidia harto rabiosa entre aquellos que lo supieron y que no le perdonaron haber desperdiciado «aquel rosario de culos».

Nezahualcóyotl, dirían los *tlacuilos* que pintaban los códices, «era más cabrón que bonito», y fue protagonista de algunos desaguisados amorosos que dieron mucho de qué hablar y que fueron reprobados, sin contemplaciones, por su hijo Nezahualpilli y sus nietos. La anécdota a la que nos referimos comenzó cuando Nezahualcóyotl tuvo el capricho de casarse con una infanta de la casa de Coatlichan que se había ofrecido a un viejo noble, quien murió antes de que la niña tuviese edad para consumar el matrimonio. El hijo y heredero de la casa del viejo, sin saber para qué efecto se criaba a la doncella, se casó con ella. Ignorante de esta situación, Nezahualcóyotl la requirió como esposa al señor de Coatlichan, que tampoco estaba enterado, y cuando este llegó a acordar, supo que su sobrino ya era dueño de ella y no podía entregarla a Nezahualcóyotl. El rey de Texcoco enfureció, remitió al esposo legítimo a los jueces para que lo castigaran, mas al constatar que no había cometido delito, estos lo dejaron libre.

Nezahualcóyotl, entonces, cayó en un estado lamentable de tristeza y melancolía, abandonó su palacio y se internó entre los bosques que rodeaban la laguna para lamer sus heridas. Así, vagando sin un destino determinado, llegó al pueblo de Tepechpan, donde el señor del lugar y uno de los catorce grandes del reino, Quaquauhtzin, lo recibió, lo llevó a sus palacios y le ofreció una espléndida comida; y para más regalarle quiso que en la mesa le sirviera Azcalxochitzin, infanta que el señor criaba para tomar estado con ella y hacerla su mujer legítima. Nezahualcóyotl, tan pronto la vio, tan hermosa y dotada de gracias y bienes de la naturaleza, sintió que el corazón se le salía por la boca y que su *pájaro* y los *alegradores* que colgaban por debajo le hacían reclamos urgentes. Sin embargo, el rey disimuló su pasión, se despidió y regresó a su corte, donde lo primero que hizo fue mandar asesinar a Quaquauhtzin.

Los capitanes de sus ejércitos accedieron a cumplir sus órdenes y urdieron una serie de embustes para convencer a Quaquauhtzin de que los acompañase a guerrear contra los tlaxcaltecas, a quienes periódicamente se enfrentaban. Quaquauhtzin, inocente y desprevenido, accedió. Se despidió de deudos y amigos en un convite, y se fue al frente de batalla, donde quedó muerto, hecho pedazos por los tlaxcaltecas.

Ya con el campo libre, Nezahualcóyotl, en connivencia con una vieja alcahueta, tendió las redes para atrapar a Azcalxochitzin y llevó a cabo argucias y engañifas —que, es seguro, causarían la envidia de don Juan Tenorio— para montarla en su estera. Dicen que la hizo suya con un vigor viril inusitado y que la doncella, a pesar de que comprendió la astucia y maldad empleadas en su seducción, lo perdonó y se le entregó de por vida. Los que no pudieron hacerlo, como ya dijimos, fueron sus deudos, quienes «le condenaron por la cosa más mal hecha que hizo en toda su vida».

Nezahualcóyotl tuvo alderredor de sesenta hijos varones y cincuenta y siete hijas con sus concubinas, algunas de ellas intrigantes, ambiciosas, crueles y —nos atrevemos a afirmar— diabólicas, que trataban de sembrar la discordia entre el marido y los hijos de la mujer principal, valiéndose para ello de artimañas, y no se tentaban el corazón para asesinar o hacer matar a los hijos de otras concubinas que contendían con los suyos para obtener los favores del rey; tal y como sucedió con el príncipe Tetzauhpintzintli, *el infante maravilloso*, a quien Nezahualcóyotl amaba por «ser muy agraciado, tener muy buen natural, lindo filósofo, poeta y muy excelente soldado, además de ser muy diestro en las artes mecánicas»:

Resulta que «un infante hijo natural de Nezahualcóyotl labró una piedra preciosa en figura de ave, tan al natural que parecía estar viva», y la llevó como presente a su padre. Nezahualcóyotl, al ver que era una hermosura y conociendo el interés de Tetzauhpintzintli por los mecanismos, decidió regalársela. Para ello, pidió a otro de sus hijos naturales, de nombre Eyahue, que se la llevara. Este cumplió y el príncipe mandó agradecer al rey, con el mismo Eyahue, la merced que le hacía. Sin embargo, Eyahue se detuvo un rato con su madre y esta le aconsejó que dijese a Nezahualcóyotl que el príncipe, al recibir la piedra preciosa, en lugar de agradecerlo, le había insinuado que él se quería alzar con el reino, destronarlo, «y si fuera posible, venir a ser y mandar más que su padre»; y que para ello había hecho un gran acopio de armas.

Nezahualcóyotl, consternado, acudió a los reyes de México, Moctezuma, y de Tlacopan, Totoquihuatzin, para que fuesen ellos quienes practicaran una inspección de las armas que tenía almacenadas el príncipe (no por otro motivo que por su afición a los mecanismos), y en caso de que lo encontraran rebelde, lo reprendiesen y castigasen. Nezahualcóyotl no quiso estar presente y se ausentó de la corte. «Moctezuma y Totoquihuatzin hicieron, entonces, una pesquisa muy secreta y pidieron testimonios que confirmaran lo dicho por Eyahue». Este, por consejo de su madre, había prevenido a varios de sus compinches, quienes declararon en contra del príncipe. Así las cosas, los reyes de México y Tlacopan pidieron a unos capitanes que iban con ellos que, sin exteriorizar sus intenciones, colocaran en el cuello del príncipe un collar de flores y con el mismo «le dieran garrote y lo mataran», a fin de cumplir con su sentencia.

Muerto Tetzauhpintzintli y enterado el rey de tan cruel sentencia, echó a llorar por mucho tiempo y dicen que nunca dejó de lamentarse por haber permitido la muerte de quien, por entonces, era su único heredero legítimo.

De esta manera, la concubina pudo deshacerse del príncipe; pero jamás logró que alguno de sus vástagos heredara el trono. Lo más que obtuvo —hecho que demuestra el poder de las concubinas y que tanto sus hijos como los de las esposas secundarias siempre se consideraban *pilli* y podían llegar, si eran dignos de ello, a las funciones más altas— fue que Nezahualpilli, una vez entronado, diese a su hijo menor el pueblo de Chiautla y lo encumbrara a la dignidad de uno de los catorce grandes del imperio, con lo que quedó muy pagada.

Nezahualpilli tuvo más de dos mil concubinas, una de ellas la señora de Tolan, hija de un comerciante, y tan culta y hermosa que rivalizaba con el rey y los grandes señores en cultura y arte poética. Vivía con una especie de corte particular en un palacio que se había hecho construir especialmente para su servicio y tenía al rey muy sujeto a su voluntad.

Y tanto lo tenía que fue causa de una terrible tragedia. Huexotzincatzin, primogénito y sucesor que había de ser del reino, quien, además de otras gracias y dones naturales era eminente filósofo y poeta, compuso una sátira a la señora de Tolan —la favorita del rey, su padre—; y como ella era poetisa, se dieron sus toques y respuestas, por donde se vino a presumir que la cortejaba. El asunto no tardó en convertirse en la comidilla de la corte. Según las leyes era traición al rey y el que tal hacía tenía pena de muerte, y aunque el rey su padre le quería y amaba infinito, hubo de ejecutar en él la sentencia. Esta anécdota deplorable solo viene a confirmar que en la relación filial Nezahualcóyotl-Nezahualpilli, opera el adagio que reza: *Hijo de tigre, pintito.*

Si eso sucedía en Texcoco, en México-Tenochtitlan las cosas no eran diferentes. Desde que inició el gobierno de Moctezuma Xocoyotzin, la corte del rey se componía solo de los hijos e hijas de las familias más nobles. Su corte mantenía un harén numeroso de ciento cincuenta concubinas. Bernal Díaz del Castillo, sin ocultar su asombro, relata que a Moctezuma, cada día «cuatro mujeres muy hermosas y limpias le daban agua a manos en unos aguamaniles hondos que se llaman *xicales*; ponían debajo, para recoger el agua, otros a manera de platos, y les daban sus tobajas, y otras dos mujeres le traían el pan de tortillas». Seis mujeres para lavarle las manos, ya podemos imaginar cuántas llevaría a su estera para adobarle la carne; sobre todo si consideramos que «la mujer legítima daba órdenes a las concubinas de su marido, y que ella misma adornaba y acicalaba a la que este escogía para dormir con ella». ¡Un grado de civilidad inaudito y que muchos envidiamos!

En relación con las concubinas permitidas a los guerreros, a los de cierto mérito se les concedía tener dos o tres mancebas. A los guerreros del sol se les daba anuencia para tantas mujeres como pudieran sustentar; y a los *tequiuaque*, cuyo arrojo los había distinguido en las batallas, se les otorgaba el privilegio de cortejar en público a las prostitutas y poseer varias concubinas.

Sumamente sugestiva es la apreciación de los mexicas respecto de aquellos que sabían proferir conjuros, ya fueran *pilli*-noble o macehuales, a quienes consideraban, en términos generales, como *jóvenes malvados* que tenían concubina, poseían facilidad de palabra para convencer a las mujeres y vivían en el vicio, porque nos desvela el arquetipo del galán que, a falta de méritos propios, usaba de hechicerías y prácticas nigrománticas para conseguir aquellos favores carnales a los que jamás hubiese tenido acceso.

En estos conjuros participaban tanto la malicia como el conocimiento de las deidades del amor carnal, la voluptuosidad y la lujuria, y no estaban hueros de ciertos recursos poéticos, con la finalidad de descubrir a la mujer que disimulaba sus encantos «con técnicas del cuerpo decente [para] hacerla lo menos vistosa posible y fundirla en la masa de la sociedad», de suerte que los seductores no viesen en sus ojos la impronta del deseo. Un ejemplo más que inspirador, nos lo obsequia Hernando Ruiz de Alarcón en su *Tratado de las supersticiones*:

> En el cristalino cerro donde se paren las voluntades, busco una mujer y le canto amorosas canciones, fatigado del cuidado que me dan sus amores… Ya traigo en mi ayuda a mi hermana Xochiquetzal que viene galanamente rodeada de una culebra y ceñida con otra y trae sus cabellos cogidos en su cinta. Este amoroso cuidado me trae fatigado y lloroso ayer y antier… Pienso que es una diosa, verdaderamente hermosísima y extremada; hela de alcanzar no mañana, sino luego al momento; porque yo en persona soy el que así lo ordeno y mando. Yo el mancebo guerrero que resplandezco como el sol y tengo la hermosura del alba… yo vine y nací en el florido y transparente sexo femenil… ¿por ventura traigo yo guerra? No es guerra la mía sino conquista de mujeres.

Conjuro que, no nos cabe duda, debió de ser muy eficaz, ya que se utilizó aun muchos años después de consumada la Conquista, y permaneció enquistado en el imaginario popular.

El conquistador anónimo, por su lado, deja testimonio de la promiscuidad en que vivían los mexicas y su proclividad a la poligamia, aunque nos inclinamos por creer que solo se refiere a quienes no pertenecían a las clases dominantes:

«...los indios toman muchas mujeres, y tantas como pueden mantener, como los moros, aunque como se ha dicho, una es la principal y señora; los hijos de esta heredan, y los de las otras no, antes son tenidos por bastardos».

La diferencia entre concubinas y mancebas la definía el carácter temporal transitorio en que se mantenía a las segundas y que, en muchos casos, devenía en matrimonio; así como el hecho de que fuesen los macehuales quienes acudieran a esta costumbre para hacerse de mujeres.

Fray Bartolomé de las Casas nos informa que «los jóvenes, antes de que se casaran y tuvieran casa en el pueblo, tenían sus mancebas y vino a establecerse la costumbre de pedirlas a sus padres y a sus madres para tenerlas por tales [...] A estas mujeres se les daba el nombre de *tlacatcaulli*».

Asimismo, se acostumbraba que los jóvenes que ingresaban al *tepochcalli* para cumplir con algunas tareas públicas, aunque modestas, como limpiar la casa común, al ponerse el sol fuesen a bailar y danzar a la casa que se llama *cuicacalco* o casa del canto, cada noche, y el muchacho también bailaba con otros mancebos hasta pasada la medianoche, y los que eran amancebados se iban a dormir con sus amigas. Esto era permitido porque se toleraba que hubiese mujeres «que ganaban con sus cuerpos a quien darse querían» y porque los jóvenes, mientras permanecían solteros, «llevaban una vida colectiva que alegraban con la danza y el canto, así como con la compañía de mujeres jóvenes, las *auianime*, oficialmente consideradas y admitidas como cortesanas cerca de ellos».

Había, también, otra clase de mancebas que eran las que tomaban para sí los señores principales, incluso estando casados. Si su conducta sexual resultaba satisfactoria o demostraban ser de un talante particularmente provocativo y excitante, al grado de mantener erecto el interés del *tótotl* del varón, podían pasar al serrallo y convertirse en concubinas. De lo contrario, podía suceder que fuesen utilizadas como moneda de cambio en las apuestas que se hacían en el juego de pelota, donde además de «apostar joyas, esclavos, piedras ricas, mantas galanas, aderezos de toda índole, *se jugaban a las mancebas*».

Empero, todas estas especies de mancebías se consideraban ilícitas, pues muchas de la mujeres «eran malas, viles, plebeyas y soberbias»; de lo que puede inferirse que la calidad de mancebo no era muy apreciada, daba motivo a infinidad de reyertas y a una marginación social importante.

En relación con las esclavas, la cosa era más seria, pues si un hombre usaba mal de alguna esclava que no tuviera la edad para ser poseída, se le daba la categoría de esclavo, lo que no solo era afrentoso sino ponía en peligro su vida, ya que en cualquier momento se le podía destinar al sacrificio ritual de carácter religioso.

Por último, aún queda constancia de que «los ratones sabían cuando alguno estaba amancebado en alguna casa, y luego iban allí y roían y agujeraban los *chiquihuites* y esteras, y los vasos, y esto era señal de que había algún amancebado en alguna casa y llamaban a esto *tlazolli*», o también decían que «cuando nacían los pollos, si algún amancebado entraba en una casa, luego los pollos se caían muertos, las patas arriba, y si en esa casa alguno estaba amancebado, mujer o varón, lo mismo acontecía a los pollos».

4

MUJER: BOTÍN DE GUERRA O CARNADA POLÍTICA

La expansión territorial de los diversos señoríos provocó continuos conflictos bélicos entre sus gobernantes, que fueron motivo para que muchas mujeres de linaje principal cayesen prisioneras o, en el mejor de los casos, se las utilizara como obsequio para fortalecer alianzas políticas o como rehenes para satisfacer las ambiciones de los poderosos.

Asumida la poliginia como una práctica lícita de organización social, que constituía un derecho de la nobleza, los señores principales no tuvieron empacho para concentrar en su palacio a las hijas de sus allegados más importantes y asegurar, de esta manera, su lealtad, así como para disponer de mujeres que ofrecían como esposas secundarias o concubinas a otros gobernantes aliados con los que era necesario estrechar lazos de unidad.

Los prejuicios derivados del sentido machista de posesión y control fueron, en apariencia, echados a un lado para facilitar la entrega, a sus nuevos maridos, de mujeres que incluso ya habían estado embarazadas, a fin de asegurar el parentesco que se establecía entre el beneficiado y el dignatario que requería su apoyo. Una forma, por así decirlo, de regalar en una sola exhibición el paquete completo: mujer e hijo. ¡Ahí te la regalo, disfrútala! ¡Ah, pero no vayas a descuidar al chilpayate que lleva mi sangre!

Las crónicas nos inducen a pensar que estas prácticas se originaron durante la larga migración que efectuaron los mexicas para llegar a Tenochtitlan, gracias a la intervención de sus dioses, quienes tenían sus diferencias y andaban agarrados de las greñas. Los mexicanos llegaron a la orilla de una gran laguna y se detuvieron en Pátzcuaro, en la creencia de que, por fin, habían llegado a la laguna donde fundarían la ciudad de México. Ahí, mientras decidían qué hacer, un grupo numeroso de hombres y mujeres se desnudaron y se introdujeron al agua donde se pusieron a retozar con gran contento. Empero, mientras disfrutaban de la sensualidad del agua y la voluptuosidad de sus cuerpos, los que habían quedado en la orilla robaron sus tilmas y taparrabos a los hombres, enaguas y huipiles a las mujeres, y huyeron dejando a los infelices desamparados y en pelotas sin saber a dónde ir, por lo que determinaron quedarse allí y poblar aquella tierra.

Huitzilopochtli, guía de los que habían escapado, deseaba deshacerse de su hermana Malínal Xóchitl, diosa de la Luna; para ello, la noche siguiente ordenó que la abandonaran allí y se fueran secretamente. Al despertar, Malínal Xóchitl se encontró sola y decidió regresar a Pátzcuaro para reunirse con los abandonados. Estos la acogieron con júbilo y, de inmediato, comenzaron a modificar sus atuendos y costumbres. También, para no ser tenidos ni conocidos por mexicanos, inventaron una lengua diferente. Así, de esta suerte, se creó el origen mítico de los michoacanos, referido en *La historia de los mexicanos por sus pinturas*, donde se relata que «tomaron a una mujer de los mexicanos y lleváronla a Michoacán, y de ella proceden todos los michoacanos, hijos de la Luna».

Una vez asentados en México-Tenochtitlan y durante el periodo en que estuvieron sometidos a otros señoríos, las mujeres tenían la misma categoría social que los macehuales: formaban parte del tributo y los servicios personales de las clases poderosas; pero, una vez que los aztecas alcanzaron la supremacía, las mujeres nobles se transformaron en objetos de lujo palaciego. Ya cuando comenzaron a expandirse territorialmente mediante maniobras militares, los varones se transformaron en guerreros y las mujeres se convirtieron en el botín compartido con los vencedores.

Un ejemplo trágico de lo que sucedió durante este primer periodo, lo tenemos en la historia de la hija del señor de los culhuacanos, Achitometl, narrada con dramatismo escalofriante en la *Crónica Mexicáyotl*: Habiendo transcurrido doscientos veinticinco años desde que salieran de Chicomoztoc, los mexicanos, guiados por su caudillo Tenochtzin, entraron en Culhuácan en el año 1299. El señor de dicho señorío, Achitometl les permitió que se asentaran en Tizapan, donde permanecerían durante veinticinco años. Transcurrido ese lapso, su dios Huitzilopochtli comenzó a azuzarlos para que hicieran la guerra a los culhuácanos y, para procurarse un pretexto, les ordenó que fueran a pedirle a Achitometl su propia hija amada. «Yo sé y os la daré yo», insistió.

Los mexicanos no se hicieron del rogar y fueron a pedirle su hija a Achitometl, quien respondió: «¡Está bien, oh mexicanos!, lleváosla pues». Los mexicanos, sin dudarlo, la tomaron y la trasladaron a Tizapan.

Luego, dijo Huitzilopochtli a los sacerdotes aztecas: «¡Oh padres míos!, matad y desollad, os ordeno, a la doncella, y cuando la hayáis desollado vestid con el pellejo a cualquier sacerdote». Los sacerdotes cumplieron a pie juntillas las órdenes de su deidad. Inmediatamente, mataron y desollaron a la princesa y en cuanto lo hubieron hecho, al punto vistieron con el pellejo a un sacerdote. Acto seguido, Huitzilopochtli dijo: «¡Id a llamar a Achitometl, para que disfrute con la compañía de la hija que nos regaló!»; y así se hizo.

Achitometl, ignorante de lo que había sucedido, dijo a sus copríncipes: «¡Vamos a Tizapan donde nos invitan los mexicanos! ¡Llevémosles hule, copal, papel, flores, tabaco y comida para ofrendar a su dios!».

Una vez que llegó Achitometl, fue recibido con admiración y cariño fingidos, y se le pidió que fuese a adorar al dios, le entregase los presentes que había llevado y sacrificase unas codornices que, para tal efecto, le dieron. Achitometl degolló a las codornices entre el humo que se desprendía de los incensarios sin saber que estaba sacrificándolas ante la piel de su propia hija. El humo se disipó y pudo reconocer el pellejo de su hija, por lo que se espantó grandemente. De inmediato llamó a gritos a sus vasallos y les recriminó: «¿Quiénes sois vosotros, ¡oh, culhuácanos!? ¿Que no veis que han desollado a mi hijita doncella? No durarán aquí los bellacos. ¡Matémosles, destruyámosles y perezcan aquí!» De inmediato comenzaron los combates.

Los mexicanos fueron arrojados al agua de la laguna, desde donde se defendían desesperadamente. Una mujer arreglada a la antigua usanza, que nadie supo de dónde vino, colocó un puente por el que pudieron escapar, hasta un lugar llamado Acatzintitlan, donde se fortalecieron y presentaron batalla con el escudo y la flecha. Después, atravesando tulares y carrizales, se metieron en Mexicatzinco, donde pusieron cabeza abajo al llamado Acatzin, y cuando se le vieron las vergüenzas, le flecharon el ano.

Más tarde, durante el periodo de dominio y avasallamiento, los mexicanos sojuzgaron con crueldad y sevicia a otros pueblos, como fue el caso de la victoria que obtuvieron sobre los chalcas, triunfo que les causó mucho regocijo, pues además de los beneficios económicos, los chalcas les ofrecieron hermosas doncellas para que se sirvieran de ellas. A partir de entonces, los mexicas se acostumbraron a abusar de los pueblos sometidos: les robaban cuanto tenían, forzaban a sus mujeres y violaban a sus hijas. Las mujeres de los pueblos sojuzgados eran sistemáticamente violadas, humilladas, vejadas y sometidas tanto a la fuerza de los varones de su mismo grupo, como de los conquistadores aztecas.

No solo las mujeres de la clase dominada, sino las *pipiltin* formaron parte del botín de guerra y fueron codiciadas por igual. Se sabe que, después de la conquista de Calixtlahuaca por Moctezuma Ilhuicamina, donde gobernaba el rey Atonal, una vez que este murió, la más preciosa adquisición para Moctezuma fue la reina viuda. Jamás el célebre capitán mexica había visto reunida en una sola mujer tanta belleza y tanta majestad. Entre el desorden de los combates y el furor de las llamas, había contemplado a la desolada princesa derramar lágrimas; conmovido por una pasión irresistible, resolvió poseerla y hacerla suya a toda costa. La reina fue conducida a Tenochtitlan y se le alojó en un suntuoso palacio. Moctezuma, sin violentar el corazón de la mujer, quiso cautivar sus afectos a fuerza de generosidad y de magníficas liberalidades. Sin embargo, su ternura fue desdeñada. La reina mixteca, insensible al amor de Moctezuma, rechazó sus proposiciones de matrimonio y, aunque concedió en ser poseída en la penumbra total y sin corresponder a los movimientos lascivos del hombre, murió siendo cautiva suya, mas fiel a la memoria de Atonaltzin.

Sin embargo, no siempre fueron otros pueblos los agraviados. Dado que el intercambio de mujeres era recíproco, al menos con los reinos colindantes que eran tanto o más poderosos, los aztecas regalaban con frecuencia a sus princesas para establecer alianzas, tal como sucedió con Chalchiuhnenetzin, hermana del *huey tlatoani* Axayácatl, quien fue entregada al soberano de Tlatelolco, Moquihuixtli.

Esta princesa, cuyo mal aliento era proverbial, de feo rostro, delgaducha y desgarbada, flaca de carnes y de tetas minúsculas que no despertaban deseo en los varones, fue a parar, para su infortunio, con uno de los garañones más perversos y malvados de que se tiene noticia.

Moquihuixtli la desdeñó desde un principio, no la estimaba en nada, sino que la maltrataba con injurias, la relegaba a un rincón y la despojaba de las mantas preciosas de algodón que le enviaba Axayácatl, su hermano menor, para dárselas a sus otras concubinas. El rey nunca quería dormir con ella, solo lo hacía con aquellas mancebas que le soportaban todas sus indecencias. Solamente, cuando Moquihuixtli estaba deseoso y no tenía otra mujer a la mano, le hacía, como a otras mujeres, muchas maldades en sus órganos sexuales y por el ano. Se decía que por entre las piernas, le metía la tabla del brazo, del codo a la muñeca, y con la mano hurgaba dentro de sus partes.

En los *Anales de Cuauhtitlán* se reitera que el rey de Tlatelolco era tan depravado que, en alguna forma, hacía que «los genitales de su esposa le hablaran» para rogarle que la penetrase y le hiciera cochinadas. Moquihuixtli era tan vicioso que entraba en los recogimientos de las mujeres y violaba a las que mejor le parecían.

La situación de Chalchiuhnenetzin se volvió tan desesperada frente al maltrato de este tirano, que además no perdía oportunidad para mofarse de los tenochcas y propalar que cuando él quisiera les haría la guerra y los derrotaría, que huyó y fue a refugiarse con su hermano Axayácatl, a quien enteró de todo lo que le había sucedido.

Sin tardanza, el *huey tlatoani* de los aztecas, inició la guerra en contra de los tlatelolcas. Moquihuixtli se aprestó para defender su reino y, al efecto, llamó al rey de Culhuacan y a uno que consideraba su suegro porque le había regalado a una de sus hijas, famosilla porque —algo inusitado para la época— practicaba con él la postura que muchos siglos después se conocería como el 69. Sin embargo, esto no le fue de utilidad, porque fue afrentosamente derrotado. Vencido y desesperado, subió a las gradas del *cu* de sus ídolos, que era muy alto, y desde la cumbre se despeñó hacia abajo y así acabó su vida.

Los gobernantes de nivel medio o bajo contaban también con súbditos que les tributaban mujeres. En Texcoco, por ejemplo, durante el gobierno de Nezahualcóyotl, a cualquier hombre que lo solicitase, si era mancebo soltero se le daba una mujer noble y hermosa, con tierras y cantidad de vasallos, aunque fuese de condición plebeyo.

La prodigalidad, muchas veces respaldada por el miedo, con que unos gobernantes obsequiaban a sus pares, podía llegar a ser escandalosa. En algún momento en que se suscitaron conflictos de poder entre el *huey tlatoani* de los tenochcas, Izcóatl, y su sobrino Nezahualcóyotl, el primero, con la finalidad de aplacar la ira del segundo y evitar una guerra intestina, además de pedir disculpas le envió veinticinco doncellas, las más hermosas y de más ilustre linaje que halló en su corte, pues eran todas de la casa real de México; doncellas que, como vimos, fueron rechazadas porque, alegó Nezahualcóyotl, «el negocio y competencia que había entre los dos, no se debía negociar ni allanar por medio de mujeres».

Nezahualcóyotl se mantuvo en lo dicho y atacó con sus ejércitos a las huestes mexicanas, y, para recalcar el poco aprecio que sentía por el regalo que le había ofrecido Izcóatl y denostar el valor de lo femenino, pintó en su escudo, a manera de injuria y humillación, el órgano sexual de una mujer, específicamente la vulva, y les gritó que los tenía sujetos de esa parte de su anatomía, dando a entender que no tenían güevos sino un pequeño clítoris y que los sometería fácilmente. Todavía, para causarles mayor humillación, a los embajadores que le envió Izcóatl, los vistió con ropas afrentosas de mujer, con lo que estos se sintieron humillados en lo más profundo de su varonía.

Muchas mujeres capturadas en la guerra y repartidas entre los vencedores eran mantenidas como esclavas. Sin embargo, como muchos de sus amos disfrutaban de sus servicios sexuales, fornicaban y engendraban hijos con ellas, los mexicas tuvieron que legislar para determinar su estatus dentro de la sociedad. Así, Moctezuma Xocoyotzin, seguramente para proteger a sus bastardos, decretó que «los hijos de los principales tenidos con esclavas deberían tener más rango y les correspondían más privilegios sociales que a los caballeros águila de cuna plebeya».

5

LA CONCEPCIÓN DE LOS HIJOS: ASÍ EN EL CIELO COMO EN LA TIERRA

Para los nahuas, la concepción no siempre estuvo sujeta al acoplamiento entre dos seres corpóreos y con características humanas. De acuerdo con sus mitos y leyendas, esta se daba tanto en las esferas celestiales como en las terrenales, y estuvo sujeta a múltiples variables que involucraban dioses con diosas, humanos con deidades, hombres con mujeres, y otras entidades inimaginables que, como veremos, podían embarazarse con procedimientos que, definitivamente, pertenecen al terreno de la metafísica.

Vinculado con la fecundación de la Tierra, Miguel León Portilla incluye en su obra *Toltecáyotl, aspectos de la cultura náhuatl*, un relato recopilado por fray Andrés de Olmos sumamente ilustrativo:

> Había una diosa llamada Tlalteu que es la Tierra [...] Para hacerla fecunda, los dioses le dieron su semilla. Por su boca entró el dios Tezcatlipoca y un compañero suyo, llamado Ehécatl,

entró por el ombligo, y los dos se juntaron en el corazón de la diosa que es el centro de la Tierra. La diosa tenía por todas partes ojos y bocas con las cuales mordía como una bestia salvaje. Sus amantes se convirtieron, a su vez, en dos grandes serpientes. Cada serpiente tomó una mitad del cuerpo de la diosa y disputaron hasta que la rompieron en medio. De la mitad del lado de las espaldas hicieron la Tierra y la otra mitad la llevaron al cielo. Viéndola rota y desolada, los otros dioses bajaron a consolarla y ordenaron que de ella brotaran los frutos necesarios para la vida de los hombres. De sus cabellos hicieron los árboles, flores y yerbas; de sus ojos, los pozos y las fuentes; de la boca, los ríos y las grandes cuevas; de su nariz, los valles y montes; de sus espaldas, las grandes montañas. Esta diosa lloraba algunas veces por la noche, deseando comer corazones de hombres y no se quería callar más que con aquellos que le habían entregado, ni quería dar fruto si no estaba regada con sangre de hombres...

Otros mitos de concepción partenogenética que se conocen con profundidad y acierto son el del nacimiento de Quetzalcóatl, quien vino al mundo porque su progenitora, la doncella Chimalman, quedó encinta al tragarse una piedra preciosa o jade verde, *chalchihuitl*, sin que quede claro si esta le cayó del cielo o le fue procurada por un padre desconocido; y el que se refiere a la concepción de Huitzilopochtli, deidad suprema de los aztecas:

...que hay una sierra que se llama Coatepec junto al pueblo de Tula, y allí vivía una mujer que se llamaba Coatlicue, que fue madre de unos indios que se decían Centzonhuitznahua [los célebres Cuatrocientos Surianos, que no son más que igual número de estrellas], los cuales tenían una hermana que se llamaba Coyolxauhqui; y que la dicha Coatlicue hacía penitencia barriendo cada día en la sierra de Coatepec, y un día aconteció-le que andando barriendo descendióle una pelotilla de pluma, como ovillo de hilado y la tomó y puso en el seno junto a la barriga, debajo de las naguas y después de haber barrido la quiso tomar y no la halló, de que dicen se empreñó; y como vieron los dichos indios Centzonhuitznahua a la madre que ya era preñada se enojaron bravamente diciendo: ¿Quién la empreñó que nos infamó y avergonzó?

Relato muy parecido al de la anunciación de la virgen María y la concepción de Jesucristo y que induce a elucubrar si *las plumas blancas* no pertenecerían a las alas del mismo arcángel que visitó a la doncella judía.

La historia, se advierte de inmediato, no termina ahí: viendo que sus hermanos estaban furiosos, Coyolxauhqui comenzó a interpelarlos y exigirles: ¡Matemos a nuestra madre porque nos infamó, habiéndose a hurto empreñado!

Uno de los hermanos, espía de Huitzilopochtli, estaba aún en el vientre de su madre, y lo informó de cómo habían planeado el matricidio. Cuando Coyolxauhqui y los Cuatrocientos Surianos estaban a punto de asesinar a Coatlicue, nació Huitzilopochtli completamente ataviado y armado. De inmediato, hirió de muerte a su hermana desalmada con una serpiente de fuego, quien quedó hecha pedazos y con la cabeza enterrada en aquella sierra. Enseguida, peleó contra sus hermanos, hasta que mató a casi todos.

Otras deidades, como la diosa Venus, concibieron hijos sin un ayuntamiento previo y los dieron, literalmente, a luz.

Es probable que, en algún momento, las deidades femeninas se hayan hartado de concebir a sus vástagos sin ser gratificadas con los deleites propios de la cópula y, entonces, decidieran buscar entre los hombres a un cómplice que, además de hacerlas gozar, asumiese una paternidad más o menos responsable, aunque esta se diera con la intervención de elementos sobrenaturales.

Malínal Xóchitl, la diosa de la Luna, de quien dijimos se origina el linaje de los michoacanos, inició su actividad amatoria, ayudada por estos, tan pronto como despertó después de haber sido abandonada por su hermano Huitzilopochtli. La llevaron con el rey del lugar, llamado Chimalcuauhtli o

Escudo del Águila, y este se prendó de su hermosura. Llegado el atardecer, mientras el sol poniente teñía de rojos, rosas y anaranjados el cielo, Malínal Xóchitl fue gratamente montada por el rey, de quien corría fama de que donde metía su *tótotl* dejaba huella de mujer preñada: «...ya está preñada, ya tiene grande el vientre, y nació el vástago de Malínal Xóchitl, macho que fue llamado Cópil.»

Caso similar, aunque más alambicado, fue la concepción de Moctezuma Ilhuicamina, que podría rivalizar con los mejores textos del realismo mágico: Según se narra, Ozomatzinteuctli era brujo *nahualli*: llamaba a todas las arañas, así como al ciempiés, la serpiente, el murciélago y el alacrán, ordenándoles que guardaran a su hija doncella, Miauaxóchitl, que era bien ilustre, para que nadie entrase donde ella, ni bellaco alguno la deshonrara. La princesa era requerida de amores o para casarla con sus hijos por los reyes de los poblados circundantes, pero su padre desdeñaba por igual a todos los pretendientes.

Al príncipe Huitzilíhuitl, mancebo vigoroso, muy garrido y bien dotado, se le quemaban las habas por conseguir una mujer que pudiese satisfacer sus ganas, pero sus padres no lograban encontrarla, ni en Chalco ni en Xochimilco.

Una noche, le habló Yoalli, el diablo, en sueños, y le dijo: «entraremos en la casa de Ozomatzinteuctli y tomaremos a su hija, que es una preciosa doncella».

A la mañana siguiente, tan pronto como despertó, Huitzilíhuitl envió inmediatamente a solicitarla por esposa. Sin embargo, el *nahualli* despreció su petición, alegando: «¿Qué podrá él darle a mi hija? Él que se viste con el taparrabos de lino acuático que usan los macehuales. ¿Acaso así la va a vestir? ¿Y de alimentos qué le dará? ¿Es que donde él vive es un sitio como este, donde hay de todo, viandas y frutas muy diversas, algodón y vestiduras regias?»

Al saber la respuesta, Huitzilíhuitl quedó sumamente angustiado. Entonces, se le volvió a aparecer Yoalli y le dijo: «No te aflijas, que vengo a decirte lo que habrás de hacer para que puedas tener a Miauaxóchitl. Haz una lanza y una redecilla, con las cuales irás a flechar a casa de su padre. También, llevarás una caña muy hermosa que adornarás cuidadosamente y pintarás con colores atractivos. En su centro, colocarás una piedra muy preciosa, de bellas luces. Esta caña, junto con tus flechas, la arrojarás al interior de su casa y, entonces, la tendremos».

Así lo hizo el mancebo. La caña fue a caer en medio del patio y la doncella Miauaxóchitl la vio caer del cielo. Al punto, la tomó con la mano, maravillándose de su hermosura. Luego, presa de miedo, la rompió por la mitad y vio dentro de ella la mencionada piedra hermosísima, la cual tomó diciéndose: ¿será fuerte?, y la introdujo en su boca. La piedra se le trabó entre los dientes y hubo de tragarla, y ya no pudo sacarla, con lo cual dio el principio de su embarazo y la concepción de Moctezuma Ilhuicamina.

Empero, una vez que la mujer advertía las primeras señales de su embarazo y este era asumido por la pareja mediante el empleo de los verbos que significaban *en el vientre se asienta el niñito* o *formar vientre a alguien* o *vivir en el vientre* o *haberse dañado*, el asunto se convertía en responsabilidad de los progenitores humanos.

Los nahuas creían que la concepción se verificaba a partir de la acumulación del semen durante varias cópulas y que era necesario nutrir con esperma el interior de la mujer para formar al ser que se estaba gestando; con la salvedad de que si no era suficiente, el producto se podía convertir en gusanos.

Esta creencia, un tanto extravagante porque obligaba a los cónyuges a follar al principio con gusto y placer y después en una forma compulsiva y hasta desesperada, podía llegar al exceso, pues no solo creían que el niño se formaba con la acumulación del semen de varias cópulas, «sino que era posible que el niño naciera de la reunión del semen de distintos padres». Esto es, *with a little help from my friends*; acto que repercutió en su vocabulario, al que agregaron el término *tlanechicolpiltontli*-niño de participación, que fue traducido como *Hornerizo, hijo de puta*.

Si tomamos en cuenta que algunos mexicanos, como Tlacaeleltzin, personaje de una envergadura impresionante que ejercitó el poder detrás del trono durante el reinado de varios *tlatoanis*, procreó ochenta y tres hijos, así como la numerosa descendencia de muchos de los señores ilustres, podemos imaginar la tremenda cantidad de cópulas que estos tuvieron que realizar para asegurar su progenie, y declarar, sin empacho, que si de fornicar se trataba, los mexicanos se pintaban solos.

6

SEMENTALES Y COGELONES FAMOSOS

Gracias, quizá, a que «la cosecha de mujeres nunca se acaba», el placer derivado de la fornicación lujuriosa y la voluptuosidad de la carne se convirtió en el deporte favorito de muchísimos mexicanos, sobre todo entre las clases dominantes.

En la sociedad náhuatl el individuo tenía la obligación de reproducirse. Por ello, se toleraba el amancebamiento y, tal como vimos, esta situación no obligaba a los jóvenes mancebos a contraer matrimonio. Una vez que habían procreado un hijo, los padres de la mujer le exigían que escogiese entre la separación o el matrimonio. Si se inclinaba por la primera opción, la doncella era considerada *la dejada por un nacimiento*, y, si tenía buena suerte, podría casarse en el futuro. Asimismo, para proveerse de mujeres, los señores principales tenían derecho de solicitar doncellas de sus súbditos, quedando excluidas las mujeres que ya estaban casadas.

La actividad erótica era vista, asimismo, como una obligación destinada a propiciar lluvias abundantes, buenas cosechas y asegurar el triunfo de los ejércitos, y, para lograrlo, debían estar muy bien dotados y ser excelentes amantes.

Las fuentes, en especial Sahagún, mencionan, no sin asombro, que la capacidad amatoria de los otomíes, «quienes habían hecho del erotismo un culto mayor, por lo que sus actos amorosos debían ser intensos y prolongados», era proverbial: «Y, según dicen, cuando dormía el hombre con la mujer si este no tenía cuenta con ella cuando menos diez veces, descontentábase la mujer y apartábase el uno del otro; y si la mujer era flaca para sufrir hasta ocho o diez embestidas, también se descontentaban de ella y la dejaban en breve». Podemos pensar que la fama de estos frenéticos cogelones debió de provocar envidias superlativas y que, para no sentirse menos, muchos intentaron imitarlos e hicieron de su potencia amatoria el paradigma del comportamiento sexual.

Se sabe, gracias a Bernal Díaz del Castillo, «que a Moctezuma Xocoyotzin se le servía frecuentemente, en copas de oro fino, cierta bebida hecha de cacao —entre otros afrodisíacos, cuyos efectos describiremos con detalle más adelante— que tenía como propósito incrementar sus facultades amorosas». También, que este *huey tlatoani* se ungía con su perfume cuando danzaba en público, para rendir a las mujeres que presenciaban el baile y llevarlas a su tálamo. No en balde se afirma que en un momento dado tuvo ciento cincuenta *esposas* preñadas, muchas de las cuales se vieron precisadas a abortar porque tal número de hijos del señor presentaba problemas graves en la sucesión del reino.

Moctezuma Xocoyotzin destacó, entre otras cosas, por ser un sibarita extravagante y un semental consumado. El emperador azteca vivía rodeado constantemente de tres mil personas en su palacio, sin contar las águilas, serpientes y jaguares que mantenía en habitaciones especiales y que consumían diariamente quinientos pavos; vivía como potentado en medio de una abundancia que compartía con un séquito cada día más numeroso. Algunos cronistas, entre ellos Francisco Hernández en su libro *Antigüedades de la Nueva España,* calcularon que llegó a tener alderredor de dos mil concubinas:

> A muy pocos hombres y estos designados para estos menesteres, se les permitía pasar la noche en esas casas reservadas tan solo a las mujeres, de las cuales, mil o más habitaban en ellas o, se-

gún dicen otros, tres mil si se cuentan las esclavas y las criadas, porque Moctezuma para su uso tomaba entre las hijas de los señores aquellas que le placían más, y las otras eran repartidas y concedidas como mujeres a los señores, a sus criados y a sus amigos, por lo que dicen que aconteciera alguna vez que fueran encontradas ciento cincuenta de las concubinas de Moctezuma embarazadas al mismo tiempo…

Si bien Moctezuma Xocoyotzin se ganó con creces la denominación de *semental de su época*, no fue el único que se mereció un galardón tan distinguido. Nezahualcóyotl, a los setenta y dos años cumplidos había engendrado sesenta hijos varones y cincuenta y siete hijas, «aunque los legítimos no fueron más que dos». Nezahualpilli, su hijo, parece haber tenido más de dos mil concubinas, aunque con las que él trató familiarmente y tuvo hijos en ellas, fueron cuarenta, entre ellos Cacama, concebido con una hermana de Moctezuma y a quien este encumbró al cargo de rey de Texcoco. Con las demás concubinas tuvo ciento cuarenta y cuatro hijos e hijas; mas solo reconoció a once hijos como legítimos, habidos con su mujer principal. A su muerte, fueron sacrificados para acompañarlo en la pira funeraria doscientos esclavos y cien esclavas, varias de ellas de manera voluntaria debido a que habían disfrutado de la pericia amatoria de su señor y, no faltó quien lo jurara, todavía estaban perdidamente enamoradas.

Otros garañones, mencionados en la *Crónica Mexicáyotl*, aunque sin tantas pretensiones, fueron Axayácatl, padre de veintidós hijos; Ahuízotl con igual número; y Moctezuma Ilhuicamina con diecinueve. El *cihuacóatl* Tlacaeleltzin se casó primero con una doncella noble de Amecameca, con la cual tuvo cinco hijos, y después tuvo doce mujeres secundarias de las cuales cada una le dio un hijo o una hija, pero otros mexicanos dicen que, en realidad, procreó ochenta y tres hijos.

El prestigio de un semental notorio era delicado y había

que ser cuidadoso con él, so pena de caer en desgracia o convertirse en la burla de cortesanos y sirvientes. Huémac, décimo soberano tolteca, «perdió su popularidad entre sus súbditos por casar *con un demonio hembra,* llamado Coacueye, la de la falda de serpientes [...], de la que varias fuentes dan el curioso detalle de que *tenía las posaderas de una braza de ancho*».

Si atendemos a los ideales plásticos antiguos de estas culturas, vemos que las mujeres eran representadas con abundantes carnes, los senos redondos y anchas posaderas; sin embargo, ya para el periodo en que Huémac gobernaba —1098 hasta 1174— el ideal estético había evolucionado en sus preferencias y surgido un tipo más esbelto de *mujer bonita,* con su peinado artístico, la cintura entallada y un cuerpo definitivamente seductor, dotada con piernas y brazos delgados y, a la vez, fornidos, bien dispuestos para las caricias y para adoptar las posiciones que se usaban para la penetración del hombre en la vulva o ano de la esposa o concubina. El error de Huémac, entonces, fue confundir a un dios o demonio de la fertilidad, con una mujer desnuda exuberante que ya no cumplía con los patrones de la moda.

Las posturas más recurrentes para el coito, aunque podemos presumir que dependían de la imaginación de cada individuo, eran acostados bajo una manta, o sentados uno hacia el otro, o en cuatro patas, a manera de perro, sugiriéndose la masturbación previa de los amantes y el acto de besarse en la boca. En las imágenes conservadas no se ilustran los genitales femeninos, y los masculinos solo son exhibidos, como vimos, entre los tarascos y huastecos, costumbre que fue considerada como sumamente perturbadora y detonante de historias que, como afirma Miguel León Portilla, «encontraron en el amor y en el sexo tema de inspiración y regocijo».

Comprendida dentro de la saga del rey tolteca Huémac, la *Historia del Tohuenyo* no solo resulta curiosamente atractiva sino que desvela «el ardor erótico que sin hipérbole enfermó a una princesa tolteca, hija de Huémac —precisa León Portilla—, por haber contemplado el falo de un hechicero, que transformado en huasteco, se puso a vender chiles, desnudo, sin *maxtle* o taparrabos, en el mercado de Tula».

Veamos con detalle qué fue lo que sucedió.

La historia del Tohuenyo

Y he aquí otra cosa, otro embuste que hizo Titlacahuan
—el dios Tezcatlipoca—, hizo algo que resultó un portento:
se transformó, tomó rostro y figura de un Tohuenyo: «nuestro
vecino, el huasteco forastero».
Andando no más desnudo, colgándole la cosa,
se puso a vender chile,
fue a instalarse en el mercado, delante del palacio.
Ahora bien, a la hija de Huémac, que estaba muy buena,
muchos de los toltecas la deseaban y la buscaban,
tenían la intención de hacerla su mujer.
Pero a ninguno hacía la concesión Huémac, a ninguno
le daba su hija.
Y la dicha hija del señor Huémac miró hacia el mercado y vio
al dicho Tohuenyo desnudo, y el miembro genital, y después
de haberlo visto la princesa se metió al palacio y ahí se le
antojó el miembro de aquel Tohuenyo; y luego comenzó a estar
muy mala por el amor de aquello que vio; se le hinchó todo
el cuerpo, entró en grande calentura, como sintiéndose
pobre del *pájaro* del Tohuenyo.
Y Huémac lo supo luego: ya está enferma mi hija.
Dijo, entonces, a las mujeres que la cuidaban: ¿Qué hizo,
qué hace? ¿Cómo comenzó a entrar en calentura mi hija? ¿Qué
enfermedad es esta, que se le ha hinchado el cuerpo?
Y las mujeres que la cuidaban respondieron: ¡Señor
de esta enfermedad fue la causa y ocasión el indio Tohuenyo,
que andaba desnudo y vuestra hija vio y miró el miembro

genital de aquél y está mala de amores! ¡Es el Tohuenyo
que está vendiendo chile: le ha metido el fuego,
le ha metido el ansia!
Y el señor Huémac, oídas estas palabras, mandó: ¡Ah toltecas!
Buscad al Tohuenyo que anda por ahí vendiendo chile;
por fuerza ha de aparecer.
Y luego fue buscado por todas partes. Y como no aparecía
nadie, subió un pregonero a la sierra y pregonó: ¡Ah,
toltecas! Si halláis un Tohuenyo que andaba vendiendo ají
verde, traedlo ante el señor Huémac. El señor lo busca.
Enseguida se hacen pesquisas, en ninguna parte anda,
revuelven toda Tula y aunque hicieron todo esfuerzo no lo
vieron por ninguna parte. Entonces vinieron a comunicar
al señor que en ninguna parte habían visto al Tohuenyo.
Después, apareció el Tohuenyo en el mercado, donde había
estado por primera vez. Tan pronto lo vieron los toltecas,
corrieron a informar a Huémac. Este dijo: traedlo acá presto.
Apresurados fueron los toltecas a traer al Tohuenyo y lo
presentaron ante Huémac. Este preguntó: ¿De dónde sois?
El otro respondió: Señor, yo soy forastero,
vengo por aquí a vender chilito.
Huémac replicó: ¿Pues qué vida es la tuya, Tohuenyo?
¿Por qué no os ponéis el *maxtle* y no os cubrís con la manta?
¡Ponte el *maxtle*, tápate!
A lo cual respondió el Tohuenyo: Señor, tenemos
tal costumbre en nuestra tierra, pues nosotros así somos.
Luego, Huémac reclamó: vos antojasteis a mi hija. Tú le has
despertado el ansia. Tú deberás curarla, la habéis de sanar.
Señor, respondió el Tohuenyo, de ninguna manera puede ser
esto. Mejor matadme. Acaba conmigo y muera yo.
Yo quiero morir.
¿Qué dices?, espetó Huémac.
Que yo no soy más que un pobre vendedor de chile
y merezco morir.

> Entonces, Huémac le dijo: ¡Pues tú la curarás! Por la fuerza habrás de sanar a mi hija, no tengas miedo. Y enseguida le cortaron el pelo, lo bañaron y después de esto, lo ungieron, le tiñeron todo el cuerpo con tinta, le pusieron un *maxtle*, le ataron la manta. Y cuando lo dejaron así arreglado, le dijo el Señor: Mira a mi hija, allá está guardada. Anda y entra a verla.
>
> El Tohuenyo entró a verla, cohabitó con ella y durmió en su estera. Con esto, al momento sanó la mujer. Enseguida, se convirtió el Tohuenyo en el yerno del señor Huémac…

Tanto Sahagún como León Portilla agregan algunos comentarios no menos picantes que el texto. Sahagún nos dice que el vocablo *tohuenyo* puede traducirse como *nuestro prójimo*; esto es, cualesquiera, y, para efectos de la historia narrada, «cualquier prójimo que tuviese una verga descomunal». Asimismo, nos aclara que, entre los defectos notables de los cuextecas o huastecos, estaba el hecho de que «los hombres no traían *maxtle* con que cubrir sus vergüenzas».

León Portilla comenta la doble intención del término chile o *chílchotl* para designar, gracias a su forma, el miembro viril del varón; la relación sexual entre el término *pájaro* en alusión al falo; nos explica que la expresión náhuatl *cenca qualli* quería decir *estaba muy buena* y se usaba con la misma connotación que se aplica hoy en México; y por último, nos aclara que cuando el texto de la historia se refiere a *anda con la cosa colgando,* hace alusión a que el personaje se mostraba completamente desnudo.

Respecto de los lugares predilectos de los nahuas para realizar el coito suele mencionarse el *temazcalli* o cuarto de baño de vapor calentado con piedras ardientes; el mercado, donde generalmente pululaban las prostitutas o alegradoras; y el serrallo o harén entre los nobles y algún lugar de la casa especialmente diseñado para gozar del placer y la sensualidad de los cuerpos entrepernados.

El *temazcalli* en particular, formaba parte de una tradición más compleja respecto a la costumbre de cuidar, estimular y disfrutar del cuerpo, y se usaba tanto para efectos terapéuticos, como para preservar la limpieza del cuerpo, amén de que era el recinto ideal para los desfogues de la carne. El *Códice Magliabechiano* expresa en una de sus láminas que «usaban en estos baños otras bellaquerías nefandas, hacían que es bañarse muchos indios o indias en cueros y cometían dentro gran fealdad y pecado», costumbre que no solo escandalizó, en su momento, a los evangelizadores de la fe católica, sino que fue reprimida acremente por los esbirros del Santo Oficio, quienes lo marcaron con sus anatemas, no tanto porque ahí se practicara la sodomía, sino, es casi seguro, por el horror que les inspiraba el uso del baño cotidiano para la limpieza de sus hediondos pellejos.

7

CON NINGUNA AGUA TE PODRÁS LIMPIAR

El adulterio fue, sin duda, el crimen más perseguido y castigado por las normas sociales y las leyes de los pueblos mesoamericanos, y es, también, el más comentado en las crónicas. De hecho, decían a aquel que había cometido dicho pecado grave: *Cuix cana atl in timaltiz*-con ninguna agua te podrás limpiar, por ser considerada la transgresión más grave que, en materia sexual, podía cometer una persona.

El adulterio era concebido —tipificado diríamos ahora— como la relación sexual ilícita habida entre una mujer casada con un hombre que no fuera su marido. También cometía adulterio el amante soltero de la mujer casada y el hombre casado que tuviera relaciones carnales con una mujer casada; y, en algunos casos, el hombre casado que tuviese relaciones extramatrimoniales, siempre y cuando el padre de su esposa legítima considerara que su yerno hubiera violado los derechos adquiridos por su hija, precisamente, mediante el matrimonio. Dado el carácter machista de la sociedad mexica, solo existía castigo para el adulterio femenino, pues no se consideraba delito al hecho de que un hombre casado mantuviera relaciones sexuales con una mujer soltera.

A fin de prevenir a su prole para que no cometieran esta bellaquería, los padres les dedicaban mucho tiempo y largos discursos en los que detallaban, en forma insistente y pormenorizada, el comportamiento que debían asumir tanto en los eventos sociales como en las ceremonias religiosas. Primero les hacían un retrato oscuro y degradado del aspecto físico que ostentaban las mujeres viciosas y depravadas, para que no siguieran su ejemplo:

> Mira también, hija, que nunca te acontezca afeitar la cara o poner colores en ella, o en la boca, por parecer bien, porque esto es señal de mujeres mundanas y carnales; los afeites y colores son cosas que las malas mujeres y carnales lo usan, las desvergonzadas que ya han perdido la vergüenza y aun el seso, que andan como locas y borrachas; estas se llaman rameras. Y para que tu marido no te aborrezca atavíate, lávate y lava tus ropas…

Después, les pintaban un cuadro más que macabro de lo que les sucedería si flaqueaban ante los reclamos eróticos de su cuerpo:

> …mira, hija mía, muy amada, palomita mía, que no des tu cuerpo a alguno; mira que te guardes mucho que nadie llegue a ti, que nadie tome tu cuerpo. Si perdieres tu virginidad y después de esto te demandare por mujer alguno, y te casares con él, nunca se habrá bien contigo, ni te tendrá verdadero amor; siempre se acordará de que no te halló virgen, y esto será causa de grande aflicción y trabajo; nunca estarás en paz, siempre estará tu marido sospechoso de ti […] Mira que no des licencia a tu corazón para que se incline a otra parte; mira que no te atrevas con tu marido; […] que en ningún tiempo y lugar le hagas traición que se llama adulterio; mira que no des tu cuerpo a otro, porque esto, hija mía muy querida, es una caída en una sima [sic] sin suelo que no tiene remedio, ni jamás se puede sanar, según es estilo del mundo […] Si fuere sabido, y si fueres vista en este delito, matarte han, echarte han en una calle para ejemplo de toda la gente, donde serás por justicia machucada la cabeza y arrastrada, y perderás tu fama y nobleza; de las adúlteras se

dice un refrán: «robarás la piedra y serás arrastrada, y tomarán ejemplo de tu muerte».

Los michoacanos no eran menos vehementes que los mexicas y para ejemplo un botón tomado de la *Relación de Michoacán*: «...cuando se había de casar la gente baja [...] el padre amonestaba a su hija desta manera: Hija, no dejes a tu marido echado de noche y te vayas a otra parte a hacer algún adulterio; mira no seas mala [...], mira que tú sola buscarás tu muerte...»

Los varones no estaban exentos de exhortaciones y consejos semejantes. Los padres describían un panorama negro, patético, al que se arriesgarían si, por andar de calientes, se les secaba el miembro; caían en la impotencia sexual y lo más probable es que su mujer les pusiera los cuernos y les hiciese adulterio.

También, las parejas, durante los esponsales, estaban sujetas a recibir amonestaciones del mismo jaez. En la *Relación de Michoacán* leemos algunos fragmentos alusivos: «...no se mezcla aquí otra liviandad en esta casa, ni de algún adulterio; haceos bien e sed bien casados; mira no os mate alguno por algún adulterio o injuria que cometieres, mira que no os ponga nadie la porra con que matan encima de los pescuezos y no os cubran de piedras por algún crimen [...] Y tú, señor, si notases a tu mujer de algún adulterio, déjala mansamente, y envíala a su casa sin hacele mal, que no echará a nadie la culpa, sino a sí misma, si fuere mala». El consejo contenido en el último párrafo, si bien operaba entre los michoacanos, no podía ser aceptado por los mexicas, ya que de acuerdo con la *Historia de los mexicanos por sus pinturas* «si se daba el caso que un marido ofendido perdonara la traición de su mujer la gente los castigaba a ambos matándolos».

Si bien la sociedad, en su seno, acudía a estos recursos para controlar los impulsos sexuales impuros de la gente, los gobernantes, con el poder omnímodo que detentaban, procuraban mediante sus discursos y proclamas disuadirlos de cometer el delito.

Estas advertencias, en las que por la experiencia se asociaba a la embriaguez con el adulterio, eran tomadas al pie de la letra, y el castigo a que se hacía merecedor el infractor, fuese este noble o principal o un guerrero destacado, se aplicaba sumariamente:

> Otra casa del palacio se llamaba *tecpicalli*; en este lugar se juntaban los soldados nobles y hombres de guerra, y si el señor sabía que alguno de ellos había hecho algún delito criminal de adulterio, luego le sentenciaban a muerte; matábanle a pedradas. En el tiempo de Moctezuma fue sentenciado un gran principal que había cometido adulterio y le mataron a pedradas delante de toda la gente.

También, la ingestión del *péyotl*-peyote, del hongo *teonanacatl* —llamado «hongo divino»— era utilizada como narcótico y para alterar el estado de conciencia. Quienes los comían:

> ...veían visiones que provocaban lujuria [...] después, comenzaban a bailar y a cantar y algunos lloraban, porque ya estaban borrachos a causa de los honguillos [...] las visiones que padecían eran aterradoras [...] podían ver cómo los devoraba alguna fiera [...], pero también podían soñar que eran ricos y tener muchos esclavos [...] otros que habían de cometer adulterio y les habían de hacer tortilla la cabeza...

Pero lo más grave era que, con cierta frecuencia y en ese estado alucinante y alterado, no eran capaces de controlar sus impulsos y cometían adulterio y otros delitos castigados con pena de muerte.

Otros medios empleados para tener acceso al cuerpo codiciado de una mujer e inducirla a cometer adulterio eran aquellos que ponían en juego, de manera voluntaria y mediante la cooperación de un brujo o hechicero, los *conjuros de magia amorosa* o palabras del diablo para embrujar e inducir a las mujeres a la lujuria; asimismo, «el sueño de tipo comatoso, logrado mediante encantamientos, servía frecuentemente para favorecer el adulterio».

Creían, respecto de la adúltera, que aun cuando el marido no llegara a enterarse de la infamia cometida en su contra, los dioses la veían siempre y castigarían su insolente conducta tulléndola, produciéndole llagas, pudriéndole el cuerpo, y no le permitirían tener contento ni reposo ni vida sosegada. ¡Claro que la veían! ¡Y no solo los dioses sino cualesquier persona que tuviese los ojos abiertos y diez gramos de sentido común en la mollera! Porque, *la adúltera*, o *mujer maligna*, era catalogada como deshonesta, traidora, lujuriosa y sin reputación. Era la mujer que todo tomaba con regocijo y en broma, con risa y escarnio; era vista con el horror que causa quien por su forma de ser acarrea la mala suerte y las desgracias a su comunidad. Imposible, por tanto, no ser advertida.

Hemos visto que la mujer infiel provocaba horror entre la población, debido a que su conducta «generaba fuerzas nocivas, irradiaba desgracias y constituía un centro de escándalo y abominación». Una de las consecuencias más temidas se daba cuando, durante el trabajo de parto, se presentaban dificultades peligrosas para la mujer adúltera. En ese caso, los antiguos nahuas aconsejaban «aplicarle un clister de su propia saliva»; mas también, se suponía que las molestias de las parturientas infieles menguarían si confesaban sus faltas públicamente y a gritos. Quizá por ello muchas mujeres recurrían al aborto para encubrir sus relaciones ilegítimas.

Respecto de los varones, el casado licencioso llevaba a su casa el peligro de algún contagio y la ley lo castigaba por ello. En este caso se protegía, en forma directa, la salud de la cónyuge burlada, puesto que se temía que fuese víctima de un daño causado por las fuerzas insanas que generaba el libertinaje: el temor a la enfermedad era una defensa para la integridad de la familia.

El adulterio, contemplado como un problema de salud pública, era un asunto serio, cuyo control exigía acciones sumamente estrictas. Quienes lo cometían estaban cargados de energía negativa y sus emanaciones eran nocivas para aquellos que los rodeaban. Las enfermedades causadas, entre ellas las llamadas *tlazolmiquiztli* —que atacaban tanto a los adúlteros como a las prostitutas, a los licenciosos, a los que acababan de copular, a los mancebos y ladrones—, eran tan graves que «se castigaba al que se echaba con su mujer después que le *hobiese fecho traición*».

Las emanaciones que surgían de los cuerpos de los adúlteros dañaban al cónyuge inocente, a las criaturas en el vientre materno, a los niños que el pecador cargaba en sus brazos, a los amigos, en fin, a quien estuviese cerca. Mataba a los guajolotitos. Provocaba accidentes a las bestias. Secaba los campos de cultivo. Arruinaba las ofrendas hechas a los dioses, etcétera. ¡Una verdadera calamidad! Por ello y para contar con una fuerza equivalente que neutralizara los efectos nocivos, «los médicos recomendaban a las esposas de los adúlteros que adulteraran a su vez para no recibir el daño». El *hijillo*, concebido en una relación de adulterio, nacía con la infamia del pecado y se le asociaba con el mal de ojo. Por ello, la sociedad huía del hijo adulterino, a quien llamaban *tetzauhcónetl*.

A pesar de que no es posible determinar qué tan extendido estaba el adulterio en la sociedad náhuatl de la época, este se perseguía de oficio por los responsables de juzgar y ejecutar las sentencias. Los castigos, de una severidad sobrecogedora, buscaban cierta estabilidad social y asegurar la paternidad respecto de los vástagos.

En términos generales, cuando una mujer adúltera era sorprendida en el momento del coito, la aprehendían junto con su amante y les exigían que confesaran. Si no admitían su culpa, les daban tormento hasta que reconocieran su pecado. Después, los condenaban a muerte. La ejecución de la pena variaba según las circunstancias. A veces, los ataban de pies y manos con cuerdas, los arrojaban al suelo y les machacaban la cabeza hasta deshacérselas y dejarla «como una tortilla». Otras, los mataban a garrotazos, los ahogaban, los ahorcaban, los quemaban vivos en la hoguera o, simplemente, permitían que los macehuales los mataran a pedradas.

La ley, sin embargo, exigía que el crimen estuviese debidamente probado. El solo testimonio del marido ofendido era tenido por nulo. Se ordenaba que otros testigos imparciales confirmaran sus afirmaciones. El marido que mataba a su mujer, aun cuando la encontrara en delito flagrante, era castigado con la pena capital.

En virtud de que con estos castigos se buscaba crear conciencia entre las jóvenes doncellas sobre la gravedad del delito, los gobernantes solicitaban a los padres de familia que llevaran a sus hijas para que presenciasen las ejecuciones de las adúlteras; lo cual se cumplía cabalmente y sin excepción.

La forma de castigar el adulterio, como hemos insistido, variaba en su gravedad entre las distintas culturas. Los tarascos fueron los más intransigentes, ya que «incluso desterraban, esclavizaban o sacrificaban a los parientes de los adúlteros». Entre los chichimecas, cuando se hallaba algún adúltero lo tomaban y llamaban a toda la gente que tenía a su cargo el tal señor para que cada uno de ellos arrojara cuatro flechas a los pecadores y, aún estando vivos, los flechaban.

Fray Diego Durán afirma que no pudo documentar más que cuatro géneros de muertes: «uno era apedrear a los adúlteros; otro echarlos fuera de la ciudad a los perros y auras; uno más, a los fornicarios de fornicación simple con virgen dedicada al templo o hija de honrados padres; y, por último, a la parienta adúltera, se le apaleaba, quemaba y, luego, echaban sus cenizas al aire».

Entre los mexicas de Tenochtitlan y de Tlatelolco, los cuerpos de los adúlteros eran exhibidos desnudos, a manera de escarnio frente a la población. Sin embargo, los *pipiltin* adúlteros podían ser dispensados de este requisito y morían sin sufrir la vergüenza pública. Después de ser ahorcados, su cuerpo y cara eran cubiertos con plumas verdes, y así ataviados los quemaban.

Una muerte, lo más dolorosa posible, estaba reservada al

hombre que mataba al esposo de su amante. En algunos casos, muy pocos, se otorgaba el perdón a la mujer adúltera cuando quedaba embarazada. La ejecución de los adúlteros, cuando no había exigencias especiales que obligaran a la premura, se hacía el día *cuatro viento*; se les lapidaba por la noche y al amanecer se arrojaban los cadáveres al agua.

Una de las formas con que los aztecas expresaban su repudio hacia el adulterio, en términos generales y como una fórmula social, burlona y hasta graciosa, consistía en mofarse de los jugadores que ganaban en el juego de pelota y que tenían derecho de quitar sus abrigos a todos los espectadores y quedárselos, con la expresión *Ca huel huej tetlaxinqui*, que quiere decir «porque es un grande adúltero, que ha de venir a morir a manos del marido de alguna mujer o ha de morir en la guerra»; expresión más o menos equivalente al «¡culero, culero!», que exclaman los *hinchas* de un equipo de futbol cuando el árbitro del partido sanciona a dicho equipo por una falta que, ellos consideran, no fue cometida.

El adulterio cometido por los monarcas o gobernantes fue considerado un crimen de Estado. Se sabe que Iztaccaltzin, señor de los toltecas, quien reinó durante cincuenta y dos años, «trató amores con Quetzalxochitzin, esposa de un caballero llamado Papantzin descendiente de la casa real; y que con esta señora procreó a Topiltzin que, aunque adulterino, le sucedió en el trono (año 882 d.C.)». Sin embargo, «algunos de los reyes y señores sus vasallos se levantaron contra él, unos pretendiendo para sí el imperio, porque les pareció que eran más propincuos y dignos de él, y otros, en venganza del adulterio...»

Quizá este antecedente motivó a sus sucesores a legislar al respecto e imponer penas severas e implacables, a fin de desalentar la promiscuidad desatada. Así, Nopaltzin, sucesor del gran monarca tolteca Xólotl, entre las leyes que dictó a su pueblo, dejó asentado que los adúlteros fuesen degollados con flechas hasta que muriesen, así hombres como mujeres.

Siguiendo esta tradición, Nezahualcóyotl —cuya moralidad, como vimos, quedó en tela de juicio— durante su reinado en Texcoco impuso unas *ordenanzas*, de carácter draconiano, en las que se establecía que si alguna mujer hacía adulterio a su marido, viéndolo él mismo, ella y el adúltero fuesen apedreados en el *tianquiz* o mercado; y si el marido no la viese, sino que por oídas lo supiese y se fuese a quejar, y averiguado ser verdad, ella y el adúltero fuesen ahorcados y, enseguida arrastrados hasta un templo que estuviese fuera de la ciudad. El mismo castigo se hacía a los que servían de terceros —brujos y hechiceros— o alcahuetes. En relación con los adúlteros que mataban al esposo *cornamentado*, el varón moría asado vivo, y, mientras se iba asando, lo rociaban con agua y sal hasta que perecía; y a la mujer la ahorcaban. Si los delincuentes eran señores o caballeros, después de darles garrote, quemaban sus cuerpos y esparcían sus cenizas.

Nezahualcóyotl, sin misericordia, «castigaba con grandísimo rigor y muerte los pecados». Al adúltero le ponían la cabeza sobre una losa y, luego, dejaban caer otra muy pesada encima de esta, de suerte que se la aplastaban. El rey poeta no perdonaba la más leve infracción en asuntos que involucraran al sexo, la carnalidad y la lujuria. El control que ejercía sobre su pueblo debió de ser horripilante. Si un mancebo o doncella solteros fornicaban entre sí antes de tiempo, morían apedreados. Tenían que esperar hasta tener treinta o cuarenta años de edad para poder revolcarse en los petates —¡podemos imaginar la cantidad de *chaquetas* durante ese lapso!—; y si era señor o heredero al trono de algún reino, hasta que hubiese vencido a cuatro capitanes en la guerra. También, si un mancebo cualquiera regalaba a su *pájaro* con las suculencias de una viuda, ambos eran castigados sin remisión alguna. Sí se valía el coito entre viudos, lo que, presumimos, no debió de ser ni atractivo ni placentero.

Si bien Nezahualcóyotl fue un soberano inflexible frente al adulterio, su hijo y sucesor Nezahualpilli fue despiadado e inclemente, tanto que, en su época, se consideraba que «fornica con la mirada el que fija la vista, el que mira mucho el rostro de la mujer ajena». Con esa excusa, no se tentó el corazón para matar a una de sus hijas, «debido a que había hablado con el hijo de un señor, su vasallo». Algo parecido hizo con algunas de sus concubinas «por haber bebido el vino [algún mejunje hecho con pulque] que ellas usaban para cierto remedio, pues no se toleraba que las mujeres bebieran».

Como todo buen tirano, Nezahualpilli tenía desplantes y excentricidades que ponían de cabeza a sus súbditos, cuando no les acarreaban desgracias. Así, por ejemplo, se dio el lujo de perdonar la vida a un músico y a un soldado que habían sido sentenciados a muerte por adulterio, y les conmutó la pena capital por el destierro perpetuo en una de las fronteras y presidios que el imperio tenía, pues consideró que con eso estaban muy bien castigados. A uno de sus hermanos, que se negó a entregarle una de sus hijas, a la cual quería tener por dama y concubina, le mandó saquear sus casas y echarlas por el suelo «por ser hombre contumaz y rebelde a los mandatos de su rey». Berrinche eficaz y contundente, pues a partir de entonces sus hermanos le tuvieron un gran respeto y temor.

Sus caprichos podían ser desconcertantes. Estaba Nezahualpilli en un sarao donde se bailaba, cuando una señora, esposa de un caballero llamado Teanatzin, lo vio y cayó rendida de amor. Quedó tan enamorada que, sin poder controlarse, ofreció al rey su cuerpo. Este, consciente de que se trataba de un bocado exquisito, mandó que la enviaran a sus aposentos, donde le dio una cogida estrepitosa. Sin embargo, al terminar y percatarse de que era una mujer casada, la mandó matar y darle garrote, exigiendo que arrojaran su cuerpo a una barranca, donde se echaban los cadáveres de los adúlteros.

El marido, que no tardó en enterarse de su intempestiva viudez, hizo saber al rey, sin esconder su liberalidad cortesana, que estaba muy sentido, porque amaba y quería a su mujer, por ser como era mujer hermosísima y de gran donaire. Que no le reclamaba el hecho de haberse aprovechado de su calentura, pero sí de haberla matado y no dejarla viva para que él continuase disfrutando de la voluptuosidad de su cuerpo.

El rey, indignado por el servilismo abyecto de su vasallo, lo envió prisionero a un calabozo, mientras determinaba el castigo que debería imponerle «por la poca estimación en que tenía su honra». Este, que a todas luces era un golfo cachazudo, en lugar de perder el tiempo en lamentaciones compuso «un elegantísimo canto» en el que narraba toda su tragedia y sus trabajos, mismo que hizo llegar a sus amigos músicos para que lo cantaran en las fiestas y saraos a donde asistiese el monarca.

Nezahualpilli lo escuchó con beneplácito y —esto nadie se lo creyó— movió su ánimo en gran compasión. Mandó soltar al prisionero y traerlo a su presencia. Ahí, «le satisfizo la causa tan eficaz que le movió a castigar con pena de muerte a la mujer; pues había sido ella el instrumento para hacerle quebrantar e ir contra una de las leyes de su reino que penaba el adulterio». Luego, con la magnanimidad propia de un sultán de oriente, le entregó una doncella por mujer y otros muchos dones y mercedes.

Muy diferente fue su actitud hacia Tezozómoc, señor de Azcapotzalco y suegro de Moctezuma, por un adulterio que había cometido. Los jueces mexicanos, para complacer a Moctezuma, lo habían condenado al destierro, a la demolición de sus casas y a que le fuese cortada la punta de la nariz. Sin embargo, Nezahualpilli, celoso de hacer cumplir las leyes de su padre y sus propios dictados, hizo que le dieran garrote y después quemaran su cuerpo. Moctezuma quedó muy sentido, pero como el rey de Texcoco tenía preponderancia en el gobierno de la Triple Alianza, tuvo que apechugar con el desaguisado.

La influencia de Nezahualpilli fue tan profunda que su hijo Ixtlilxóchitl, estando en su tierna infancia —tres años— mató a la ama que le daba el pecho. Fue la causa que viendo el niño a un caballero de palacio recuestarla, se le ocurrió pedir al ama que le diese agua para beber, misma que tenía que ser sacada de un pozo. El ama se dirigió al pozo y tuvo que inclinarse para extraerla con un balde que estaba atado a una soga. El infante, al verla desprevenida, la empujó y esta cayó dentro del pozo, donde se ahogó. Cuando le preguntaron por qué había hecho eso, él, dentro de su *inocencia,* respondió que «había muerto a su madre y ama que lo criaba, porque vio a esta flirtear con un caballero de palacio, y se había visto obligado a hacer cumplir la ley». Este niño, con el tiempo y las vicisitudes que padeció el reino que fuese de su padre, durante el tiempo de la Conquista se transformó en un guerrero sanguinario y traicionero que mucho tendría que ver con la derrota de los aztecas y la caída de México-Tenochtitlan.

El adulterio, tal y como era entendido por estas culturas, era cosa demasiado seria. Tanto que, aun después de la muerte, los infractores continuaban padeciendo el escarnio y el flagelo impuesto por los hombres y las deidades. Fray Bartolomé de las Casas nos informa: «A los que mataban por adúlteros, los de su casa les hacían una imagen, compuesta con las insignias de una diosa llamada Tlazoltéotl, diosa de la basura o de la suciedad, a quien atribuían los pecados del adulterio, y era dellos por muy vil y sucia diosa, porque en sus pecados de vileza quería ser servida. [...] En ningún tiempo tiene reposo; en la noche, en el día, permanece gimiendo, permanece gritando...»

¡Como para pensarlo dos veces!, ¿no?

CHALCHIUHNENETZIN, LA LUCRECIA BORGIA AZTECA

Con frecuencia el investigador se sorprende al encontrar en las fuentes contenidas en los códices o en las narraciones de los informantes de los cronistas de Indias, así como en las «visiones de los vencidos», ilustraciones y relatos que reproducen escenas de un dramatismo brutal, y que, más tarde, en otras culturas y otros estadios temporales de la vida de los pueblos, prácticamente fueron calcadas con una exactitud inusitada. Las coincidencias entre las dos mujeres enunciadas en el título resultan tan impresionantes, que son capaces de enchinar el cuero cabelludo de aquel que sepa leer entre líneas.

El ejemplo más dramático y más célebre de adulterio en la historia de los antiguos nahuas nos lo proporciona la familia real de Texcoco. Y cómo no, si en él estuvo involucrado Nezahualpilli, personaje cuyos antecedentes familiares y su carácter violento y sanguinario marcaron su vida íntima con el infortunio.

Con el deseo de agradarle y, al mismo tiempo, proporcionarle una esposa que le diera descendencia para asegurar su sucesión en el trono, Axayácatl, señor de México-Tenochtitlan, y otros señores principales le enviaron a sus hijas, «para que de ellas escogiese la que había de ser la reina y su mujer legítima, y las demás las tuviese como concubinas». Entre las señoras mexicanas estaba la princesa Chalchiuhnenetzin, última hija de Axayácatl, sobrina carnal del *huey tlatoani* Ahuízotl y hermana de Moctezuma Xocoyotzin, la cual por ser aún una niña no fue recibida por el rey, «sino que la mandó criar en unos palacios con grande aparato y servicio de gente […] que pasaban de dos mil personas que ella había traído consigo para su servicio, de amas, criadas, pajes y otros sirvientes y criados».

Esta niña, que tenía una cara preciosa, era muy precoz y tan astuta y diabólica que, viéndose sola en sus aposentos y sabiendo que su gente la temía y respetaba por la gravedad de su persona, comenzó a darse al sexo lúdico, al sexo hedonista, a las relaciones carnales intrascendentes, en la medida en que crecía y se convertía en una mujercita extremadamente bella, y «fue que a cualquier mancebo galán y gentilhombre acomodado a su gusto y afición, daba orden en secreto de que aprovechase de ella y habiendo satisfecho su mórbido deseo lo hacía matar».

Chalchiuhnenetzin adquirió muy pronto los hábitos de una ninfómana desbocada y se apasionó, al igual que si fuese un vampiro imaginado por Bram Stoker, con la sangre de sus amantes asesinados; solo que tenía que deshacerse de sus cuerpos. Mujer imaginativa, la princesa ideó y ordenó a alguno de sus servidores que hiciera unas ánforas de barro cocido y policromado en forma de estatuas, con la figura o retrato del occiso, muy bien adornada de ricas vestimentas y joyas de oro y pedrería, donde se colocaba el cadáver y, una vez selladas, las ponía en la sala donde ella asistía. «¡Fueron tantas las estatuas de los que así mató [comenta Alva Ixtlilxóchitl con cierto humor macabro] que casi cogían toda la sala a la redonda!»

Nezahualpilli, a quien gustaba pastorear su rebaño mujeril, cuando la iba a visitar y le preguntaba por aquellas estatuas, obtenía siempre la misma respuesta: ¡Son mis dioses! Y él, que sabía que la nación mexicana era muy religiosa e inclusiva de cuanta deidad fuese propuesta, le daba crédito y quedaba satisfecho.

Sin embargo, la princesa cometió dos errores garrafales. Uno, fue dejar con vida a tres galanes, «que se llamaban Chicuhcóatl, Huitzilíhuitl y Maxtla, caballeros muy principales de la corte», porque le gustaban mucho y les tenía cierto respeto; el otro, regalar a Chicuhcóatl, «el apuesto señor de Tezoyucan y uno de los grandes del reino», una joya muy estimada, un brazalete con piedras preciosas que le había dado Nezahualpilli, joya que el rey reconoció gracias a que el amante, fatuo y ensoberbecido, la ostentó en un sarao donde coincidieron.

El rey, aunque seguro de la traición, todavía le dio algún recelo; y así yendo una noche a visitarla le dijeron las amas y criadas que su señora estaba reposando, entendiendo que el rey desde allí se volvería, como otras veces lo había hecho. Empero, el recelo del rey se agudizó y entró en la cámara donde, suponía, dormía su prometida. Cuál no sería su sorpresa cuando en lugar de encontrarla, «halló una estatua con la que simulaba estar echada en la cama y que tenía una cabellera parecida a la suya».

El rey, obviamente, se escandalizó con semejante simulacro, y más al ver que la gente a su alderredor comenzaba a turbarse y afligirse. Hizo llamar a los soldados de su guardia y les ordenó que aprehendieran a toda la gente que estaba al servicio de la princesa. Después, dio instrucciones para que la buscaran, lo que hicieron con gran diligencia. Pronto fue hallada en un palacio donde celebraba una orgía indecente, en compañía de sus tres galanes, desnuda y empalmada por ellos, quienes la fornicaban y se prestaban «a toda clase de inmundicias», según sus captores.

Una vez que los cuatro estuvieron presos, fueron remitidos «a los jueces de su casa y corte para que hiciesen inquisición y pesquisa de todos los que eran culpables de complicidad y traición al señor Nezahualpilli». Así, fueron apresados los criados y criadas de ella, y muchos maestros de todos oficios y mercaderes, que se habían ocupado unos del adorno y compostura y servicios de las estatuas y otros en traer y entrar en palacio a los galanes que representaban aquellas estatuas, así como los que les habían dado la muerte y ocultado sus cuerpos.

Durante el proceso, Chalchiuhnenetzin tuvo el descaro de confesar que estaba enamorada de Chicoucóatl y alegó en su defensa que sus «enemigos en la corte habían inventado el infundio de que había tenido dos mil amantes y que ella no era una asesina»; aseveración que fue desmentida con la fractura de algunas de las estatuas y con la cuenta de las mismas que hicieron los propios jueces.

Satisfecha la causa «muy bien probada y fulminada», Nezahualpilli envió embajadores a los señores de México y Tlacopan para avisarles lo que había sucedido y señalar «el día en que se había de ejecutar el castigo en aquella señora y en los demás cómplices de adulterio».

Asimismo, el rey mandó pregonar por todo el imperio que los señores deberían comparecer a la ejecución acompañados de sus mujeres e hijas, aunque estas fuesen muy pequeñas, para que tuviesen ejemplo del castigo que se daba a los adúlteros. También «hizo treguas con todos los reyes y señores que eran sus enemigos, para que pudieran asistir, libremente y sin temor, a presenciar la ejecución de los adúlteros».

Los señores de México, presididos por Ahuízotl y por cinco hermanos de la princesa, sumamente consternados, se entrevistaron con Nezahualpilli con el fin de disuadirlo de que la ejecución se llevara a cabo en la plaza de Texcoco. Estaban de acuerdo con el castigo, pero no querían que su familia fuese expuesta a tal escarnio. Empero, el rey de Texcoco, herido en su orgullo y en su varonía, montó en su macho y no dio su brazo a torcer, sin que hubiese forma de hacerlo cambiar de opinión.

La sentencia, por tanto, se ejecutó públicamente y a la vista de todos. A Chalchiuhnenetzin se le aplicó el garrote vil, «y los tres galanes aprehendidos con ella, por ser gente de calidad, fueron quemados junto con las estatuas referidas. A los demás, que pasaron de dos mil personas les fueron dando garrote, y en una barranca cercana a un templo consagrado a la diosa de las inmundicias, los fueron echando en el centro de un hoyo grande que, para el efecto, se hizo».

Este castigo fue aplaudido por todos los presentes; aunque haberlo hecho en público contribuyó, en gran medida, a que los señores mexicanos quedaran resentidos y se produjese un grave distanciamiento entre la dinastía de Texcoco y la familia imperial de México. Moctezuma Xocoyotzin, quien amaba profundamente a su hermana, «estuvo varios días con el corazón encogido» y exigió a sus esposas y concubinas que fuesen sumamente estrictas en la educación de sus hijas, algunas como Tecuichpotzin sumamente hermosas, pues no quería verlas morir bajo tan penosas circunstancias.

A manera de colofón de esta siniestra historia, cabe reflexionar que, dada la poliginia autorizada, sobre todo entre las familias de los gobernantes y los señores principales, muchas mujeres, sobre todo las concubinas, vivían permanentemente insatisfechas, y para no exponerse al adulterio y sus funestas consecuencias, recurrían a un paliativo —que podemos definir como el *vibrador azteca*— conocido como «...la flor adulterina o *tetlaxincaxóchitl*, llamada así por su forma fálica». Esta hierba grande, probablemente perteneciente a las llamadas *suculentas*, de pétalos gruesos, acolchonados y con el pistilo de su flor enorme y lubricado, «...era muy apreciada por las innumerables concubinas de Moctezuma, quienes usaban su flor a manera de miembro viril para procurarse el placer sexual [...] por falta de varón»; y puede presumirse que cada mujer se lo introducía en la intimidad de su alcoba para evitar murmuraciones mal intencionadas, o con la ayuda de una o varias compañeras en condiciones propicias durante sus juegos sexuales. ¡Cuántos descalabros y sinsabores se hubiese evitado la princesa Chalchiuhnenetzin si hubiese hecho uso de este recurso tan sencillo y, a la vez, tan placentero!

8

DE MUJERES ABUSADAS
Y VÍRGENES DESFLORADAS

Para los habitantes del Valle del Anáhuac y los diversos pueblos colindantes, amigos o enemigos, con los que estos se relacionaban, la violación fue una práctica recurrente, muchas veces solapada cuando se daba en el seno de la comunidad, y otras tolerada por razones de vasallaje o de conveniencia política.

Casi ninguna mujer, fuera de la condición que fuese, estaba exenta de la violencia sexual que los hombres imponían para ejercer su dominio. No solo fueron sometidas a la humillante explotación sexual que significaba la prostitución, sino se les impuso la actividad sexual mediante la agresión violenta como una forma más de sojuzgamiento.

Las escaramuzas y enfrentamientos constantes que tuvieron que librar los aztecas, cuando aún estaban asentados en Chapultepec, para lograr afincarse en un territorio que les era sumamente hostil, propiciaron que sus mujeres quedaran indefensas y expuestas a la vejación y el abuso por parte de los señoríos más poderosos. De hecho, se sabe por la mención contenida en los *Anales de Cuauhtitlán* que los tecpanecas simularon un ataque a los mexicas con la intención expresa de violar a sus mujeres, mediante un movimiento militar de distracción que los obligó a salir al campo de batalla y dejar su poblado sin guardias ni custodios que lo protegiesen. Los tecpanecas lo asaltaron y, sin dilación, «violaron a las mujeres, hicieron burla de ellas, y, después, se adueñaron de cuanto ellas poseían».

Tanto matronas como doncellas fueron montadas en medio de alaridos y estridencias soeces, por uno o varios guerreros a la vez, quienes no menguaron en sus fornicaciones hasta ver saciado su apetito. Y todo esto sucedía mientras «el rey de Coyoacán, Maxtla, había querido forzar a la mujer legítima del rey Izcohuatzin, con el objeto de dar ocasión para matar y destruir a los mexicanos».

Durante muchos años las mujeres mexicas tuvieron que sufrir estos ultrajes. Cuando Maxtla —otra vez el dichoso garañón, quien por esos días intrigaba con su mujer Malina para dar muerte a Nezahualcóyotl— fue informado de que Chimalpopoca —tercer *huey tlatoani* de los aztecas— tenía entre sus concubinas una mujer muy hermosa, con paciencia y sin que nadie se enterara, urdió una trampa para que unas mujeres enviadas por él la convencieran, mediante engaños, de acudir a su palacio, donde se le rendirían honores y convidaría a un sarao:

> ...la pusieron y entregaron en las manos y poder
> de Maxtla y sin poderlo resistir la reina, Maxtla
> se aprovechó de ella y la despidió.
> La reina [...] forzada y afrentada [...] se regresó confusa
> a su ciudad y contó a su marido Chimalpopoca lo que
> le había pasado y sucedido. Y como el caso *no era muy*
> *de honra* lo oyó con la mayor paciencia que pudo...

¡Mas Chimalpopoca no hizo nada —seguramente no pudo o no le interesó por tratarse de una de sus muchas concubinas— para cobrarse la afrenta!

Empero, los mexicas aprendieron la lección. Una vez que se asentaron en México-Tenochtitlan y dominaron con las armas a quienes los habían avasallado, en franco periodo expansionista y habiendo aceptado que el ataque sexual a las mujeres era una actitud emprendida y esperada por los contendientes, tanto los guerreros nobles como los tributarios se beneficiaron por igual del *servicio sexual gratuito* que debieron brindarles las mujeres de todos los reinos y señoríos que fueron sometidos por ellos; como sucedió con los gobernantes de Chalco que, una vez que fueron derrotados por los aztecas, les ofrecieron muy hermosas doncellas para que se sirvieran de ellas, un premio por demás bien merecido.

Como cualesquier otra sociedad, la mexica evolucionó para que los desaguisados que acaecían en los campos de batalla fuesen, en alguna forma, eliminados dentro del seno de la sociedad civil. En algún momento —ya para la época de Moctezuma Xocoyotzin estaba perfectamente reglamentado y existían leyes sobre el particular—, la violación fue condenada como algo indeseable y el violador castigado con la pena de muerte. Aquel que hacía fuerza a una doncella, fuese en el campo abierto o en casa de su padre, moría por ello; mas se hacía la distinción entre la violación cometida por un tercero desconocido y la perpetrada por algún familiar de la víctima.

La pena capital no solo era aplicada a aquellos que ejercían una violencia física, brutal, sobre la mujer indefensa, sino a todos los que, en calidad de cómplices, activos o pasivos, intervenían en su sometimiento, tales como los *temacpalitotique*, ladrones que inducían un profundo sopor sobre sus víctimas para robarlas y violarlas; y las personas que sabían ciertas palabras para embaucar a las mujeres.

Entre los medios a que recurrían estaban los conjuros, encantamientos, las sustancias psicotrópicas que contenían hierbas y flores, y polvos que elaboraban los hechiceros. Una de las flores era la del *poyomatli*, que utilizaban las prostitutas como recurso para atraer a los hombres.

En algunas culturas se practicaba una especie de *violación ritual,* quizá de carácter profiláctico, como acontecía entre los totonacas, cuyos sacerdotes efectuaban la circuncisión a los niños, en la forma tradicional de cortar el prepucio, solo que ellos lo hacían con los dientes; y, en el caso de las niñas, estas eran desfloradas con sus dedos.

Para evitar en lo posible los ataques que conllevaban la violación de las doncellas, se recomendaba la austeridad de movimientos y la inexpresividad corporal —nada de menear el culo—, que se concebían como conductas ideales.

9

MUJERES ALEGRES DE LA VIDA AIRADA

La prostitución, divino pecado, fue tratada por los antiguos nahuas, según la opinión diversa de los cronistas, de una manera ambigua. Algunos, como fray Toribio Motolinia, la interpretaron como un *mal menor* propiciado y tolerado a fin de evitar la comisión de adulterios, estupros y bestialidades, o como Alonso de Zurita, quien afirmó que «también había mujeres públicas para evitar adulterios, estupros y otros pecados y vicios peores de la carne», tales como la sodomía. Otros, en cambio, atribuyeron la prostitución ejercida por las *auianime* o «mujeres alegres» al desmedido apetito sexual femenino o, en opinión de fray Juan de Torquemada, para «satisfacer su bestial apetito de sensualidad». Otros, empero, con una visión menos extrema, simplemente supieron valorarla como el oficio más antiguo del mundo destinado a procurarse aquellos bienes materiales necesarios para su subsistencia y, eventualmente, su halago. Sin embargo, algo en lo que todos coincidieron fue en el hecho de que las mujeres que ejercían la prostitución fueran vistas con un profundo desprecio.

Esta ambigüedad deja entrever que el papel que desempeñaban las prostitutas dentro de la sociedad náhuatl tenía variables que podían ser ambivalentes. Se les permitía participar en las fiestas religiosas y se toleraba la prostitución de las jóvenes plebeyas, ya fuese con fines litúrgicos o protocolarios, lo que le daba un sentido ritual y casi sagrado, pero se castigaba con la muerte a las prostitutas de origen noble. Así, lo que era permitido entre las mujeres *macehualli*, quienes podían ejercerla libremente aunque recibieran la reprobación moral, era condenado y estaba vedado para la mujer *pilli* o noble, a la que, en caso de ser sorprendida, se aplicaba la pena capital.

Vemos, entonces, que había varias clases de *auianime* y que estas cumplían con actividades diversas que iban desde cierta clase de servicios en los templos —semejantes a los que desempeñaban las *prostitutas sagradas* o *vestales* en otras culturas—, tales como ataviarse seductoramente y efectuar danzas eróticas con los guerreros durante los rituales de fecundidad agraria y culto al Sol; hasta comerciar con su cuerpo para satisfacer los requerimientos eróticos de una clientela variopinta, sobre todo de jóvenes mancebos o de vejetes calenturientos; y otras más, generalmente viejas sacerdotisas de cierto rango, que estaban dedicadas a iniciar a los jóvenes que se reunían en el *cuicacalli* en los interludios amorosos o, estas sí jóvenes y bellas, que eran entregadas a guerreros destacados por sus méritos en las guerras y a los señores principales a cambio de cierta recompensa, condición suficiente para explicar el porqué en el *Vocabulario* de Molina se diferencia a la *ahuiani* o puta de la *maauiltiani* o puta honesta.

Así, la prostitución no solamente era reconocida, sino hasta estimada. Muchos mancebos tenían la posibilidad de fornicar con alguna de aquellas *auianime* expertas en las artes del amor, las que para destacar su belleza se bañaban, lavaban y refrescaban para más agradar y también se untaban con ungüento amarillo de la tierra que llamaban *axin*, para tener buen rostro y luciente, y se ponían colores o afeites en el rostro, por ser perdidas y mundanas. Tenían también la costumbre de teñirse los dientes de rojo con grana y soltar sus cabellos para más hermosura, la costumbre de perfumarse con algunos sahumerios olorosos y andar mascando el *tzictli* o chicle para limpiarse los dientes. Al parecer, las *auianime* ponían especial cuidado en sus atuendos, pues todos los testigos insisten en la belleza y el lujo de las blusas y las faldas que llevaban las mujeres que participaban en las danzas rituales donde estas bailaban con los soldados; danzas que se efectuaban en el templo de Huitzilopochtli, donde tenían un papel relevante las *ahuianime*-prostitutas honestas.

También, las prostitutas honestas asistían a las fiestas en los palacios de los señores principales, como la llamada *panquetzalztli*, donde colaboraban y se mostraban de manera abierta para tender el oído a las intrigas palaciegas y escanciar las bebidas rituales, y en las que los señores *pipiltin* se divertían con las palabras y danzas libidinosas de los bufones a su servicio, o se untaban sobre la piel sustancias para estimular el deseo sexual de las mujeres. Asimismo, se les invitaba a participar en algunas festividades, como la del dios del fuego Ixcazahqui, donde se sacrificaba un esclavo, y en la que cumplían la función de atenderlo, divertirlo y satisfacerlo sexualmente antes de ser inmolado: «Y una *ahuiani* se hacía su guardia; lo divertía constantemente, lo acariciaba; le decía bromas, lo hacía reír, le hacía cosquillas, gozaba de su cuello, lo abrazaba, bañaba, peinaba y arreglaba su cabello para destruir su tristeza. Y cuando era el momento de la muerte del esclavo, la *ahuiani* se llevaba todo. Envolvía, guardaba todas las pertenencias del sacrificado, todo lo que había usado para vestirse».

Un aspecto al que los nahuas daban especial relevancia, era la predestinación astrológica que podía orillar a una mujer a convertirse en *ahuiani* y que ellos vinculaban con los atributos de la deidad Xochiquetzal.

La definición que nos ha legado Sahagún sobre la idea que tenía la sociedad náhuatl de la puta común es de una minuciosidad sobrecogedora:

La puta es mujer pública y tiene lo siguiente: que anda vendiendo su cuerpo, comienza desde moza y no lo deja siendo vieja, y anda como borracha y perdida, y es mujer galana y pulida, y con esto muy desvergonzada; y a cualquier hombre se da y le vende su cuerpo, por ser muy lujuriosa, sucia y sin vergüenza, habladora y muy viciosa en el acto carnal; púlese mucho y es tan curiosa en ataviarse que parece una rosa después de bien compuesta, y para aderezarse muy bien primero se mira en el espejo, báñase, lávase muy bien y refréscase para más agradar; suélese también untar con ungüento amarillo de la tierra que llaman *axin*, para tener buen rostro y luciente, y a las veces se pone colores o aceites en el rostro, por ser perdida y mundana. Tiene también de costumbre teñir los dientes con grana, y soltar los cabellos para más hermosura, y a las veces tener la mitad sueltos, y la otra mitad sobre la oreja o sobre el hombro, y trenzarse los cabellos y venir a poner las puntas sobre la mollera, como cornezuelos, y después andarse pavoneando como mala mujer, desvergonzada, disoluta e infame.

Tiene también costumbre de sahumarse con algunos sahumerios olorosos y andar mascando el tzictli para limpiar los dientes, lo cual tiene por gala, y al mismo tiempo de mascar suenan las dentelladas como castañetas. Es andadora o andariega, callejera y placera, ándase paseando, buscando vicios, anda riéndose, nunca para y es de corazón desasosegado. Y por los deleites en que anda de continuo sigue el camino de las bestias, júntase con unos y con otros; tiene también de costumbre llamar, haciendo señas con la cara, hacer del ojo a los hombres, hablar guiñando el ojo, llamar con la mano, vuelve el ojo arqueando, ándase riendo para todos, escoge al que mejor le parece, y quiere que la codicien, engaña a los mozos o mancebos, y quiere que le paguen bien. Anda alcahueteando a las otras para otros y anda vendiendo otras mujeres.

Ya en el último párrafo de esta definición, precisa y abundante, se deja traslucir que muchas de las *ahuianime*, en la medida en que perdían juventud y lozanía, se dedicaban a comerciar con los cuerpos de otras mujeres, ya fuesen putas o de condición *virtuosa*, y ejercían otra variante infame de la prostitución al transformarse en alcahuetas. Por tanto y porque cumple con las exigencias de la picaresca consagradas en la obra de Fernando de Rojas, *La Celestina*, consideramos pertinente incorporar la definición de este oficio y darla a conocer de inmediato:

> La alcahueta, cuando usa alcahuetería, es como un diablo y trae forma de él, y es como ojo y oreja del diablo, al fin es como mensajera suya. Esta mujer suele pervertir el corazón de otras y las ata a su voluntad, a lo que ella quiere; muy retórica cuando habla, usando de unas palabras sabrosas para engañar, con las cuales como unas rosas anda convidando a las mujeres, y así trae con sus palabras dulces a los hombres abobados y embelesados.

Todavía más explícita y directa respecto del lenguaje gestual y el acoso genital que ejercían las *ahuianime*, es la descripción contenida en los *Primeros memoriales* que, por estar redactada en segunda persona, hace más palpable y vivo para el lector el comportamiento insistente, habitual en estas mujeres:

> TÚ ERES PUTA. Rechazas el trabajo, descansas del trabajo. Genitales lúbricos, tú lujuriosilla de los genitales. Andas llamando con los ojos, andas sonriendo a la gente, andas haciendo señas con la lengua a la gente, andas silbando a la gente, andas sonando las manos para llamar a la gente, andas citando a la gente para copular. Tú eres joven prostituta, mujer malvada. Andas oscureciéndote los dientes con grana de cochinilla. Pisoteando las cosas, vagando por los caminos. Eres la orgullosa que levanta la cabeza. Inquieta, no ves hacia tu casa. Seduces con encantamientos, dominas con maleficios [...] Vagas por el mercado.

Las alcahuetas eran castigadas con mayor severidad que las *ahuianime*, probablemente porque su actividad era considerada mucho más nociva, ya que su influencia podía ocasionar mancilla en el honor de las doncellas y, como consecuencia, en el de toda la parentela.

El proceso de transformación de una mujer virtuosa, dotada con los mejores atributos para llevar una vida honesta y educada rigurosamente para no perderse en el camino, en una puta lo definía en la mayoría de los casos el carácter de la persona involucrada. Así, se decía de la *hija viciosa* que era «mala o bellaca, mala de su cuerpo, disoluta, puta, pulida; anda pompeándose, ataviáse curiosamente, anda callejeando, desea el vicio de la carne; ándase a la flor del berro —prácticamente desnuda—, y esta es su vida y su placer; anda hecha una loca»; que la *doncella deshonesta* «hace buen barato de su cuerpo, es desvergonzada, loca, presuntuosa, tiene mucho cuidado de lavarse y de bañarse, tiene andar deshonesto, requebrado y pomposo, [...] es malvada, se entrega, se vende»; y que la *mujer de perfecta edad*, cuando se volvía mala, era «bellaca, deshonesta, mala mujer, putea, ataviáse curiosamente; es desvergonzada, ríe mucho, se mueve lúbricamente, es atrevida, borracha»; lo que dio pauta para que, al considerar su degradación, la gente usase de una metáfora que resumía sus sentimientos: «Es mi madre y el muladar, y camino ahorcajado».

El hecho, ignominioso, de que «a pesar de las amonestaciones y de la rigidez de la moral religiosa», algunas mujeres se entregaran a las delicias que ofrecían las transgresiones carnales, y se convirtieran en *mujeres alegres*, quedó grabado en el corazón de los mexicanos, quienes llegaron incluso a componerles poemas tristes y amargos.

En el *Canto de las mujeres de Chalco*, que hemos mencionado con antelación, las mujeres, con el afán de hacer todavía más hiriente la burla respecto del señor de los mexicanos Axayácatl, se maquillan al igual que las *ahuianime*, se comportan como alcahuetas y putas, y declaman con labios impregnados de hiel.

> *Mujer primera:* Yo mujer, en Tetzmelucan
> me unté las manos de aceite de pino,
> me las unté de jugo de maguey.

Y ya llego con mi falda color de tuna,
con mi camisa color de tuna...
¡Tengo que ver que se acaban!
Tengo gran deseo de los
de Xaltepetlan: son huexotzincas,
y de los cautivos de Cuetlaxtla,
son los cuetlaxtecas traviesos...
¡Tengo que ver que se acaban!

Mujer segunda: ¿Cómo está? ¿Recobra el juicio?
Me manda llamar mi hijo el rey Axayácatl...
Con eso quiere pasar su rato de concubinaje...
Conmigo tendrás ya dos, hijito mío,
quizá lo quiere tu corazón...
¡cansémonos poco a poco!
Tal vez no muy de corazón, hijito mío,
le entras a tu concubina
por ser en mi casa.
¡Qué pues, así me lo haces, mi amante?
Vamos haciéndolo así.
Eres de veras un hombre...
¿qué es lo que revuelves?
¡Ah, corazoncito, ya estás ciñendo de flores
tu palabra...!
Yo te digo mi urdimiento,
te hago recordar, hijito, mi agarradero...
¿qué es lo que revuelves, corazoncito mío?

La vieja: Yo soy una vieja mujer de placer,
yo soy la madre de ustedes;
soy una vieja abandonada, soy una vieja sin jugo.
Eso es lo que hago, y soy mujer de Chalco.
Yo te vine a dar placer, florida vulva mía,

> paladarcito interior mío.
> Tengo un gran deseo del rey Axayacatito...
> Mira por favor mis cantaritos floridos:
> ¡son mis pechos!
>
> *Todas las mujeres*: Aquí están tus manitas: con esas
> manos tómame a mí.
> Démonos gusto.
> En tu cama de flores, en tu lugar de reposo,
> hijito mío, poco a poco recuéstate, quédate tranquilo,
> oh mi chiquito, oh mi rey Axayácatl.

Si bien, la conducta de las prostitutas era ampliamente reprobada por la moral social y los principios religiosos, en la práctica su actividad era tolerada y hasta, se puede aventurar, sujeta a cánones institucionales que la regulaban y delimitaban los espacios apropiados para el placer carnal y las transgresiones sexuales.

Las putas solían concentrarse alderredor de los mercados, sus calles aledañas, los baños públicos y algunos *temazcalli*. Ofrecían sus servicios de una manera más o menos ordenada; aunque, podemos presumir que su presencia no era para nada apreciada. No obstante, al parecer en Tenochtitlan existían zonas de tolerancia que podían calificarse como *rojas*. Aparentemente, sí había «ramerías» o burdeles, ya que Alonso de Molina, en su vocabulario náhuatl-español incluyó términos más que precisos para indicar su existencia: «*ahuiani calli* o casa de alegres; *netzincouiloyan*, lugar donde se compran traseros; y *netzinnamacoyan*, lugar donde se venden traseros», estos últimos de una simpatía y desfachatez cojonudas.

Hemos dicho que, en asuntos concernientes a la sexualidad, específicamente respecto de la prostitución, se daba un tratamiento diferente a los *pipiltin* y a los *macehualli*. Quienes estudiaban en el *calmécac* y eran sorprendidos en aventuras amorosas, morían asaeteados, asados o bajo la pena del garrote, lo que obviamente ahuyentaba a las putas, por muy *honestas* que fueran. Esta penalidad era aplicada sin consideración alguna a los jóvenes nobles que vivían en los distintos barrios. En cambio, con los *macehuales* era muy distinto. Tanto varones como mujeres asistían al *telpochcalli*, donde ellos eran educados e instruidos en las artes de la guerra y ellas en los menesteres domésticos. Los varones permanecían todo el tiempo en la institución, y ellas pasaban la noche en la casa de sus padres. A aquellos jóvenes que destacaban por méritos propios en las batallas, se les permitía tener amantes y se les invitaba a ceremonias religiosas donde podían bailar y contactarse con doncellas y prostitutas. Sin embargo, los jóvenes debían comportarse con discreción y mesura. Si se les sorprendía en amores inconvenientes o escandalosos, se les golpeaba y expulsaba del *telpochcalli*.

Otro sitio importante donde se facilitaban las relaciones sexuales, era el *cuicacalli* o casa de canto. Ahí se reunían los jóvenes de ambos sexos para aprender a ejecutar las danzas y los cantos religiosos. Empero, la frecuencia diaria con la que se reunían para tocar instrumentos, cantar y bailar, abrazándose de la cintura, las caderas y los hombros, desde el anochecer hasta la medianoche, hacía que los ánimos se calentaran y no faltaban las metidas de pata.

La noche, está claro, era la gran celestina para todo tipo de arrumacos. Durante el transcurso de sus horas y bajo el amparo de sus sombras las *ahuianime* y los guerreros danzaban a la luz de las antorchas, se remetían en los rincones y daban rienda suelta a los deseos de sus *tepolli*-pene y testículos, y sus *totonqui*-vulva florida, mientras los hechiceros se encaminaban a citas siniestras, se celebraban ritos sagrados, el emperador abandonaba el lecho y a su concubina para ir a ofrecer su sangre y sus plegarias, y la putas partían al mercado, algunas plazas, hacían del callejón su lecho y, si les iba bien y tenían suerte, se ganaban las migajas para adobar su sustento.

Pocas referencias existen de prostitutas que se hayan vuelto famosas, aunque seguramente las hubo, por el desempeño de sus atributos. Muchas deben de haber sido las *ahuianime* que, amén de ser sacrificadas, perdieran la vida. Sin embargo, preferimos quedarnos con la bella imagen de su existencia plasmada en el ensayo de Mario Humberto Ruiz, *De cuerpos floridos y envolturas de pecado*: «...Torsos desnudos, ropajes coquetamente deslizados sobre el hombro frente a senos que emergen turgentes. [...] Todas las mujeres mozas tienen pura risa y risa sus rostros, en tanto que saltan sus corazones en el seno de sus pechos».

10

VIEJITOS LIBIDINOSOS

El péndulo del espectro sexual de los nahuas oscilaba prácticamente desde la niñez, como hemos visto en el caso de Chalchiuhnenetzin, hasta la ancianidad. Los mexicanos que habían logrado sobrevivir a la guerra y a las enfermedades y que llegaban a una edad provecta, como para ser contados entre los *huehuetoque* o ancianos, podían disfrutar durante sus últimos años de una vida apacible y llena de satisfacciones.

En efecto, al tratarse de una sociedad gerontocrática desde sus orígenes más remotos, en la que algunos de sus dirigentes, según consta en las crónicas, vivían más de cien años —¡hasta trescientos en el caso del astrólogo tolteca Huematzin!—, los ancianos eran admirados por su sabiduría y por los consejos que daban a los jóvenes. Por ello, a pesar de que se tratase de un simple *macehualli*, se les permitía pronunciar discursos pomposos y de una retórica excesiva. También, en los banquetes y convivios familiares podían embriagarse sin temor con *octli* o pulque en compañía de los hombres y mujeres de su generación.

Admirados y consentidos, los ancianos desempeñaban un papel primordial tanto en la vida familiar como en las decisiones políticas y se les consideraba un paradigma, cuya influencia todos deberían seguir. Asimismo, eran particularmente apreciados los viejos que, en su juventud, habían observado los consejos de sus mayores y no se habían excedido en la satisfacción de sus deseos carnales —ni permitido que se les agotara la simiente ni se les secase el miembro—, y se convertían en símbolo de virtuosismo. Al conservar sus facultades físicas y mentales, y, por ende, la potencia sexual, eran dignos de recibir honores y privilegios, tales como alojamiento y alimentos, a manera de pensión del Estado.

Sin embargo, no todos los viejos recibían el mismo trato. En caso de un «viejo putañero, de poca estima y mala fama, alocado, tonto y necio; que fingía mentiras, borracho, y ladrón; caduco y fanfarrón, se le repudiaba y marginaba, y se le trataba como un ser despreciable».

Los mexicas, empero, distinguían entre la capacidad sexual de los varones y las mujeres. Creían, no sin razón, que la apetencia erótica del hombre se agotaba en la madurez y que, en cambio, la mujer la conservaba hasta la vejez. «Según las antiguas creencias [opina López Austin], el hombre, que entregaba, sin control, su simiente a la mujer, se agotaba por ser promiscuo en sus relaciones tempranas. Su líquido viril estaba limitado, y mientras más tardía fuese su iniciación en los placeres carnales, a más avanzada edad llegaría su potencia. La mujer, al contrario, no arrojaba al exterior ninguna emanación seminal y por lo tanto era insaciable».

El anciano, en este contexto, no necesariamente sería censurado si en un alarde de virilidad o achispado por el pulque manifestaba que aún tenía deseos eróticos, aunque todos presumirían que, a esas alturas de su vida, ya sería impotente y estéril; seguramente, sujeto de susurros, maledicencias y bromas en los que se haría escarnio de sus pretensiones.

Las viejas —podemos prever entonces una situación que no ha variado a través de los siglos— se conservaban fogosas, calientes, y, en algunos casos, muy activas en la búsqueda de la satisfacción de sus apetencias carnales, al grado de que se comportaban como *viejas locas de miel*; tal y como sucedió durante el reinado de Nezahualcóyotl:

Siendo vivo el señor de Texcoco, fueron presas dos viejas, que tenían los cabellos blancos como la nieve, y fueron presas porque cometieron adulterio e hicieron traición a sus maridos, que eran tan viejos como ellas, con unos mancebillos a los que entregaron sus pellejos. El señor Nezahualcoyotzin, cuando las llevaron a su presencia para que las sentenciase, les preguntó: «Abuelas nuestras, ¿es verdad que todavía tenéis deseo de deleite carnal? ¿Aún no estáis hartas siendo tan viejas como sois? ¿Qué sentían cuando eran mozas? Decídmelo, pues que estáis en mi presencia, por este caso».

«Señor, nuestro rey, oiga vuestra alteza —respondieron—. Vosotros los hombres cesáis de viejos de querer la deleitación carnal, por haber frecuentádola en la juventud, porque se acaba la potencia y la simiente humana; pero nosotras las mujeres nunca nos hartamos, ni nos enfadamos de esta obra, porque es nuestro cuerpo como una sima [sic] y como una barranca honda, que nunca se hincha, recibe todo cuanto le echan y desea más y demanda más, y si esto no hacemos no tenemos vida. Esto te decimos, hijo mío, para que vivas recatado y con discreción, y que vayas poco a poco, y no te des prisa en este negocio tan feo y perjudicial.»

No sabemos cuál fue la sentencia impuesta por el rey a las viejas por el adulterio cometido, si la pena capital u otra menos gravosa. Podemos, sí, especular que Nezahualcóyotl, conocedor de la naturaleza humana, se habría compadecido y mostrado cierta indulgencia. De lo que sí podemos estar más seguros es que la moraleja, contenida en el último párrafo, a él que era un cogelón empedernido, no le ha de haber gustado nada.

La impotencia varonil, dado que los nahuas establecieron una relación estrecha entre el arrojo y destreza demostrados en las guerras y las habilidades eróticas y el desempeño de la potencia sexual, fue objeto de innumerables bromas y chascarrillos, y, tanto en la plática cotidiana como en la poesía, estuvo sujeta a una mofa persistente. El largo poema conocido como el *Canto de las mujeres de Chalco* —inscrito en el ciclo de los *cuecuechcuicatl* o cantos de comezón, de sentido erótico, a los que Miguel León Portilla, con un sentido satírico y juguetón, llama *cantos de cosquilleo, de placer*— fue compuesto por los habitantes de esa región para burlarse del *huey tlatoani* azteca Axayácatl, quien había fracasado en su intento de conquistarlos, mostrando que no pudo, siquiera, seducir a sus mujeres.

Escrito con frases de doble intención, en las que se alude constantemente a los órganos genitales, tanto masculinos como femeninos, y donde los diminutivos enfatizan la precariedad del miembro del aludido, el canto es una sátira de las mujeres contra Axayácatl basada en motivos sexuales y, más directamente, en contra de su vitalidad erótica y más aún de su potencia. Pero vayamos directamente al texto que, aunque lo hemos resumido, es lo bastante explícito para comprenderlo y disfrutarlo con un placer voluptuoso.

Canto de las mujeres de Chalco

Levantaos, vosotras, hermanitas mías,
vayamos, vayamos, buscaremos flores…
Aquí se extienden, aquí se extienden
las flores del agua y el fuego, flores del escudo,
las que se antojan a los hombres,
las que son placenteras:
flores de guerra.

Son flores hermosas…
son mis flores, soy una de Chalco,
¡soy mujer!
Deseo y deseo las flores…

Yo entono su canto,
al señor, pequeño Axayácatl,
lo entretejo con flores,
con ellas lo circundo...

¿Qué significa todo esto?
Así estimo tu palabra,
compañero en el lecho, tú, pequeño Axayácatl
con flores lo entretejo,
con flores lo circundo,
lo que nos une levanto,
lo hago despertarse.
Así daré placer
a mi compañero en el lecho,
a ti, Axayacatito.

Acompañante, acompañante pequeño,
tú, señor Axayácatl.
Si en verdad eres hombre,
aquí tienes donde afanarte.
¿Acaso ya no seguirás, seguirás con fuerza?
¿Ya no tienes tu potencia?

Hazlo en mi vasito caliente,
consigue luego que mucho de veras se encienda.
Ven a unirte, ven a unirte:
es mi alegría.
Dame ya al pequeñín, déjalo ya colocarse.

Habremos de reír, nos alegraremos:
habrá deleite,
yo tendré gloria,
pero no, no, todavía no desflores...

Yo, yo soy atrapada,
Ya mueves, ya das vuelta a tus manitas,
ven ya, ven ya.
Quieres agarrar mis tetas,
casi mi corazón…

¡Cómo se embraza el escudo
en el interior de la llanura!
Yo me ofreceré, me ofreceré,
niñito mío, de mí te burlas.

…vamos a estar juntos.
a mi lado acomódate,
a tu perforador lo ofrendo a ti en don…
haz hablar tu ser de hombre…

Pero ahora abandónate a mi lado,
aunque seamos mujeres,
tal vez nada logres como hombre.
Flores y cantos
de la compañera de placer,
niñito mío…

…Tal vez mi ser de mujer hace locuras,
mi pequeño corazón se aflige.
¿Cómo habré de hacerlo,
a aquel que tengo por hombre,
aunque sean mías falda y camisa?
¿Los que son nuestros hombres,
son nuestra hechura?

Revuélveme como masa de maíz,
tú, señor, pequeño Axayácatl,
yo a ti por completo me ofrezco,
soy yo, niñito mío…

Alégrate, que tu gusano se yerga...
Ya así, niñito mío, entrégate al placer.

Nada es mi falda, nada mi camisa...

Están avergonzados: yo me hago concubina.
Niñito mío,
¿acaso no me lo harás,
como se lo hiciste al pobre Cuauhtlatohua?
Poco a poco desatad la falda,
abrid las piernas, vosotros tlaltelolcas...
¿cómo habrá de verme
mi compañero de placer?
Yo mujer me unté las manos con ungüentos,
me acerco con mi falda de fruto espinoso,
con mi camisa de fruto espinoso...
Me llama el niño, el señor, el pequeño Axayácatl
quiere conmigo lograr su placer...

Tal vez así lo quiere tu corazón,
así, poco a poco,
cansémonos.
¿Tal vez no de corazón, niñito mío,
entras a la que es placer,
a tu casa?

¿De qué modo me lo haces, compañero de placer?
Hagámoslo así, juntos,
¿acaso no eres hombre?
¿Qué es lo que te confunde?
Te digo el lugar donde yo tejo,
el lugar donde hilo,
te hago recordar, compañero pequeño.
¿Qué es lo que te turba, corazón mío?

> ¡Eres una mujercilla, tal vez nada logres!
> Como concubina, sus flores, sus cantos
> son solo de mi hijito…
> Ya no hay jugo, rey y señor mío,
> Axayacatito: ni siquiera comenzaste…
>
> Soy vieja mujer de placer,
> soy vuestra madre,
> soy anciana abandonada,
> soy vieja sin jugo…
> He venido a dar placer,
> a mi vulva florida,
> mi boca pequeña.
> Deseo al señor,
> Al pequeño Axayácatl.
> Tengamos placer.
> En tu estera de flores…
> poco a poco entrégate al sueño,
> queda tranquilo, niñito mío,
> tú, señor Axayácatl.

Este canto, imposible leerlo sin una sonrisa y muchos signos de admiración, recoge con un humor feroz muchos de los símbolos sexuales que, como la flor, el gusano, hilar y tejer, por señalar unos cuantos ejemplos, forman parte importante del universo destinado a las diosas de la carnalidad y el amor, Tlazoltéotl y Xochiquetzal, y, por lo tanto, de la cosmovisión de los antiguos nahuas.

Entre las causas externas que podían ocasionar la impotencia, además de los golpes y lesiones en los genitales, muchos de ellos adquiridos en combate, Sahagún deja testimonio de que si «algún muchacho o muchacha comía una hierba llamada *axoxoquílitl*, verde clara, se hacían impotentes para engendrar»; y que «la carne del tigre era medicinal para los que habiendo sido casados y, estando viudos, no se acordaran de mujer, ni les fatigasen las tentaciones carnales»; dos maneras eficaces para menguar la potencia, librarse de las seducciones, mas también para caer en el descrédito. Sin embargo, los señores también comían de esa carne para ser fuertes y animosos, lo que nos lleva directamente al terreno de los afrodisíacos con que contaban los nahuas y que, de acuerdo con los testimonios de los cronistas, ¡eran mucho mejores que el Viagra!

La búsqueda del placer sexual en los adultos estaba permitida. Varios eran los productos a los que se atribuían propiedades afrodisiacas: la carne de la serpiente *mazacóatl*; un gasterópodo conocido con el nombre de *tlalmazacóatl*; el gusanillo *tlalómitl*, cuya naturaleza rígida influía en el temple del falo; la cola del tlacuache; los cuernos del escarabajo *temolin*; las carnes del saurio *acaltetepon* y del ajolote; y una especie de lagartija, semejante al *Scincus officinalis Laur*, que se consideraba desde la antigüedad y durante toda la Edad Media como un afrodisíaco sumamente eficaz; y entre los vegetales el *tlapayatzin*, el *cozolmécatl* y los hongos alucinógenos eran utilizados para estimular la libido. Aparentemente, todos eran de una efectividad probada y aquellos que los usaban podían apostar, a favor de su *pájaro*, muchos granos de cacao. Sin embargo, algunos de estos estimulantes les provocaban temor, pues si se pasaban de tueste corrían el riesgo de estirar la pata: «Dícese que los que toman de su voluntad la carne del *mazacóatl*, que es una culebra con cuernos, prieta, sin eslabones en la cola, tómanlo muy templado y muy poco, y si lo toman destempladamente siempre tienen el miembro armado y podrán tener acceso a cuatro y a cinco y a más mujeres, a cada una cuatro o cinco veces porque siempre despiden simiente, y los que esto hacen mueren porque se vacían de toda la sustancia de su cuerpo y se secan, y se mueren deshechos y chupados; y andando de esta manera al fin mueren en breve tiempo, con gran fealdad y desemejanza de su cuerpo y de sus miembros.» Sufrían, como en el síndrome del priapismo, de erecciones permanentes y eyaculaciones constantes, lo que, se podría pensar, no estaba para nada mal, solo que su desenlace era fatal. Noemí Quezada, no sin cierta dosis de malicia picarona, alega que el número límite de veinte o veinticinco coitos por día no tiene gran interés, que lo que preferiría saber es «cuál era la verdadera cifra sin necesidad de morir, para los usuarios de estos afrodisíacos»; curiosidad que, salvo a los suicidas por amor, pensamos debería ser compartida por la mayoría de los consumidores.

Al parecer y de acuerdo con Sahagún, la carne de esta culebra era vendida en las ciudades y los pueblos por los chichimecas llamados *tamime*, porque eran excelentes flecheros. Estos solían andar con el cabello crecido, largo y tendido, así hombres como mujeres, con unas petaquillas a cuestas, y entre las casas andaban vendiendo hierbas medicinales, y unos caracoles como los de Castilla, llamados *mazacóatl*, que eran provocativos a lujuria y el que los usaba sin medida moría.

Además de las hierbas y hongos citados, para combatir la impotencia los mexicanos comían unos honguillos que se llaman *teonanacatl* que se crían debajo del heno en los campos, son redondos y tienen el pie altillo y delgado y provocan la lujuria. Huitzilihuitzin, en su encuentro con Nezahualcóyotl, comió «un poco de yerba llamada *pisiete* para confortar su estómago y, por ser yerba cálida, de súbito se le incendió como si fuera pólvora, lo que fue, para él, muy alegre presagio...»

La variedad de animales y plantas a los que los nahuas reconocían propiedades estimulantes de la libido es notable y su mención no ha sido agotada. Sin embargo, podemos presumir que los problemas de impotencia y esterilidad, si se actuaba con conocimiento de causa y moderación, podían ser resueltos con eficacia por aquellos ancianos que todavía deseaban echarse unos *palitos* felices y satisfactorios.

11

DESVIACIONES SEXUALES

EL PECADO NEFANDO

La homosexualidad, aunque repudiada, perseguida y castigada con crueldad, fue una práctica recurrente entre los habitantes del Anáhuac y otras regiones limítrofes, tales como las del Golfo de México y las zonas de la Mixteca, de donde proceden representaciones gráficas y escultóricas de homosexualidad masculina, zoofilia, necrofilia, cópulas, masturbación, ritos fálicos, transexualismo, travestismo y, en menor cuantía, relaciones lésbicas, así como referencias al voyeurismo y uso sexual del ano. Asimismo, contaron con leyes que, como las expedidas por el rey de Texcoco Nezahualcóyotl, castigaban estos crímenes, así como la pedofilia y el incesto.

Esta gama de desviaciones sexuales que, podemos arriesgar, tendría como divisa *que cada quien se acople con quien se deje y bajo las condiciones que más le gusten*, fue englobada, desde la llegada de los conquistadores y los primeros evangelizadores, bajo el concepto de *pecado nefando*, al adoptar estos el término del latín *nefandus*, que significa *lo que no se puede mencionar por considerarlo terrible y repulsivo*, para clasificar las bellaquerías de los naturales que les resultaron aberrantes.

El concepto pecado nefando estaba preñado con las notas infamantes de asombroso, inhumano, terrible. Todo transgresor sexual era un *tetzáhuitl*, lo que significaba que era portentoso, escandaloso, inaudito, peligroso, extraordinario, pavoroso e impuro. Había caído en el campo de lo inhumano, de lo antinatural, lo que lo hacía merecedor de los sentimientos de odio, desprecio, asco y temor de sus semejantes. Dos de los términos para la homosexualidad masculina eran *amo tlacáyotl*-no hay humanidad y *áyoc tlacáyotl*-ya no hay humanidad.

El repudio social a los hombres célibes y a los homosexuales se justificaba, entre otras razones —además de que se aceptaba la consigna de que *los putos traen mala suerte*—, porque estos afectaban la proporción de las familias monogámicas dentro de la comunidad. Su presencia atentaba contra la estabilidad y permanencia de la sociedad. Así, se procuraba el comportamiento varonil de los hijos, y se advertía que «no era conveniente que alguien se hiciera de pequeño corazón, como si fuese mujer temerosa y flaca». Una hija de conducta sexual inadecuada podía ser punzada con espinas de maguey o torturada poniendo irritantes en su vagina. En cambio, un padre podía vender como esclavo a su hijo sexualmente disoluto y libertino «que se burla de la gente, hace cama a la gente, es puto, es sodomita» o pedir su muerte en el caso de que fuera muy afeminado, pues se volvía, a todas luces, indeseable.

De acuerdo con el diccionario de fray Alonso de Molina, los antiguos nahuas distinguían dos clases de putos: *puto que padece* —pasivo o *muerde almohadas*—, a quien llamaban *cuiloni, chimouhcui* o *cucuxcui, y puto que lo hace a otro* —activo o *sopla nucas*— denominado *tecuilotani*.

Los informantes de Sahagún dieron un definición genérica, lapidaria y mordaz, capaz de estrujar el ánimo más ecuánime, y pringada de adjetivos que se antojan ser leídos solamente con el rabillo del ojo: «Sodomita, puto, *cuiloni, chimouhcui*. Corrupción, pervertido, excremento, perro de mierda, mierducha, infame, corrupto, vicioso, burlón, escarnecedor, provocador, repugnante, asqueroso. Llena de excremento el olfato de la gente. Afeminado. Se hace pasar por mujer. Merece ser quemado, merece ser abrasado puesto sobre el fuego. Arde, es puesto en el fuego. Habla como mujer, se hace pasar por mujer»; y una definición relativa al somético pasivo: «El somético paciente es abominable y detestable, digno de que hagan burla y se rían las gentes, y el hedor y fealdad de su pecado nefando no se puede sufrir, por el asco que da a los hombres; en todo se muestra mujeril o afeminado, en el andar o en el hablar, por todo lo cual merece ser quemado».

Es obvio que, socialmente, se detestaba a los *cuiloni* —término que además de *homosexual* y *afeminado*, también significa *enfermo* y *tullido*—, y en sus leyes, los nahuas no dejaron de consignar cualesquier desfiguro que tendiese a la homosexualidad. Así, al describir al hombre valiente, *quáchic*, se hacía hincapié: «Y el que no es tal, es afeminado y no se espanta de nada; apto más para huir que para seguir a los enemigos, muy delicado, espantadizo y medroso, porque en todo se muestra cobarde y mujeril».

Respecto de los lugares donde se facilitaban los encuentros homosexuales, es muy probable que pese a la vigilancia de los maestros, se produjeran relaciones sexuales entre los jóvenes que asistían a la casa del canto o *cuicacalco* —donde bailaban entre sí los mancebos—, así como en los templos, pues solo de esa manera se explican los castigos que recibían los sodomitas en dichos lugares:

> …se juntaban todos los sacerdotes y viejos y personas principales en una sala del templo, cada uno de los cuales tenía un tizón de fuego en la mano, y ponían al delincuente desnudo delante de cada uno de ellos, y el primero le hacía una gran reprehensión, diciendo: ¡Oh, malvado! ¿Cómo osaba hacer en la casa de los dioses tan grande pecado?, y otras palabras muy ásperas. Y acabadas, dábanle con el tizón un gran golpe, y así todos hacían cada uno; y el que más podía lo reprehendía y con el tizón lo lastimaba. Después, lo sacaban fuera del templo y lo entregaban a los muchachos para que lo quemasen, y así lo quemaban.

Por otra parte, en algunas fiestas en honor del dios Huitzilopochtli «muchos bailaban desnudos», hecho que permite imaginar, aunque solo eso, la consumación de pecados nefandos al abrigo de la penumbra reinante en rincones y recovecos, y gracias al estímulo sexual de los tocamientos y manoseos propios de las danzas.

Los que cometían el pecado nefando, *agente* y *paciente*, morían por ello. También, las lesbianas y los individuos que vestían ropajes del sexo contrario, esto es los travestis.

De cuando en cuando, la justicia ponía diligencia en hacer inquisición y buscaba si había algunos nefandos, para ajusticiarlos. En dos o tres provincias —probablemente en Michoacán y la región totonaca donde era fama que se practicaba la sodomía— lejanas de la ciudad de México, hubo aquel vicio innatural, cuasi permitido o disimulado, y según las historias de estos, fue porque los demonios les hicieron creer que así lo usaron los dioses que adoraban y que a ellos les era lícito y eran tenidos por hombres muy viles e infames. En todo el señorío de México y de Texcoco fue muy inquirido y castigado. Pecado de bestialidad nunca fue visto ni oído en aquellas tierras. El hombre que andaba vestido de vestiduras de mujer, o la mujer que hallaban vestida de las de hombre, morían por ello.

Los tlaxcaltecas, en cambio, eran más tolerantes que el resto de los nahuas. No castigaban a los homosexuales y solo les atribuían la calidad de *tetzauhtin*, como a la adúltera y al adulterino, y huían de ellos. En efecto, la gente huía de los homosexuales porque sabían que estos, al vivir inmersos en condiciones donde la higiene brillaba por su ausencia y las inmundicias, tanto físicas como morales, eran el pan nuestro de cada día, causaban enfermedades, no solo a los demás sino a sí mismos. La forma para determinar si en una familia o grupo social había practicantes de pecado nefando y saber si habían enfermado a los demás, era harto curiosa: «Uno de los procedimientos con que los nahuas creían encontrar el origen de las enfermedades era el lanzamiento de granos de maíz sobre una manta extendida en el suelo. La posición en que caían permitía conocer la enfermedad y hacer el pronóstico. Cuando un grano de maíz caía y se sostenía sobre otro, era prueba de que el enfermo debía su estado a prácticas homosexuales...» Afortunadamente, los nahuas no conocían el efecto dominó, pues su consecuencia hubiese sido el exterminio de grandes grupos humanos.

Un caso curioso de pecado nefando, en el que se imbrican homosexualidad y travestismo, es el de Xihuitlpopoca, de quien dicen que no tuvo padre, «...porque aunque fue verdad que su madre fue casada con un señor llamado Calchiuhtzin, él certificó que no había tenido acceso a la dicha mujer y que no sabía cuyo hijo fuese.» Se dice que este mozo se hizo varón perfecto a los tres años y tomó el gobierno de su señoría, que los totonacas habían perdido. También, se dice de él que variaba las formas de su persona. Porque unas veces parecía niño, otras hombre, otras mujer, otras viejo y que se transformaba como se le antojaba. Hecho que no podía ser humanamente posible. En todo caso, sería en cuerpos fantásticos y fingidos y con ilusión y engaño del demonio.

Las tendencias homosexuales, sus implicaciones, así como el repudio y mofa que de sus oficiantes se hacía, estaban presentes en la charla y el cotilleo que se practicaban en las reuniones sociales y saraos que se celebraban cotidianamente, formaban parte del lenguaje y, en casos de extrema virulencia, se les trasladaba a las representaciones dramáticas y a las expresiones musicales, donde se les dotaba de cierto humor negro con la finalidad de acentuar su intención equívoca.

LESBIANISMO

Aunque algunos autores esgrimen que existe poca información sobre el lesbianismo en las fuentes escritas, lo cierto es que sus menciones abundan y que esta *desviación* sexual fue contemplada en relación con el pecado nefando. Fray Andrés de Olmos, al definir el pecado contra natura, cita cuatro variantes: «el autoerotismo, la sodomía, el bestialismo y la manifestación extrema de la sexualidad femenina», y acota que esto último sucede «cuando la mujer tiene acceso con la mujer del mismo modo que tiene acceso con un hombre».

Es sabido que estas mujeres causaban temor en los grupos sociales porque se les concebía como monstruos que podían ocasionar, entre otros males, enfermedades incurables. Entre tojolabales y tarascos, a las lesbianas se les creía hermafroditas; esto es, dotadas con un cuerpo varonil que posee pene y testículos. La palabra náhuatl para nombrar a las lesbianas es *patlache*, literalmente «la que tiene superficie ancha», es la mujer que practica el amor lésbico, y es probable que se les imaginase haciendo el amor o *patlachhuía* con la conjunción y frotamiento de sus vulvas floridas y que de ahí provenga, por la forma, el término *tortilleras*, que aún se aplica en el lenguaje coloquial.

La creencia de que las mujeres lesbianas eran hermafroditas se observa en el relato donde se narra la historia de una concubina real que resultó hermafrodita y embarazó a otras mancebas del señor principal que gobernaba y de la que quedó una descripción harto elocuente:

DE LA HERMAFRODITA

La mujer que tiene dos sexos, o la que tiene natura de hombre y natura de mujer, la cual se llama hermafrodita, es mujer monstruosa, la cual tiene supinos y tiene muchas amigas y criadas. Y tiene gentil cuerpo como hombre, anda y habla como varón y es vellosa; usa de entrambas naturas; suele ser enemiga de los hombres porque usa del sexo masculino.

La hermafrodita es una mujer asquerosa, mujer con pene, dueña de pene, dueña de testículos. Se hace compañera de otra mujer, se hace amiga de mujer, se provee de mujer joven.
Es dueña de mujer joven. Tiene cuerpo de varón, tiene la parte superior del cuerpo de varón, habla como varón, camina como varón, tiene barbas, tiene vellos, tiene pelos. Practica amor lesbio. Nunca quiere casarse. Detesta, no quiere ver al varón. Escandaliza [...] «causa horror», «trae desgracias», «causa daños sobrenaturales».

Caso conocido y muy atractivo acerca de una mujer varonil, lo encontramos relatado en la *Monarquía indiana*, de fray Juan de Torquemada:

Ya me conocéis que soy Quilaztli, y debéis de pensar que la contienda que conmigo tenéis es semejante a la que pudierais tener con alguna otra mujercilla vil y de poco ánimo. Y si así lo pensáis, vivís engañados, porque yo soy esforzada y varonil y en mis nombres echaréis de ver quién soy y mi grande esfuerzo. Porque si vosotros me conocéis por Quilaztli, yo tengo otros cuatro nombres con que me conozco. El uno de los cuales quiere decir «mujer culebra». El otro, «mujer águila». El otro, «mujer guerrera»; y el cuarto quiere decir «mujer infernal». Y según las propiedades que se incluyen en estos cuatro nombres, veréis quién soy y el poder que tengo y el mal que puedo haceros...

Impresionante el alarde de Quilaztli para amedrentar a sus enemigos, quienes respondieron: «Si tú eres tan valerosa como te has pintado, nosotros no lo somos menos. Pero eres mujer y no es razón que se diga que nosotros tomamos armas contra mujeres», y, enseguida, se largaron con la cola entre las patas, porque a pesar de su respuesta, sabían muy bien que Quilaztli *tenía más güevos en su entrepierna que todos ellos juntos.*

VOYEURISMO

De lo que sí tenemos noticia es que los nahuas, de vez en cuando, se daban a la observación de los cuerpos desnudos con un afán voyeurista que derivaba en frecuentes masturbaciones, estas sí consideradas pecado *contra natura*. Entre los adagios usados por los mexicas, contamos con uno muy simpático, llamado *Mensajero del cuervo*:

> Este refrán se dice del que es enviado a alguna mensajería o con algún recado, y no vuelve con la respuesta. Tomó principio este refrán, según se dice, porque Quetzalcóatl, rey de Tula, vio desde su casa dos mujeres que se estaban lavando en el baño o fuente donde él se bañaba, y luego envió a uno de sus corcovados para que mirase quiénes eran las que se bañaban, y aquel no volvió con la respuesta; envió otro paje suyo con la mensajería y tampoco volvió con la respuesta; envió al tercero y todos ellos estaban mirando a las mujeres que se lavaban, y ninguno se acordaba de volver con la respuesta; y de aquí se comenzó a decir *moxoxolotitlani*, que quiere decir, fue y no volvió más.

¡Y claro! ¡Cómo iban a volver, si contemplaban absortos el magnífico espectáculo de las formas femeninas en su total desnudez! Actuaron bien y Quetzalcóatl se hizo de la vista gorda.

MASTURBACIÓN

El universo de las *chaquetas*, que debió ser muy socorrido y del cual dimos un adelanto cuando hablamos de la «flor adulterina» que usaban las concubinas de Moctezuma Xocoyotzin para autosatisfacerse, presentaba muchas variantes, entre ellas la masturbación personal, íntima, con los ojitos húmedos y una sonrisa placentera en la boca, y aquella que era manipulada por terceras manos, la lengua o los achuchones incendiarios. En el *Canto de las mujeres de Chalco*, fuente inagotable para estos asuntos, se lee:

> Ven a sacar mi masa, tú rey Axayacatito,
> déjate que yo te manipule...
> Dale placer y levanta al gusano nuestro,
> ¡una vuelta y otra vuelta!

INCESTO

Otra transgresión sexual considerada nefanda y, por tanto, repudiada con acritud, fue la práctica del incesto. De acuerdo con los cronistas de Indias, este podía darse entre padres e hijos, entre hermanos, padrastros con entenadas, madrastras con hijos adoptivos, y todas las variantes eran castigadas severamente por justicia con la pena capital. Fray Bartolomé de las Casas reseña que «el rey de Texcoco Nezahualcóyotl mandó matar por veces cuatro de sus hijos, porque llegaron a sus madrastras, mujeres de su padre. El hermano que llegaba a su hermana, fuese de padre y madre o solo de padre, morían por ello ambos [...] Todos los que cometían incesto en primer grado de consaguinidad o de afinidad tenían pena de muerte, salvo cuñados y cuñadas, y cuando uno moría, las mujeres que dejaba era costumbre que uno de los hermanos mayores o menores tomase la mujer o mujeres del hermano difunto, aunque hubiese habidos hijos, *quasi ad suscitandum semen fratris*».

En cuanto a los parientes carnales, ahorcaban al que forzaba a su madre, y si ella consentía voluntariamente, la misma pena le daban, y este pecado era considerado, entre ellos, horrible y abominable. Ahorcaban a los hermanos que pecaban con sus hermanas. Ahorcaban los que pecaban con sus entenadas, y a ellas lo mismo si no eran forzadas. Tenían pena de muerte los que hacían lo mismo con su suegra.

PEDOFILIA

Aunque la pedofilia no está mencionada en las crónicas como un pecado o crimen punible, sí se conoce que al menos entre los pueblos nahuas tlalhuicas, los niños de nueve a diez años acudían a ceremonias de iniciación sexual durante la fiesta del dios del pulque, en la que se veneraba a la diosa Xochiquetzal. En esta festividad se hacía una ceremonia llamada *pillahuana*, que significa *beber el pulque de los niños*, en la que estos bailaban con jóvenes doncellas y se daban de beber unos a otros hasta alcanzar la ebriedad y cometer juntos toda clase de actos inmorales e impúdicos. También es sabido que los otomíes estimulaban a sus niños para que se conocieran carnalmente lo más pronto posible.

DESNUDEZ

Otro aspecto interesante radica en la desnudez que algunos pueblos ostentaban sin el menor tapujo, tales como los tarascos en occidente y los huaxtecas en el noreste, y que escandalizaba a los mexicas del centro, acostumbrados a cubrir sus genitales con el *máxtlatl* o taparrabo que, en el caso de los principales, estaba primorosamente elaborado. Los aztecas sentían repugnancia por la desnudez de otros pueblos e incluso elaboraron leyendas para explicar la ausencia del taparrabo entre ciertas tribus. Los miembros de las tribus que habitaban la costa del Pacífico, en la región que hoy lleva el nombre de Colima, andaban enteramente encuerados. Las mujeres llevaban el torso desnudo y solo usaban una faldita para cubrir desde el vientre hasta las rodillas.

ORGÍAS

Tanto la desnudez como la embriaguez remiten a la celebración de festividades y convites que, con alguna frecuencia, terminaban en orgías fenomenales. Su práctica se remonta hasta la época en que los toltecas vivían su apogeo en Tula. «Había cuarenta años que gobernaba Topiltzin, cuando comenzaron las señales que había pronosticado el astrólogo Huémac a mostrarse, así en la Tierra como en el Cielo, el cual casi a los últimos años había cometido pecados muy graves, y con su mal ejemplo toda la ciudad de Tula y las demás provincias de toltecas; y las señoras iban a los templos y a las ciudades de sus santuarios y falsos dioses a romería y se revolvían con los sacerdotes y hacían otros pecados graves y abominables [...] Una señora de Tula, muy principal de Cholula, fue a visitar el templo dedicado al dios *ce ácatl*, donde estaban dos sacerdotes, el uno llamado Ezcolotli y el otro Texpólcatl, mismos que profesaban la castidad y era pecado gravísimo si la quebrantaban. No obstante, Ezcolotli y Texpólcatl requebraron a la señora, tuvieron su amistad y copularon con ella, de suerte que a poco tiempo parió un hijo que se llamó Ízcax, sin que se llegase a determinar cuál de los sacerdotes era su padre...» Más adelante, los toltecas, instigados por su rey y todos los vasallos de su corte, se dieron a los regalos de las comidas y a los deleites y comunicación con muchas mujeres y cometieron graves pecados y hechos feos y abominables.

La relación sexual entre los sacerdotes de los templos y sus feligresas se dio, al igual que con el clero católico —hoy, los obispos irlandeses son un ejemplo abominable— con más frecuencia que la deseada por los estatutos sociales. En determinadas ocasiones los mismos ministros del culto violaban la abstinencia carnal y se entregaban, previas ceremonias de acre intención fálica, a la tarea de engendrar vástagos.

La celebración de orgías, donde lujuria y voluptuosidad llegaban al paroxismo, no era privativa de los sacerdotes. Estas ocurrían bajo múltiples circunstancias. Cuando la cosecha había sido recolectada y volvía a haber víveres en abundancia, llegaba el tiempo de preparar el pulque y otras bebidas embriagadoras y de festejar, en fiestas orgiásticas, la nueva prosperidad.

La embriaguez colectiva era el detonador para el desfogue sexual que se manifestaba con absoluto descontrol. Durante las orgías se entremezclaban «rituales de hombres masturbándose y ceremonias en las que la población comía, bebía pulque, danzaba y concluía con momentos de libertinaje sexual más o menos generalizado».

Fray Diego Durán en su *Historia de las Indias de Nueva España e islas de tierra firme* describe:

>...había otro baile tan agudillo y deshonesto que casi tira al baile de esta zarabanda que nuestros naturales usan con tantos meneos y visages [sic] y deshonestas monerías que fácilmente se verá ser baile de mujeres deshonestas y de hombres livianos llamábanle cuecueheuycatl, que quiere decir baile cosquilloso o de comezón. En algunos pueblos le he visto bailar lo cual permiten los religiosos por recrearse, lo que no es muy acertado por ser tan deshonesto. En el cual se introducen indios vestidos como mujeres.

Las orgías de los señores principales eran un poco más sofisticadas y normalmente se desencadenaban al concluir un banquete. En ellas, además de dar gusto a los deseos de la carne, se hacían recriminaciones de carácter moral, mientras sufrían alucinaciones, y, al día siguiente, padecían unas *crudas de padre y señor mío.*

La práctica del pecado nefando en sus diversas variantes,

así como las transgresiones derivadas de la sexualidad llegaron a ocasionar problemas sociales y políticos de envergadura. Por ello, el rey de Texcoco, Nezahualcóyotl, decidió castigar con grandísimo rigor y muerte los pecados y no perdonó ni a sus propios hijos y deudos, antes fue más severo con ellos que con la gente del común. A uno de sus hijos, muy valiente y valeroso, que fue acusado del pecado nefando, lo sentenciaron a muerte, confirmándolo su padre y ejecutando él la sentencia. Por tanto, para desalentar la comisión de estos crímenes y ejercer un buen gobierno en su reino y en todo el imperio, Nezahualcóyotl estableció ochenta leyes u ordenanzas con las que se castigaban todos los géneros de delitos y pecados, como era el pecado nefando que se penaba con grandísimo rigor, pues al agente atado en un palo lo cubrían todos los muchachos de la ciudad con ceniza, de suerte que quedaba en ella sepultado, y al paciente por el sexo le sacaban las entrañas, y asimismo sepultaban la ceniza.

Las ordenanzas eran frías, amén de severas, y no admitían recurso alguno ni paliativo en la ejecución del castigo. La número 10 establecía que «si se averiguaba que alguno de los sacerdotes o *tlamacazques*, o de aquellas personas que tenían cargo en los adoratorios o en los templos, se amancebase o emborrachase, que muriese por ello». La número 13: «si se averiguase ser alguno somético, muriese por ello». La número 14: «si alguno o alguna alcahuetease a mujer casada, muriese por ello».

Estas ordenanzas estuvieron vigentes durante el reinado de Nezahualpilli e, incluso, él mismo —a la sazón muy joven e inexperto— recibió una reprimenda de sus vasallos cuando, al recriminarle su apatía y su ausencia en los campos de batalla, le dijeron que tanto los mexicanos como los tecpanecas los habían «baldonado, diciéndoles que tenían los aculhuas un rey rapaz y afeminado, y que mirase que aquellas borlas que traía en su cabeza, las orejas y bezotes que tenía en el rostro, la pedrería en el cuello, las ajorcas y brazaletes en los brazos, y grevas y alpargatas de oro y pedrería en los pies, y las mantas ricas con que se cubría...», si bien eran símbolos de su rango, debería de honrarlos con su valentía y arrojo en la guerra. Por supuesto, Nezahualpilli entendió el mensaje y a lo que se arriesgaba y no solo se convirtió en gran guerrero, sino que su ferocidad y rigor llegaron a ser paradigmáticos. La actitud ejemplar de los *tlatoanis* texcocanos se propagó entre sus vecinos y los mexicas adoptaron la misma severidad en la aplicación de los castigos señalados para el pecado nefando y las demás transgresiones.

Si bien el pecado nefando, en sus diversas variables, era repudiado y castigado en las zonas centrales del territorio dominado por los nahuas, existen datos que nos permiten especular que este también se perseguía entre los californios del norte. Había en esta nación hombres que se hacían amujerados, vestían como mujer y andaban con ellas para coger semillas, etcétera, y casarse entre ellos era grave delito, así como el que alguno de estos estuviera amancebado con mujer casada o soltera. Empero, no sabemos si esta práctica prohibida fue castigada con la misma severidad, pues los cronistas no lo especifican y solo se concretan, como hizo Alvar Núñez Cabeza de Vaca, a dar cuenta de la existencia de «...hombres casados con otros, y estos son unos hombres amariconados, impotentes, y andan tapados como mujeres y hacen oficio de mujeres».

RITOS FÁLICOS

En una sociedad machista y misógina como la de los antiguos nahuas, no puede extrañarnos que el pene haya sido un pilar fundamental para sostener sus estructuras sociales y religiosas, tampoco que hayan proliferado los rituales fálicos en los que se veneraban y exaltaban los atributos del *tepolli* o del perspicaz y alegre *tótotl*.

Semejante al ciclo de vida del hombre —nacimiento, crecimiento, clímax y decadencia— el falo, antes de la excitación erótica, se mostraba con el prepucio arrugado, mustio, como si fuese un niño. Mas una vez excitado, crecía hasta alcanzar su dimensión natural —diferente en cada sujeto— y quedaba listo para penetrar en la vulva de la mujer. Una vez adentro de la cavidad oscura de la vulva florida, alcanzaba el clímax, y después de múltiples fricciones, que variaban su secuencia de acuerdo con la habilidad amatoria de los fornicantes, este se resolvía con la eyaculación o expulsión del semen. Después, «quedaba envejecido, ajado y agotado», como si fuese un viejecito o un guerrero exhausto.

El culto al falo se originó entre los más antiguos pueblos del Pacífico. En el sur existía entre los quichés y con ellos alcanzó refinamientos que trascendieron al arte. Primero perfeccionaron el culto —aunque después lo degradaron—, ya que la fuerza creadora del falo humano antojóseles digna de veneración, pero fueron los tarascos quienes lo deificaron de manera inmediata.

Los mexicas, por su parte, una vez que estuvieron asentados en el Valle del Anáhuac, asimilaron el culto y adoptaron algunos rituales tarascos y a sus deidades fálicas. Nada despreciable, dadas sus dimensiones, destaca la imagen de la escultura notable de un pene, aparentemente circuncidado, de ciento cincuenta y seis centímetros de alto y treinta de diámetro, que se veneraba en la población de Yahualica, en el actual estado de Hidalgo.

Las representaciones y esculturas del *tótotl* proliferaron, y así vemos cómo en las culturas de occidente eran celebradas danzas fálicas en las que participaban mujeres —obviamente con intenciones lésbicas— luchando unas con otras, parejas de enamorados estrechamente abrazados en el momento de la cópula y danzantes enmascarados que mostraban con ostentación la magnificencia de sus genitales.

Los ritos fálicos, a pesar de su proliferación, no fueron siempre amables ni gratificantes para quienes los practicaban. Muchos de ellos implicaban laceraciones que debieron de ser sumamente dolorosas. Fray Toribio de Benavente, al describir los ritos que practicaban los *tlamagazques*, hace una relación que, por exagerada, impresiona:

> ...en Teoachan y en Theuticlan y en Cuztaclan, que eran provincias de frontera y tenía guerra por muchas partes, también hacían muy crueles sacrificios de cautivos y esclavos [...] en sí mismos los tlamagazques, o papas mancebos, hacían una cosa de las más extrañas y crueles del mundo: que cortaban y hendían el miembro de la generación entre cuero y carne y hacían tan grande abertura que pasaban por allí una soga tan gruesa como el brazo por la muñeca, y en largor según la devoción del penitente, unas diez brazas, otras de quince y otras de veinte; y si alguno se desmayaba de tan cruel desatino, decíanle que aquel poco ánimo era por haber pecado y allegado a mujer, porque estos que hacían esta locura y desatinado sacrificio eran mancebos por casar, y no era maravilla que desmayasen, pues se sabe que la circuncisión es el mayor dolor que puede ser en el mundo...

12

ENFERMEDADES VENÉREAS, CONJUROS Y CURACIONES

En una sociedad donde las transgresiones sexuales se practicaban con cierta frecuencia, no debe causar extrañeza la proliferación de enfermedades que ocasionaban daños severos tanto al cuerpo como al espíritu.

Los antiguos nahuas creían que durante el coito se daba un desprendimiento del *tonalli* y que este en forma de sombra se alejaba a sitios habitados por los muertos y los dioses, por lo que su interrupción abrupta podía ocasionar su extravío y, por consecuencia, quebrantos en el carácter y la personalidad de índole patológico.

El peligro atribuido a la interrupción del coito por un susto y la cancelación del orgasmo, señala Alfredo López Austin, derivaba de la creencia de que la eyaculación era la forma de recuperar el equilibrio emocional que habían roto el apetito y la excitación sexuales, equilibrio necesario para el retorno del *tonalli*. Un corte violento significaba la pérdida del contacto entre el organismo copulante o durmiente y su *tonalli*, y la dificultad del regreso de este. Y dicho corte lo podría provocar cualesquier sorpresa durante el coito. Por ello, era indispensable evitar los sustos —que podían provenir de parte de un marido celoso, en caso de adulterio, o de unos padres encolerizados ante la liviandad de una hija entregada a la lujuria— para que el acto sexual se consumase y que la corrida del varón fuese espesa y abundante, de suerte que con el derrame seminal el *tonalli* pudiese retornar envuelto entre las brumas del goce y la felicidad.

Otro caso de gravedad extrema se daba cuando algún individuo eyaculaba durante el sueño o, como se expresa en lenguaje coloquial, *se venía en seco*. «Entre los sueños que tenían por agüeros, el más malo y pernicioso es el sueño acompañado de polución».

Las personas que cohabitaban entre sí deberían estar sanas y disfrutando a plenitud de sus facultades físicas. Se recomendaba que las mujeres recién paridas no practicasen la cópula, ni aquellos que se encontraban convalecientes de alguna enfermedad o herida y que, se suponía, tenían menguada su fuerza vital, porque podrían contraer enfermedades serias.

Si bien la liberación del semen en forma inconsciente podía provocar el debilitamiento de la fortaleza física y dejar al sujeto en una posición endeble, no era menos peligrosa la contención sexual y la carencia de cópulas exigidas por una naturaleza sana y vigorosa.

El *tonalli* también podía verse afectado por la actividad sexual prematura, ya que esta motivaba la disminución del crecimiento y de la inteligencia, facultades ambas atribuidas a dicha entidad anímica.

Si bien todas estas peculiaridades eróticas eran muy dañinas y atentaban contra la preservación de un espíritu saludable, lo que más y con mayor frecuencia dañaba al *tonalli* era la proclividad a entregarse al exceso en las relaciones sexuales, al grado de que se utilizaban expresiones metafóricas, tales como *tlacolmiquiztli*, que quiere decir *daño causado por amor y deseo*.

La forma conocida entonces para curar dichas lesiones consistía en la confesión, la penitencia y la ofrenda a los dioses, mediante las cuales el penitente esperaba que su corazón, torcido por sus pecados, volviera a ocupar su posición natural.

Amén de la excesiva actividad sexual de hombres y mujeres, muchas enfermedades se originaban en las esferas privativas de los dioses, donde estos decidían imponer castigos ejemplares a los transgresores y ello obligaba a la intervención de sacerdotes, curanderos, hechiceros y chamanes. Por ello, los antiguos nahuas recurrían a conjuros que aludían a los tiempos míticos, por ejemplo «aquel que narra cómo la diosa Xochiquetzal sedujo al sacerdote Yappan y después de tener relaciones sexuales con él, para demostrar su poder, lo convirtió en alacrán».

En los casos en que los infractores decidían confesar sus pecados para obtener la curación de sus enfermedades, lo hacían delante del dios Tezcatlipoca, «porque él lo veía todo y al mismo tiempo era invisible, y de la diosa Tlazoltéotl, la que devora la impureza del pecado y por ello la que da la absolución». Tocaba a los sacerdotes hacer los exordios e interpretar la voluntad del penitente frente a los dioses, y, una vez satisfechos todos los pormenores y confesadas sus faltas, imponían la penitencia.

Muchas otras enfermedades afectaban los genitales de quienes violaban las reglas impuestas por las deidades: «...si algún hombre en el tiempo del ayuno exigido por el dios Macuilxóchitl, tenía acceso a mujer, o alguna mujer a hombre, decían que ensuciaban el ayuno y, por esto, el dios los hería con enfermedades en las partes secretas, como son almorranas, podredumbre del miembro secreto, diviesos e incordios...» También enfermaba en su miembro mujeril, vulva y vagina, aquella mujer que pasase sobre la *cuetlaxóchitl*, flor que se daba en un árbol de hojas muy coloridas, la hubiera olido o sentado encima de ella, mientras llevase en el magín escenas pecaminosas vinculadas a la cópula. La hinchazón de las tetas, que podía provenir de la lactancia de sus hijos o de los chupetones que le daba su galán entusiasmado, solo se curaba con una mezcla de hierbas molidas y preparadas para ser usadas como emplasto.

La sífilis y el pian (enfermedad tropical parecida a la sífilis que se transmite por insectos) fueron dos padecimientos causados por treponemas, cuya presencia en Mesoamérica está bien documentada. Es un hecho que la pandemia de sífilis del siglo XVI fue causada por cepas americanas.

La sífilis fue una enfermedad muy frecuente entre los nahuas, tanto que durante muchos años se sostuvo la hipótesis inopinada y mentirosa, propalada por los conquistadores y algunos cronistas ignorantes, de que dicha enfermedad había sido una de las aportaciones negativas del Nuevo al Viejo Mundo. Sin embargo y al margen de dicha polémica peregrina, en los *Anales de Cuauhtitlán* se menciona al dios lunar Metztli, el dios sifilítico, infestado de bubas, transformado en la luna.

Réstanos para concluir, acotar tan solo que los antiguos nahuas tenían un conocimiento profundo, cabal, plural y diversificado de la sexualidad y que su universo erótico fue de una riqueza lúcida e inagotable.

LOS MAYAS

1

DE CÓMO LAS MUJERES HEREDARON UNA VAGINA CON FORMA DE PEZUÑA DE VENADO

Los mitos fundacionales de la creación del mundo y del hombre inscritos en lo que hoy denominamos, con una homogenización arbitraria, cultura y civilización maya, están contenidos en las leyendas del *Popol Vuh*, el libro indígena más importante de América, transmitido oralmente en lengua quiché y cuyo manuscrito fue descubierto por el padre Francisco Ximénez, donde se consigna que «encima de las llanuras y en el silencio de las tinieblas vivían los dioses...»

Dichas deidades, entre las que destacaban Tepeu, Gucumatz, Hurakán y otras que se fueron agregando, como Chac, *dios de la lluvia* y Yum Kaax, *dios del maíz* eran gobernadas por Itzamná o Hunab Ku, creador del universo, Señor de los Cielos, a quien se representaba como una serpiente bicéfala. Esta deidad ofidia, de carácter solar, tenía como consorte a Ixchel, diosa venerada en dos advocaciones diferentes, ambas de carácter lunar: una senil llamada Ix Chebel Yax, *cónyuge del Crea-*

dor o *Gran Padre* a quien ayudó a construir y pintar el mundo, y otra juvenil, hermosa y atractiva, reconocida como *la diosa del arco iris*, relacionada con la curación, el parto, la adivinación y los pecados sexuales.

Estas deidades, podemos presumir dada su predisposición creadora, no se encontraban pasivas, sino que mantenían una imaginación creativa febril, y, gracias a sus atributos, la expectativa para iniciar una actividad sexual intensa. Así, lo primero que decidieron fue hacer brotar la luz y, a continuación, resolvieron separar las aguas de la tierra y aparearse para procrear los seres que habitarían los confines sujetos a su voluntad e imperio.

Es posible que Ixchel, ya vinculada a las aguas y la tierra, se haya mostrado ante Itzamná bajo una representación que prefigura un seno o mama repleto de leche, misma que simboliza a la madre primigenia que dio origen a todo lo existente y de donde nacen los alimentos de los hombres. Itzamná, ante la presencia portentosa de una teta magnífica, debió de haber quedado prendado y, al mismo tiempo, excitado. Sin embargo, al recorrer con la mirada el cuerpo de Ixchel, no tardó en advertir que no tenía vulva y menos vagina, y que algo debería hacer si quería penetrarla con su falo enhiesto y no quedarse con los testículos congestionados de semen y partículas estelares.

Itzamná, deidad solar y de naturaleza zoomorfa, imaginó entonces la figura corpulenta de un ciervo, transmutó su fisonomía y sus extremidades e hizo que sus patas se volvieran pezuñas de venado, lo que le permitió patear la entrepierna de Ixchel y crearle una vagina para que pudiese tener relaciones sexuales con él.

Una vez salvado el inconveniente, que solo podía remediar como venado, Itzamná se dedicó a fornicar frecuentemente con Ixchel, en su advocación de mujer joven, haciendo gala de su buen gusto, tal y como se le ve representado en una figura de cerámica en el estilo de Jaina, donde mantiene la cabeza del venado que, no en balde, simboliza al fuego.

Fue a partir de esta celebración del acto amoroso que todas las mujeres siguen llevando la marca de la pezuña de venado entre los muslos, figura emblemática del placer erótico y de los pecados sexuales. Sin embargo, llama a curiosidad el hecho de que a la vulva no se le llamé *pezuñita de venado*, sino que se le hayan dado otros nombres frutales y almibarados, tales como *rajita de canela*, *papaya* o *chochito*, por mencionar unos cuantos.

Ixchel, en cambio, sí recibió denominaciones, bellas y atractivas, acordes con su carácter de diosa lunar y con un contenido sexual: «Blanca Dama del Mundo, Blanca Dama Celestial, Señora que está en el Corazón del Cielo, Preciosa Maga del Agua y Señora Luna Nueve Corazón de la Flor de Mayo; Luna asociada a la flor llamada *plumeria* (franchipaniero), que en el imaginario maya tiene una connotación erótica y supuestos poderes afrodisiacos, y a la fertilidad, y con la cual, «embriagados ante el placer del gozo carnal», los mayas hacían cantos para festejar las bodas.

Ixchel fue identificada también con un batracio llamado *uo* que canta cuando van a comenzar las lluvias y, al igual que la luna, duerme en las cuevas. Esta figura fue utilizada para vincular a la luna con la fecundidad, como dama de la procreación, la promiscuidad y los pecados sexuales. De hecho, en un glifo del *uinal* o mes maya procedente de Quiriguá, la diosa lunar aparece en forma de sapo en posición de cópula y bien amartelada con otra deidad. Algunos mitos atribuyen a la luna, en sus días de conjunción, relaciones sexuales promiscuas con animales como el zopilote, de las que derivan algunas enfermedades. Asimismo, se la representa copulando con un mono en una vasija del Petén, lo que corrobora su conducta promiscua con múltiples animales: arañas, ranas, tortugas, serpientes, lagartos, guacamayas, jaguares y, por supuesto, venados. Esto se debe, quizás a que «sus movimientos cósmicos la hacen entrar en conjunción con varios cuerpos celestes representados por animales míticos, lo que la hace presentar una conducta promiscua, típica de esta diosa de la procreación y representante de la fertilidad femenina».

Las relaciones sexuales de Ixchel —a quien los lacandones identifican con el nombre de Ak Na'— con los zopilotes o buitres, fueron ampliamente tratadas por estos al sembrar la sospecha de que Ak Na' tuvo relaciones sexuales con el hermano de su esposo, Itzam Ná, y esta aventura —común en el seno de un grupo con lazos familiares— se vio eslabonada con un segundo mito, este de origen kekchi, que da cuenta de un doble adulterio de la Luna con su cuñado —Venus— y luego con el príncipe de los buitres. La explicación a esta proclividad erótico-carroñera de Ixchel radica en que «…al ser la Luna esposa del Sol, es la señora de la vida, pero en tanto amante del príncipe de los buitres, se convierte en la Princesa de las Tinieblas, dispensadora de muerte y aflicciones. No es por casualidad que Luna escogiera a Venus y al Príncipe de los Buitres como amantes. Por tanto, si la Luna es adúltera, es concebible que sus hijas [todas las mujeres] también lo sean. Las mujeres reproducen su poder seduciendo a los hombres, al igual que hizo su madre, divinidad asociada al erotismo».

Estas aventuras tuvieron un aparente final feliz, pues el Sol logró recuperar a su compañera, conducirla a través del fuego de una hoguera hasta el Cielo, donde finalmente lograron establecerse. Aunque siempre hay un pelo en la sopa: para que nadie olvidase las cabronadas de Ixchel ni su reputación tristemente célebre causada por sus ligerezas, lo que hizo que su nombre viniera a ser sinónimo de libertinaje sexual, se le representa desnuda y con los senos hinchados de leche.

También, Ixchel está vinculada al glifo *k'och*, que significa pecado o castigo, y se le atribuían las epidemias que, de vez en vez, asolaban la Tierra. Los males que, por influencia de Ixchel, podía contraer aquel que tuviese un mal comportamiento y un «centro débil», localizado este en los genitales, consistían en fríos, parálisis de los miembros, adormecimiento e hinchazón, desmayos o padecimientos de los ojos, así como calenturas o ardor que acompañaban a varios padecimientos graves de la piel, de origen venéreo.

Como deidad responsable de «hacer las criaturas», Ixchel siempre estaba presente durante los partos; por ello ponían debajo de la cama un ídolo que la representaba. Esta vocación de la diosa y su naturaleza lunar la unían indefectiblemente al ciclo menstrual de las mujeres, que coincidía con su traslación alderredor de la Tierra, y el flujo de sangre al finalizar el periodo, que representaba «el lado oscuro, nocturno, acuoso e irracional del cosmos».

En su carácter de Princesa de las Tinieblas y por tanto moradora del Xibalbá, se le vinculaba al mito de los Héroes Gemelos relatado en el *Popol Vuh*, donde se cuenta la saga de los primeros seres humanos creados por los dioses —llamados en maya quiché Hunahpú y Xbalanqué, y en maya yucateco Hun Ahau y Yax Balam, respectivamente—, uno de los cuales embarazó a Ixquic con un escupitajo que brotó de su cabeza la cual colgaba de un árbol, sin que ella lo advirtiera y sin tener una explicación honrosa para justificar su preñez. Su padre Hum Camé o Chucumaquic, al verla preñada, encolerizó y la condenó a morir en el Xibalbá.

El padre de Ixquic ordenó a cuatro búhos que la mataran y le llevasen el corazón. Sin embargo, ella logró convencerlos de dejarla con vida y llevar, en lugar de su corazón, una calabaza llena de sangre roja coagulada en forma de corazón, probablemente de su última menstruación. Las aves accedieron, entregaron a Chucumaquic la sangre, y la ayudaron a escapar del Xibalbá. Se puede presumir que los búhos, por instrucciones de Ixchel, impulsora de las relaciones sexuales clandestinas, fueron quienes auxiliaron a Ixquic para parir a los dos gemelos, mismos que, al término de su existencia terrestre, se transformarían en el Sol y la Luna.

Este mito sobre la creación del hombre, considerado uno de los axiomas centrales de la vida y el ritual de los antiguos mayas, contiene algunos pasajes relativos a la sexualidad que ponen en evidencia el carácter pecaminoso con que estos calificaban las cópulas extramaritales:

—¿Es cierto que mi hija está encinta, lo cual es su deshonra y la mía? —dijo Chucumaquic avergonzado.
—Si tú lo dices, así debe ser; proceded entonces conforme a la ley [...] que confiese la verdad y diga el nombre del culpable...
—¿De quién es el hijo que llevas en ti?
—No lo sé, padre, porque yo no he conocido todavía la cara de ningún hombre...
—...lo que llevas en tu vientre es tu deshonra...

El *Chilam Balam de Chumayel*, otro de los textos torales para comprender los mitos fundacionales de la cultura maya, contiene el relato de la creación de los *itzáes* y su conquista del Mayab, donde se menciona que «el Gran Padre depositó su simiente en la Gran Madre, representando el primero al Cielo fecundador y la segunda a la Tierra, como matriz universal».

La simbología empleada en el relato tiene implicaciones muy atractivas, sobre todo por su contenido erótico:

No eran dioses. Eran gigantes. Solamente al verdadero dios Gran Padre adoraban en la lengua de la sabiduría de Mazapán [...] He aquí a su Señor Ah Tapai Nok Cauich, su Halach-Uinic [...]
Y este pidió entonces una flor entera. Y pidió una estera blanca...

Y le trajeron la flor, obviamente una mujer, con la que copuló y de allí crecieron los *itzáes*.

Si en este pasaje la flor de *plumeria* simboliza la vagina procreadora de la mujer, más adelante se utiliza su anatomía y sus flujos sexuales para vincularla a los dones de la naturaleza.

Las alusiones a la cópula y a los escarceos amatorios previos son constantes y es muy probable que ello se deba a la influencia ideológica de los *itzáes*: «a los mayas les repugnaban particularmente las prácticas eróticas introducidas por los *itzáes*», y se quejaban de ello con términos que no dejan lugar a dudas:

Sus corazones están sumergidos en el pecado. Sus corazones han perecido en sus pecados carnales. Reincidentes a menudo, los principales que extendieron el pecado, Nacxit Xuchit en el pecado carnal de sus compañeros, los gobernantes de dos días [...] Ellos son los irrefrenables lujuriosos del día, los irrefrenables lujuriosos de la noche, los bribones del mundo. Ellos tuercen los cuellos, guiñan los ojos, sueltan sus babas en la boca, a los hombres, a las mujeres [...] a todo el mundo, sean grandes o pequeños [...] En el pecado carnal perdieron su inocencia [...] Lujuriosos eran los sacerdotes [...] Para ellos el Cielo y la Tierra están realmente perdidos...

Otro pasaje del *Chilam Balam de Chumayel* donde se plantean relaciones sexuales entre las potestades celestes, es aquel relativo a la formidable batalla entre las Trece deidades vinculadas al Cielo y las Nueve deidades del Inframundo o Xibalbá, resultado de la cual fue la creación del mundo. En dicho relato —que algunos autores han considerado como el *Génesis* maya—, se informa: «Y fueron cogidos los Trece dioses, y fue rota su cabeza y abofeteado su rostro, y fueron escupidos, y se los cargaron a las espaldas. Y fue robada su Serpiente de Vida, con los cascabeles de su cola, y con ella fueron cogidas sus plumas de quetzal. Y cogieron habas molidas junto con su semen...», para sugerir que el antagonismo entre los dioses fue, a la vez, una suerte de relación carnal, en la que el miembro viril y la eyaculación tuvieron un papel preponderante.

«A esa hora [continúa el relato], Uuc-cheknal, el Cielo, vino de la Séptima capa del Cielo [...] y pisó las espaldas de Itzam-cab-Ain, la Tierra...», para implicar la relación carnal entre el Cielo y la Tierra, que dará lugar al nacimiento del Sol y la Luna. Por último, no sin lujuria voluptuosa y dejando entrever cierta proclividad entre las deidades a practicar el sexo oral, el texto permite observar la corrupción de los Trece dioses y su tránsito por el penoso y, al mismo tiempo, agradable y placentero camino de la perdición:

Al mismo tiempo bajó Bolon Mayel. Dulce era su boca y la punta de su lengua. Dulces eran sus sesos. Y allí bajaron cuatro gigantes que en ánforas de barro traían las mieles de las flores. De ellas salieron: la del hondo cáliz rojo, la del hondo cáliz blanco, la del hondo cáliz negro, la del hondo cáliz amarillo. Y la que es ancha y la que es desviada. Y al mismo tiempo, salió la flor que es regada y la que es agujereada […] Estas flores que salieron, eran las comayeles, las madres de las flores…

Y entonces salió «la flor que es efímera» y metió el pecado de los Nueve dioses. […] Y entonces Pizlimtec chupó la miel de la flor, de la flor de los nueve pétalos, hasta lo más adentro de ella. Y entonces tomó por esposa a la flor vacía […]. Cuando se abrió el cáliz de esta flor, el Sol estaba dentro […]. Y sucedió que suspiraron llenos de deseo los Trece dioses. No sabían que así bajaba el pecado a su estera […]. Sucedió que de flores fue su estera, su silla, y flores hubo en sus cabellos […]. Por ello, llegará con su cara de pecado, con su hablar de pecado, con su enseñanza de pecado, con su entendimiento de pecado. Y pecado será su caminar…

Así, por muchas vías y mediante distintas maneras los dioses del panteón maya desataron sus pasiones y dejaron que sus cuerpos, etéreos o zoomorfizados, celestiales o terrenales, gozaran con los placeres del sexo, por muy pecaminosos que estos fueran.

2

BELLEZA DE LA MUJER MAYA, TINOS Y DESATINOS

Si bien y según lo expresa el *Popol Vuh* sin titubeos, «los varones fueron creados para venerar y alimentar a los dioses...», las mujeres debían cumplir con el deber de acompañarlos en sus actividades cotidianas, con excepción de la caza, así como procurarles placer, procrear y cuidar de sus hijos, preparar y cocinar alimentos, elaborar sus vestidos y, entre otras muchas obligaciones, criar a los animales domésticos.

Entre estas tareas y respecto del cuidado de los animales que les servían de alimento —perros, pavos, perdices—, llama la atención el hecho de que daban el pecho a los corzos, con lo que los criaban tan mansos que no se alejaban ni se metían al monte jamás. Esta costumbre, aunque parezca inusitada, conllevaba una doble intención: por un lado, aplacar los ímpetus cimarrones de los pequeños venados, creándoles una dependencia oral por el calostro, y, por el otro, engrandecer y dar firmeza a las tetas, de suerte que si los corzos no se escapaban nunca, los maridos menos.

Las mujeres mayas, en general, destacaban por su belleza y eran muy cuidadosas con su apariencia. La descripción minuciosa que de las mujeres del pueblo hizo fray Diego de

Landa, deja entrever entre líneas el atolondramiento sexual del pobre fraile:

> Las indias de Yucatán son en general de mejor disposición que las españolas y más grandes y bien hechas [pero] no son de tantos riñones como las negras [no tan nalgonas]. Précianse de hermosas las que lo son y a una mano no son feas; no son blancas sino de color moreno causado más por el sol y del continuo bañarse, que de su natural. No se adoban los rostros [...] eso lo tienen por liviandad. Tenían por costumbre aserrarse los dientes dejándolos como dientes de sierra y eso tenían por galantería...
>
> Se horadaban las narices por la ternilla que divide las ventanas por en medio, para ponerse en el agujero una piedra de ámbar y lo tenían por gala. Se horadaban las orejas para ponerse zarcillos al modo de sus maridos; se labraban [tatuaban] el cuerpo de la cintura para arriba [salvo los pechos por criar], de labores más delicadas y hermosas que los hombres. Se bañaban a menudo con agua fría, como los hombres, y no lo hacían con sobrada honestidad porque acaecía desnudarse en cueros en el pozo donde iban por agua para ello. Acostumbraban, además, bañarse con agua caliente y fuego y de este poco, y más por causa de salud que por limpieza.
>
> Acostumbraban untarse, como sus maridos, con cierto ungüento colorado, y las que tenían posibilidad, se echaban cierta confección de una goma olorosa y muy pegajosa que creo es liquidámbar [...] con esta confección untaban cierto ladrillo como de jabón que tenían labrado de galanas labores, y con aquel se untaban los pechos, brazos y espalda y quedaban galanas y olorosas...
>
> Traían cabellos muy largos y hacían de ellos [un] muy galán partido en dos partes y se lo trenzaban a modo de tocado. A las mozas por casar, suelen las madres curiosas curárselos con tanto cuidado que he visto muchas indias de tan curiosos cabellos...

Respecto de su conducta y prescripciones morales, es probable que para curarse en salud y deslindarse de cualesquier reproche de prevaricación sexual, el fraile afirme que eran muy honestas y fieles a sus maridos. Enseñaban muy bien a sus hijas los oficios propios de su sexo y castigaban severamente las culpas. Consideraban deshonesto mirar a los hombres y reír con ellos; cuando los encontraban, les daban la espalda y les dejaban lugar para pasar. Tampoco los miraban cuando les daban de comer. Sin embargo, bailaban entre sí en los bailes y también con los hombres, en especial uno que llamaban *Naual*, no muy honesto. Solían emborracharse en las fiestas, pero solas, pues comían aisladas de los hombres. Eran avispadas y corteses y se podía conversar con ellas. ¡Ah, pero eso sí, no sabían guardar secretos!

Si la belleza física de las mujeres fue un atributo sumamente apreciado entre los mayas, se convirtió en una maldición y un peligro mortal cuando esta se vio confrontada con la moralina cobarde y amariconada de las huestes de los conquistadores españoles, quienes no solo no resistieron la presencia de tanta hermosura, sino que la vieron como una amenaza para sus precarios valores morales al verse asaltados por la concupiscencia de su magra y enfebrecida carne:

> Y en este mismo pueblo —Yobain, pueblo de los *cheles*— y en otro que se dice *Verey*, a dos leguas de él, ahorcaron a dos indias, una doncella y la otra recién casada, no porque tuvieran culpa sino porque eran muy hermosas y temían que se revolviera el real de los españoles sobre ellas y para que mirasen los indios que a los españoles no les importaban las mujeres; de estas dos hay mucha memoria entre indios y españoles por su gran hermosura y por la crueldad con que las mataron.

Las mujeres mayas bebían por las mañanas una bebida caliente que les hacía criar mucha leche, y con el continuo moler maíz y no traer los pechos apretados estos se les ponían muy grandes. Entre las crueldades inauditas que los españoles perpetraron en contra de las mujeres mayas «...a muchas les cortaban los pechos y los echaban en lagunas hondas...»; confirmando la versión popular que sentencia que *Sin tetas no hay paraíso.*

A pesar de que no se cuente con indicios que reflejen la participación de las mujeres del pueblo en las ceremonias rituales y en el ejercicio del poder político, gracias a los testimonios plasmados en cerámica pintada o en relieves monumentales se presume que las mujeres principales de linaje ilustre, las *almehenoob*, tuvieron, poco a poco, cierta prominencia política. Con frecuencia, las señoras principales aparecen colocadas en un sitio destacado, usando elaborados textiles y sosteniendo vasijas de cerámica, papel, telas y comida en ceremonias rituales de contenido político, como podía ser la celebración de su boda con algún gobernante extranjero con quien se deseaba concertar una alianza para engrandecer el poderío de ambos pueblos.

Estas alianzas, fincadas en el lustre genealógico de los contrayentes, podían encumbrar a las mujeres en los cargos más elevados del poder político, como sucedió con la señora Olnal de Palenque, que gobernó una ciudad maya por derecho propio; o la señora Xoc que aparece «en el dintel 26 de Yaxchilán, Chiapas, compartiendo el mando de los guerreros con su marido, el señor Escudo Jaguar». Sin embargo, la belleza exuberante de algunas mujeres podía ocasionar desavenencias entre los gobernantes y destruir alianzas muy importantes, como fue el caso de la que mantenían las ciudades de Chichén Itzá, Uxmal e Izamal —conocida como la Triple Alianza—, que se deshizo en el Katún 10 Ahau —entre 1184 y 1204— cuando Hunac Ceel, uno de los soberanos Cocom de Mayapán, aprovechó un conflicto personal entre los gobernantes de Chichén Itzá e Izamal, que se había desatado, igual que como sucedió en la guerra de Troya, por el rapto de una mujer, cuyo nombre, desafortunadamente, no quedó registrado.

Esta misión ingrata de la belleza femenina podía dar pie

a que la misma fuese utilizada como carnada para distraer a los enemigos y afrentarlos, como —según un relato del *Popol Vuh*— sucedió cuando se decidió acabar con la gente quiché de Cavec y el dios Tojil que los acaudillaba:

Para capturarlos haremos así: dispondremos que vayan al río, en hora oportuna, dos doncellas, las más sanas y astutas entre las nacidas y crecidas en la región. En aquel lugar ellas discutirán, como distraídas, cosas de su incumbencia e intimidad [...] Con descuido se dejarán mirar y desear. Con recato ladino se pondrán a lavar nuestras ropas a la orilla del río. Si los muchachos vienen a ellas, se desnudarán para atraerlos más. Si ellos, al verlas en cueros, revelan tener gusto y dan muestra de querer acercarse, les harán entender que tienen licencia para otorgarles placer [...] les acariciarán la cara, las mejillas o la barba y, entonces, sin esperar más, se entregarán sumisas a sus deseos...

...Las doncellas elegidas con este objeto fueron Ixtah e Ixpuch, las cuales eran verdaderamente bellas [...] y, sin dilación se dirigieron al río, mientras los miembros de la tribu se ocultaban, en silencio y a distancia, tras los matorrales [...] De pronto las doncellas notaron, con sobresalto, que por allí andaban Tojil y los otros dioses [...] se les veía hermosos y erguidos. Lucían sus carnes trigueñas como si tuvieran lumbre debajo de la piel. También resplandecían sus ojos con extraña luz.

...los dioses se acercaron y ellas temblaron de miedo y emoción. Se desnudaron, conforme les habían ordenado. Cuando, en su instinto femenino, notaron que ya habían sido vistas, hicieron ostentación de su desnudez. Al ser sorprendidas se mostraron falsamente avergonzadas, aunque no tanto para que, por su actitud, pudieran ser tomadas como esquivas [...] Mas, contra lo que esperaban las doncellas, ni Tojil ni los otros dioses las llamaron con deseo ni les hicieron mimos y halagos...

La estratagema había fallado. Al parecer ni Tojil ni sus seguidores *andaban buscándole chiches a las gallinas* y no se dejaron arrebatar por el deseo carnal a que invitaban el comportamiento y la desnudez portentosa de aquellas jóvenes mujeres.

En el relato las acciones se desencadenan en uno y otro bando, y, a pesar de sus aguerridos esfuerzos y de que «las mujeres, lejos de amilanarse, los azuzaban también con sonrisas y halagos», los enemigos de Tojil fueron derrotados.

En su función de parteras, las mujeres podían transformarse en chamanas y compartir el poder con sus esposos que, con la calidad de gobernantes-chamanes, ejercían funciones religiosas y políticas. Algunas mujeres también podían leer y escribir. Aunque esta posición era honrosa y de un gran prestigio, no necesariamente era placentera. Las mujeres chamanas debían practicar el autosacrificio con fines religiosos. Se hacían escarificaciones en el rostro y mutilaciones en el cuerpo. Entre las figurillas de Jaina se pueden observar mujeres pasándose una cuerda con espinas a través de la lengua o punzándose los genitales, laceraciones que se hacían con la finalidad de obtener sangre para ofrendar a las divinidades lunares, «ya que la Luna muere y renace tres noches después».

Si entre los mayas de los diversos linajes que habitaban el Mayab, las mujeres desempeñaban funciones importantes y de trascendencia, su condición era muy distinta entre los lacandones que habitaban las selvas de Chiapas. Para ellos las mujeres eran seres débiles que podían acarrearles desgracias si entraban en contacto con las divinidades que poblaban su universo, incluso con su protectora Ak Na', la gran diosa lunar que, como hemos visto, se equiparaba a la diosa Ixchel de los mayas peninsulares. Por ello, excluían a las mujeres de los espacios rituales. Las jóvenes, que aún no pertenecían al mundo de los Verdaderos Hombres, eran consideradas peligrosas cuando ellos entraban en contacto con los dioses.

Por último y gracias a un relato anecdótico, podremos advertir que la hermosura de las mujeres mayas era tan atolondradora que podía ocasionar, inclusive, la pérdida de los calzones:

...estaba por allí, en el baile, una *mestiza* que nos había llamado la atención: sería de apenas quince años, de una talla fina y delicada y de unos ojos tan tiernos y expresivos que era imposible mirarlos sin experimentar un sentimiento de ternura. Parecía echada al mundo para ser contemplada y amada por todos, y estaba vestida de un olán blanco finísimo, el verdadero emblema de la pureza, de la inocencia y del amor. Según supe, su nacimiento era vergonzoso, pues era *crianza* o hija natural de un caballero del pueblo...

La presencia de aquella señorita no pasó desapercibida a los ojos del azogado fiscal. Desde el momento, se sintió excitado e inquieto y lanzándose a sus pies la estuvo contemplando como si fuese una visión [...] exclamó en un tono de verdadero éxtasis: «¡Voy a bailar con usted, corazón mío!»

Durante el baile parecía crecer su excitación de momento en momento; olvidándose de cuanto le rodeaba, la expresión de sus facciones se hizo arrebatada, fija, intensa; se arrancó la manta de cacique y la arrojó a los pies de la muchacha. Quiso arrancarse el cuello de su camisa y arrojarlo a los pies de la mestiza [...] súbitamente llevó sus manos por debajo de su camisola, se apoderó de la faja que la ceñía y, sin dejar de bailar, se desató la banda, y con un aire mezclado de gracia, galantería y desesperación, la aventó a los pies de la niña [...] Pero entretanto sus calzoncillos, que estaban sujetos con la faja, comenzaron a escurrírsele, mas él echó ambas manos sobre ellos y continuó el baile con una expresión desesperada que era irresistiblemente risible...

3

EL CORAZÓN DE LA CASA

Los mayas peninsulares exaltaron el matrimonio como la institución que presidía la transmisión de la vida y permitía a los seres humanos cumplir con la misión de mantener la existencia de los dioses. A través del matrimonio y de la consecuente maternidad que implicaba la procreación y, por qué no, la satisfacción recíproca de los impulsos sexuales, la pareja alcanzaba su plenitud, y la mujer el rango íntimo de *corazón de la casa*.

Los rituales que se celebraban para satisfacer el matrimonio comenzaban desde la niñez, cuando en el bautizo se definían los papeles masculino y femenino. De hecho, a los varones se les pegaba una piedra blanca en la coronilla para impedir la salida de su espíritu, y a las niñas, al cumplir los tres años, se les colocaba una concha roja sobre el pubis, que deberían conservar intacta hasta la celebración de los ritos de pubertad.

> La concha era empleada por la partera en sus curaciones y podía llegar a tener poderes mágicos. Su forma recordaba al órgano sexual femenino, representaba la matriz y el nacimiento, a la vez que el mundo subterráneo donde tanto la vida como la semilla tienen su origen.

Estas conchas, cuyo color rojo nacarado emulaba el tono bermejo de la vulva, y su textura húmeda, suave y dúctil los labios exteriores de la misma, fueron consideradas objetos preciosos que se utilizaron en ofrendas destinadas a las deidades y como presentes entre los gobernantes de los diversos señoríos. Identificadas indefectiblemente con la vagina, al grado de que desde tiempos inmemoriales se le ha llamado la *concha*, sustantivo que en la isla de Cuba, adquirió una connotación peyorativa, con reminiscencias escatológicas, en la expresión despectiva: *¡la concha de tu madre!*

A partir de esos rituales, los niños y niñas que antes andaban en cueros comenzaban a usar calzones y faldas, respectivamente, con el objeto de cubrir sus vergüenzas. Luego, pasados diez años, y con la finalidad de celebrar la pubertad, se practicaban algunos rituales en los que los niños eran purificados, se les confesaba, se les mojaban los pies y las manos con agua virgen de flores y cacao, a los varones se les cortaba la piedra o se les retiraban los paños que traían en la cabeza, y a las niñas, sus madres les cortaban el cordón que sujetaba la concha sobre el pubis, lo cual era como una licencia para poderse casar cuando los padres lo deseasen; quedando, así, las niñas con *licencia para fornicar*, aunque lo deseable era que lo hiciesen dentro de los estrictos límites del matrimonio.

La castidad, en efecto, era un valor muy apreciado. Algunas mujeres tenían un sentido tan elevado de la castidad, que eran capaces de defender su honra hasta la temeridad y el sacrificio:

> Preciábanse de buenas y tenían razón [...] según los viejos, lo eran a maravilla y de esto traeré ejemplos: el capitán Alonso López de Ávila, cuñado del adelantado Montejo, prendió una moza india, bien dispuesta y gentil mujer, andando la guerra de Bacalar. Esta prometió a su marido no conocer otro hombre si no era él, y así procedió cuando el conquistador quiso ensuciarla, por lo cual la hicieron aperrear [muerte terrible provocada por las mordidas de los mastines].

La continencia, aunada al pudor, era una exigencia social muy arraigada. En los bailes no se admitía a aquel que se presentase desnudo o solo con calzoncillos. Por estas razones, entre los mayas se practicaban ritos de iniciación sexual para que los jóvenes aprendieran de los viejos los pormenores de la cópula y los escarceos eróticos, y, sobre todo, que las mujeres estuviesen preparadas para su desfloración y entrega de la virginidad. En los *Cantares de Dzitbalché* se describen algunos de estos rituales en una forma bella y poética. El cantar *Kay Nicté* o *Canto de la flor* contiene estrofas que cautivan el ánimo, en las que las jóvenes vírgenes, abrigadas por la oscuridad nocturna y protegidas por la luz del astro lunar, cantan y bailan desnudas junto a una poza y dentro de la espesura del bosque, a resguardo de las miradas indiscretas:

> La bellísima luna
> se ha alzado sobre el bosque
> […] Dulcemente vienen el aire
> y su perfume
> […] resplandece su luz
> sobre todas las cosas. Hay
> alegría en todo buen hombre.
> Hemos llegado al interior
> del bosque donde nadie
> mirará lo que hemos venido a hacer…

La atmósfera es sugerente y los últimos tres versos insinuantes. Algo va a suceder bajo la tutela de la Luna, esto es de la diosa de la fertilidad Ixchel. Algo que prefigura una plena madurez sexual.

> Hemos traído la flor de la plumeria
> la flor del chucum, la flor del jazmín…

El valor simbólico de las flores es fundamental. La Flor de Mayo, *Plumeria rubra*, tiene nueve pétalos y el cáliz es el útero penetrado y fecundado por un colibrí. Por ello, esta flor se consideraba símbolo de la sexualidad.

Las sugerencias son obvias. Todo está dispuesto para que los cuerpos candentes abran sus corolas y asuman la potestad de su sexualidad que, a manera de ofrenda y en su momento, será entregada al varón:

> Ya, ya estamos en el corazón del bosque,
> a orillas de la poza de la roca, a esperar
> que surja la bella estrella que humea sobre
> el bosque. Quitaos vuestras ropas, desatad
> vuestras cabelleras; quedaos como llegasteis aquí
> sobre el mundo, vírgenes mujeres mozas...

Una vez desnudas, las mujeres danzaban entrelazadas hasta que aparecía Venus en el firmamento. Su desnudez, además de ser un símbolo de voluptuosidad, expresaba la pureza de sus cuerpos; escapaban de la prisión de su carne y se abrían para ser penetradas. Ahí, en la clandestinidad del bosque, se concentraban para comenzar a *tejer la vida* en un ámbito secreto y puramente femenino.

Satisfecha la ceremonia del *Kay Nicté* -cantares deshonestos y de amores y cantarlos (traducción del diccionario *Calepino* de Motul), las mujeres estaban listas para recibir la flor:

> Alegría cantamos porque vamos al
> recibimiento de la flor.
> Todas las mujeres mozas, tienen risa
> y risa en sus rostros, en tanto que saltan
> sus corazones en el seno de sus pechos [...]
> Porque saben que darán su virginidad femenil
> a quienes ellas aman...

La felicidad era expresada con alborozo. Sabían que ya podían contraer matrimonio y entregarse al placer que conllevan los devaneos sexuales.

El amor verdadero, pues, como se le ha concebido a lo largo de los siglos, tenía muchos asegunes entre los mayas, y lo más probable es que solo se diese en las relaciones extra conyugales, esto es entre adúlteros o amancebados; porque en el matrimonio ni siquiera se contemplaba. Fray Diego de Landa, no sin un dejo recriminatorio, se quejaba de que se casaran sin amor e ignorantes de la vida matrimonial y del oficio de casados; y si los padres —que eran quienes elegían a las esposas para sus hijos, pues era mal visto que ellos lo hicieran— no podían persuadirlos de que volviesen con su esposa, les buscaban otra. La falta de amor y, por ende, de compromiso y fidelidad, era tan notable que con la misma facilidad dejaban los hombres a sus mujeres con hijos, sin temor de que otro las tomase; pero con todo eran muy celosos y no toleraban que sus mujeres no fuesen honestas; celos que también compartían las mujeres, ya que «...Son celosas y algunas tanto, que ponían las manos en quien tienen celos, y tan coléricas y enojadas aunque harto mansas, que algunas solían dar vuelta de pelo a los maridos», además de clavar sus uñas en la cara y, cuando se les daba la ocasión, aserrar el miembro masculino con sus dientes filosos y puntiagudos.

Mantenerse fiel al marido o al amante era un asunto complicado. Entre los mayas peninsulares de la zona que hoy se conoce con el nombre de Quintana Roo, se celebraba una ceremonia femenina con ese propósito:

> ...consistía en cavar una oquedad en la tierra de tamaño suficiente para que una mujer pudiera bañarse. Se le llenaba con agua y se introducía desnuda a la mujer, a la cual cubrían con flores. Sus compañeras, siempre cinco, bailaban alrededor de la poza, cantando y orando, a la vez que sumergían otras flores en el agua y las arrojaban encima de la que estaba adentro. Daban nueve vueltas alrededor de la oquedad y, una vez cumplidas, la mujer sujeto del ritual tomaba un poco de agua y con ella preparaba los alimentos para su marido o amante.

Con esta ceremonia, llena de simbolismo sagrado y de sexualidad, aseguraban el deseo del hombre de permanecer al lado de la mujer y, en algún grado, su fidelidad.

Muy estrictas eran las restricciones impuestas para evitar el incesto y mantener un sistema de parentesco patrilineal. No se casaban con sus madrastras ni cuñadas, hermanas de sus mujeres, ni tías, hermanas de sus madres, y si alguno lo hacía era considerado perverso; y si algunos casaban con las cuñadas, mujeres de sus hermanos, eran aborrecidos. Con todas las demás parientas de parte de su madre podían contraer matrimonio, aunque se tratara de una prima hermana; es decir, cumplían a cabalidad con el precepto de que *a la prima se le arrima*.

La monogamia era la regla general, pero estaba permitida la poligamia. El divorcio no era más que un simple repudio, era fácil y ocurría a menudo:

> No hacían vida más que con una mujer [a la vez], pero por livianas causas la dejaban y se casaban con otra, y había hombres que se casaban diez y doce veces, y más y menos, y la misma libertad tenían las mujeres para dejar a sus maridos y tomar otros, pero la primera vez que se casaban era por mano de un sacerdote.

El hecho de que una mujer diera de comer a un hombre implicaba, según las fuentes, una especie de compromiso matrimonial. La comida compartida era símbolo del matrimonio y el intercambio sexual. En el caso de los hogares poligínicos, el hecho de compartir las comidas con las diferentes esposas era tan importante como respetar una estrecha alternancia en sus relaciones sexuales con cada una de ellas. Si una de las mujeres consideraba que el marido *no le cumplía* con la frecuencia que ella deseaba, por privilegiar a otra de las coesposas o, lo peor, a cualquier mujer de la comunidad, ella podía exigirle con bombo y platillos que la satisficiese según su gusto y voluntad. Como se puede inferir, los mayas no se andaban con remilgos y menos se complicaban la vida.

Si podemos afirmar que las costumbres, tradiciones y leyes de los mayas peninsulares eran altamente civilizadas en lo que al matrimonio concierne, no es posible decir lo mismo de los antiguos lacandones e *itzáes*, quienes acostumbraban raptar a sus respectivas mujeres y transformarse en proveedores mutuos de las mismas, cada vez que se enfrentaban en sangrientos combates. Los lacandones meridionales «llamaban a los del norte *las túnicas largas* y los acusaban de dedicarse al rapto de mujeres y de matarse entre sí sin piedad».

> ...Aquí, la gente del linaje del Pecarí y del linaje del Mono intercambian las mujeres, ellos no las roban. Eso está muy bien. La gente del linaje del Pecarí dan sus mujeres a los del linaje del Mono-Araña y estos últimos dan sus esposas a los hombres del linaje del Pecarí. Los Keh-o y los Nahuat-o se roban las mujeres entre ellos. No intercambian a las mujeres, sino que se las roban. Si ven una mujer que les gusta, asesinan a su marido y se la roban...

En cuanto a los *itzáes*, tenían la costumbre de intercambiar esposas entre hermanos y algunas mujeres contraían matrimonio con sus tíos carnales, lo cual no dejaba de ser incestuoso y constituía una grave infracción, causa de marginación social, y castigada con severidad:

> Zukunkyum le fue a mostrar el fuego del Metlan y los fierros rojos con los que se quema la oreja, la boca y los ojos de los pecadores, las partes genitales y el ano de los incestuosos [...]
> A los que cometen incesto K'isin los cambia en aves de corral, en vacas o en mulas...

Sin embargo, algunos de los mitos lacandones desestiman los castigos mencionados e insisten en las bondades de que los hermanos intercambien esposas:

...Hach Ak Yum y su hermano mayor Ah Kyantho cambian a sus esposas. Cada uno va con la esposa del otro. Es por eso que Ah Kyantho dice «nuestro hijo» cuando habla de T'oub a su hermano menor Hach Ak Yum, o «nuestro yerno» al hablar de Ah K'in Chob [...] Por esta razón, está bien visto que los hombres cambien a sus esposas, también ellos, pero solamente entre *hermanos*.

Asimismo, los testimonios femeninos reportan frecuentemente el caso de una mujer que decidió un día que abandonaría a su marido si este no le concedía el privilegio de tener una coesposa, con el argumento de que ya estaba harta de sus arrumacos y del acoso sexual de que la hacía objeto.

Ya fuese por su hermosura, por sus habilidades como hilandera, por sus dotes amatorias y su celo conyugal, su permisividad y tolerancia, o simplemente por ser una buena cocinera o una atractiva pieza de caza, el hecho es que la mujer maya provista con una concha bivalva de deliciosa textura mantuvo su preeminencia, en palacios o chozas, en templos o encrucijadas, como el *corazón de la casa*.

4

EL ARTE DE LA SEDUCCIÓN
Y LOS AMORES CLANDESTINOS

La seducción es, en alguna forma, la hermana perversa del deseo. Los mayas, tanto varones como hembras, no pudieron escapar a su influjo. Unos y otras hicieron uso de todas las estrategias y de las estratagemas más elaboradas para obtener el fruto prohibido que les causaba un peculiar desasosiego y una ansiedad irreprimible. Uno de los medios más eficaces para lograr su objetivo carnal fue cantar algunos refranes —consagrados por la tradición y las costumbres— que tenían la virtud de seducir.

Mediante estos romances cortos, los hombres halagaban la belleza de la mujer codiciada y los aprovechaban para ponderar los detalles de su atuendo y, al mismo tiempo, describirse a sí mismos y expresar el deseo de un «encuentro nocturno y una comida compartida», símbolo del matrimonio sancionado socialmente:

> Te amo mujercita
> te veo peinar tus cabellos
> veo cómo tus ropas
> son lindas, mujercita

ves mi cabeza, corté mi fleco, mujercita
coses lindamente tu falda
ves el alejarse del sol hacia su casa
veo que piensas en un hombre
¿en dónde viste a ese muchacho?,
tomó su arco, mujercita
tú tomas tu taza para verter
en ella tu bebida de maíz.
¿En dónde está ese muchacho al que amas?
Te amo mucho.

Los mayas no eran dados a exteriorizar sus ternezas, salvo en la intimidad. Sin embargo, una vez desatada la pasión y la lujuria, recurrían —incluso las mujeres, un tanto más recatadas— a expresiones líricas para atraer la atención de su amado, sin censurar sus sentimientos y menos su voluptuosidad:

¡Oh, míralo, míralo!
Cómo lo deseo. Míralo.
Me gustaría que ese hombre me tomara.
Ahí está. ¡Cómo lo amo!
Qué limpio está el borde de su túnica.
Baila ese hombre.
Pero a pesar de que lo deseo, ese hombre no me tomará.
Pero otro hombre me tomará.
¡Qué bello es! Baila.
Bebe Balché. ¡Oh!, está borracho.
Qué bello es...

La mujer, perdidos los estribos, declara su amor a los cuatro vientos, y en su paladar queda un rescoldo de ternura, admiración y deseo, mezclado con una frustración agridulce que merece nuestra admiración y respeto.

Otras formas para encaminar la seducción eran las adivinanzas y las llamadas *bombas*, ambas con un alto contenido humorístico que, sin embargo, eran más que eficaces para comunicar el deseo lascivo y encender fuegos de artificio entre los muslos que flanqueaban una concha palpitante. El *Chilam Balam de Chumayel* nos ilustra respecto de las primeras:

>—Hijos, y la vieja que tiene trasero de siete cuartas, y la muchacha negra?
>—La calabaza [dzol].

>—Hijos traedme un buen remedio del pecado para verlo aquí.
>—El maguey.

>—Hijos, traedme unos viejos cuidadores de milpas. Que en un solo moño traiga él atados los vellos de su pubis con los de su mujer; del lodo de la lluvia traedlos aquí, con muchachas guardadoras de milpa. Yo voy a blanquear a las muchachas, y voy a quitarles los vestidos de encima y me las voy a comer.
>—Las jícamas.

Muchos son los ejemplos de estas adivinanzas y en todas subyace una intención erótica embozada en las respuestas supuestamente inocentes, pero que encubren un cinismo, a todas luces, libidinoso.

Las *bombas*, en cambio, son directas, procaces y sicalípticas, y provocan en la mujer un cosquilleo bullanguero en salva sea la parte:

>Al pasar por la puerta de tu casa
>te encontré haciendo tortillas
>y entonces cruzó por mi mente
>un abrazo cariñoso al cuello… ¡de tu hermana!

>Cuando yo pasaba, sentada en cuclillas estabas;
>sola con tu jícara te encontrabas.

Cuando yo pasaba, estabas observando
lo alto que estaba tu ombligo.

Antes cuando te quería
te traía carne de armadillo,
pero ahora que ya no te quiero
solo te traigo el fundillo.

Humor y regocijo en la superficie de la piel que, tarde o temprano y una vez obtenida la gratificación sexual, se convertía en algo serio, en una relación clandestina que, inexorablemente, pasaba al plano de las transgresiones y a los peligros que conllevaba el adulterio.

Gracias a los presagios que elaboraban a partir de la observación de los fenómenos de la naturaleza y del comportamiento humano, los *chilanes* o sacerdotes habían logrado identificar aquellos periodos en los que proliferaban los adulterios. En el *Chilam Balam de Maní* se habla de los *katunes,* en los que «habrá mucho adulterio»; y en el *Chilam Balam de Chumayel* se especifica que al llegar «...el Diez Katún comienza el Nicté Katún, el *katún* de la flor que despertaba la lujuria y el desenfreno sexual...»; y se dice que este llegaba a las esteras de hombres y mujeres para inducirlos a cometer el pecado:

> Llega a su estera; un pecado es su voz, un pecado su enseñanza: Es el *katún* del pecado. Muy recortado es el pan del *Nicté Katún* que es el que llegó con infinitos dolores en su estera, cachorro chupador, lleno de pecado de adulterio.

Pese a las advertencias funestas, los mayas copulaban a todas horas, fuese de día o de noche, con singular entusiasmo. «Por la noche las cópulas tienen lugar en el dominio de las mujeres [el petate o la hamaca], en el día en el de los hombres, o sea en el corazón de la milpa o en el sitio donde se apilaba el maíz.» Aunque para sus amores furtivos y aventuras clandestinas preferían las noches, sobre todo las mujeres que sabían ocultar sus pisadas y movimientos corporales con artimañas que implicaban colocar telas alderredor de la estera para amortiguar el sonido de los pasos y que nadie, en especial el marido, los advirtiera, los mayas gustaban encontrarse en las hondonadas de los campos o a la orilla de los riachuelos para fornicar bajo el cardillo del sol.

Así, las manifestaciones amorosas tenían lugar, con harta frecuencia, en las riberas de los ríos y las parejas aprovechaban la hora del baño para *jugar* —término usado para designar las relaciones sexuales extramaritales—, ya que al desnudarse para hacer sus abluciones quedaban *en pelotas* y con plena disposición para entregarse, sin tapujos, a los placeres eróticos. En ocasiones, dependiendo de su concepto del pudor o del miedo que pudiera ocasionarles ser descubiertos, preferían ocultarse detrás de una cortina de árboles que garantizara su privacidad. Al parecer, esta costumbre cobró tal arraigo que bastaba con encontrar a una mujer en la selva, a la orilla de un arroyo, para que se produjese el encuentro amoroso.

Las mujeres parecían estar naturalmente inclinadas al adulterio, y para ilustrar este aserto acudimos a la curiosa historia de un hombre viudo que bajó al Metlan o mundo de los muertos en búsqueda de su mujer difunta. Antes de que la mujer muriera, la pareja tenía frecuentes disputas. La esposa reprochaba al marido tener relaciones con otras mujeres y el tipo se defendía en vano de dichas acusaciones. Al morir su mujer, él entró en una depresión profunda y decidió ir a juntarse con ella para devolverla a la Tierra, esgrimiendo el argumento de «...que jamás encontraría a una mujer como la suya, fiel en todo. Nunca dirigía ni una palabra, ni una mirada a ningún otro hombre».

Cuando el sujeto, después de tanto porfiar, pudo llegar al reino de los muertos, descubrió en un claro el alma de su mujer, quien se había convertido en mula. Cuál no sería su sorpresa al escuchar los términos con que se lamentaba:

—¡Ah, tú me quemas y me dañas! [decía]. Tu fuego me hace sufrir. ¡Estoy perdida!
¡Estoy pagando caro mis faltas! Tú no me has
hecho nada malo. Pero yo... ¿Qué he hecho? Te reprochaba
que no trabajaras, te fastidiaba, te acusaba
de que te ibas con otras mujeres [...] Y era yo la culpable.
Tú eras inocente, pero yo...
¡Yo me acostaba con todo el mundo, e incluso con mis hermanos!
Mira cómo terminé. ¡Ya no soy un ser humano!
En efecto, tenía cuatro patas, la cabeza de una mula, las patas de una mula. Se había convertido en mula... ¡Excepto... excepto su parte de atrás! [...] La parte posterior de ella era humana. Ahí bullían los gusanos que se le salían por el culo...
Unas brasas le quemaban los genitales.
—¡Las quemaduras me duelen mucho! Ese fuego aumenta
cuando te me acercas, pues yo te engañé antes,
te acusé de cometer adulterio, pero era yo la culpable...

Un relato cargado de misoginia y, si se quiere, de mala leche; mas la verdad es que las mujeres mayas cargaban con un rehilete en la *concha* y *jugaban* con él a favor de los requiebros del varón que se pusiera enfrente.

Los mayas eran, por lo que hemos visto y hasta ciertos límites, tolerantes con la mujer infiel, al punto de que, en ocasiones, «era objeto de una simple reprimenda del marido ofendido, quien inclusive regalaba a su esposa y al amante un objeto ritual para limpiar su culpa». Esta tolerancia se manifestaba con mayor desenfado en las fiestas y bailes que se celebraban en los pueblos. Sin embargo, esta proclividad a la promiscuidad y al adulterio que parecía idílica, conllevaba grandes riesgos y castigos de una severidad tremenda. «Tenían leyes contra los delincuentes y las aplicaban mucho [...] en el caso del adúltero, lo entregaban al marido ofendido para que este lo matase soltándole una piedra grande desde lo alto sobre la cabeza, o lo perdonase si quería; y a las adúlteras no daban otra pena más que la infamia, que entre ellos era cosa muy grave; y al que forzase doncella lo mataban a pedradas. Se cuenta que el señor de los *tutul-xiúes* tenía un hermano que fue acusado de este crimen, y le hizo apedrear y después cubrir sus restos con un montón de piedras. Asimismo, tenían otra ley que mandaba sacar las tripas por el ombligo a los adúlteros».

Entre los mayas de Guatemala, «el adúltero que pecaba con una mujer del señor, era ahogado o vendido para ser sacrificado; si algún hombre tenía relaciones con una mujer esclava dentro de la casa, la llevaban al extremo del pueblo y ahí la mataban quebrándole la cabeza con dos piedras, o hincándole un palo en la garganta, o dándole garrote, y lo mismo hacían con el varón involucrado». En general, el castigo para la mujer era, primero, una amonestación, y si persistía, la infamia pública y el abandono del marido, o bien, pasaba a ser esclava. Los hijos nacidos de relaciones adúlteras, a los cuales no reclamaba ningún hombre del grupo, eran asfixiados por su madre o aventados contra las piedras.

Había también quienes se hacían justicia por propia mano con crueldad y se les hacía pagar con la misma moneda: «Un hombre golpeaba violentamente a su esposa, acusándola de infidelidad; le pegaba con ortigas [cuyas espinas tienen un efecto urticante muy doloroso] y le echaba chile en el culo y la vagina», provocándole tanto daño que ella amenazó con matarlo. Poco después, encontraron al marido colgado de una viga, donde —fue la presunción aceptada— lo había trepado la mujer ayudada por su amante.

La confesión también se acostumbraba entre los antiguos mayas:

> ...que los yucatanenses naturalmente conocían que hacían mal y, por ello, les venían muertes, enfermedades y tormentos, y tenían por costumbre confesarse cuando ya estaban en ellos o en trance de muerte [...] Confesaban públicamente sus pecados al sacerdote o a sus padres, las mujeres a los maridos y los maridos a las esposas. Comúnmente se acusaban, entre otros delitos, del pecado de la carne y con esto se creían a salvo.

Sin embargo, si sobrevivían después de la confesión, lo normal era que se les armase *la de san Quintín* con sus respectivos cónyuges y que acabasen *agarrados de las greñas*.

Las mujeres, aun en casos excesivos de perversión y del uso de artimañas en extremo funestas, mantuvieron, en la fantasía popular, la imagen de la seducción y del embrujo amoroso, sin importar, incluso, cuál fuera su apariencia. Los ejemplos rescatados de la mitología por Marie-Odile Marion, algunos felices y otros truculentos, no dejan de ser atractivos:

> Un hombre capturado por los pecaríes se casa con una de las cerdas de la manada, y se encuentra tan enamorado de su esposa que muere de tristeza después de que un cazador la mata. Otro, casado felizmente con un buitre, consigue socializar a su esposa e integrarla al grupo de mujeres que conforman su familia. La mujer caníbal o Tinamou que devoraba a sus hijos mientras el marido estaba ausente, sin que este le hiciera reclamación alguna; o la X-Tabay, personaje mitológico que atraía a los hombres a lo más profundo del bosque y les incitaba a copular con ella a pesar del riesgo grave que corrían por haberse dejado seducir.

El mito de X-Tabay cuenta con varias versiones. En todas ellas la seducción y un alto contenido erótico están presentes, de suerte que vale la pena conocerlas:

Diosa temida y deseada, la X-Tabay era una mujer, pero trabajaba como un hombre. Trabajaba mucho la X-Tabay, sembraba maíz, cortaba leña para el hogar, hacía todo. Era muy valiente. Su padre no quería dársela a nadie. Ella quería tener un marido. Pero su padre no se la daba a nadie, la quería para él solo. La buscaba pues le agradaba mucho y quería dormir con ella. En la noche, la buscaba, pero la X-Tabay le huía, se ocultaba para que su padre no pudiera acostarse con ella.
Sin embargo, una noche, su padre quiso sorprenderla y la buscó en su hamaca, pero la madre la ayudó a esconderse. El padre la buscó pero no pudo encontrarla. Estaba furioso y decía:
—¿Dónde está mi hija?, quiero que venga a servirme atole, que me prepare mi comida de tortillas de maíz.
Pero la X-Tabay esperó escondida. Cuando su padre se acostó finalmente, ella entró en la casa y lo mató. Mató a su padre la X-Tabay, la pobre no tuvo marido.

No, de acuerdo con esta versión lacandona, la X-Tabay jamás tuvo marido. Consciente de que había cometido un parricidio, corrió a esconderse en los bosques, donde se ocultó en el tronco de una ceiba, y, para satisfacer sus deseos carnales, comenzó a seducir a los caminantes que se internaban en la selva, «condenándolos [una vez que había copulado con ellos] a una muerte probable o a la locura», ya que, según la mitología yucateca, les privaba de la razón al robarles el espíritu.

La leyenda de la X-Tabay

En su versión más difundida, nos relata la historia de dos mujeres con comportamientos contrapuestos: «Una era llamada la X-Keban [que significa la pecadora, prostituta, mujer mala o dada al amor ilícito], porque, decían, que estaba enferma de pasión sexual y que prodigaba su cuerpo y belleza con cuantos hombres tuviera cerca. Sin embargo, esta mujer poseía una gran nobleza, era de buen corazón, socorría a los humildes y desamparados, a los enfermos y a los animales que abandonaban por considerarlos inútiles, amén de que repartía las joyas y vestidos que le regalaban sus enamorados. No era altiva ni hablaba mal de nadie, y sufría resignadamente y con humildad las injurias y humillaciones que le hacía la gente.

La otra mujer, a quien llamaban Utsko'Olele [mujer buena, decente y limpia], esgrimía, en cambio, una virtud inquebrantable en cuanto a su conducta sexual [decían que era virtuosa, honesta y que jamás había cometido desliz ni pecado carnal alguno], mas era mezquina en su trato y su relación con los demás, orgullosa, dura de corazón, en especial con los humildes, a quienes trataba con desprecio […] Recta era su virtud como un palo enhiesto, pero frío su corazón como la piel de las serpientes.

Un día, la gente no vio salir más a X-Keban. Pasaron los días y por todo el pueblo se comenzó a esparcir un fino y delicado perfume de flores. Los pobladores fueron a buscar de dónde procedía el olor y llegaron a la casa de la pecadora, misma que había muerto sola en total abandono.

Al enterarse, Utsko'Olele se enfureció y dijo que se trataba de un sortilegio. Que del cuerpo vil y corrupto de aquella mujer no podía salir sino podredumbre y pestilencia, que aquello era obra de los espíritus malignos que trataban, así, de continuar provocando a los hombres; y agregó que, si de aquella mala mujer provenía ese perfume, cuando ella muriera habría entonces un aroma irresistible.

Unos pocos se prestaron para enterrar a X-Keban, más por lástima que por gusto. Empero, al día siguiente, su tumba estaba cubierta por hermosas flores que exhalaban un perfume delicado. Eran flores de xtabentún, bellas flores silvestres que crecen entre las cercas y en las cunetas de los caminos. Fue el momento en que la gente comenzó a llamarla X-Tabay.

Utsko'Olele murió virgen tiempo después, y, por contraposición, todo el pueblo acudió a su entierro para recordar su honestidad y celibato que la habían segregado de los placeres sexuales. Sin embargo, para asombro del pueblo su cuerpo se corrompió inmediatamente y de su tumba surgió un aroma pútrido e intolerable. De hecho, Utsko'Olele se había convertido en la flor de tzacam o taakan, un cactus erizado de espinas del que brota una flor hermosa, pero cuyo perfume huele literalmente a mierda.

Muerta y convertida Utsko'Olele en la flor de tzacam, comenzó a reflexionar, no sin envidia, sobre lo sucedido a X-Keban [ya nombrada X-Tabay] y llegó a la conclusión errónea de que, quizá, por haber sido tan puta y promiscua, aunque gentil y bondadosa, los dioses la habían premiado a su muerte. Entonces pensó en imitarla y decidió entregarse a los placeres carnales. Ayudada por los malos espíritus, seguramente los aluxes, Utsko'Olele consiguió la gracia de volver al mundo cada vez que lo quisiera, convertida nuevamente en mujer para enamorar a los hombres, pero con amor nefasto ya que la dureza de su corazón le impedía sentir las caricias del amor; y, lo imperdonable, se dio a conocer con el nombre de X-Tabay.

X-Tabay surgió, entonces, no de aquella mujer que disfrutaba de su sexualidad, de acuerdo con sus impulsos naturales, sino de aquella que en aras de la virtud reprimía sus deseos. La X-Tabay asesina a los hombres en los caminos por venganza de toda pasión que no disfrutó en vida, y, en su caso, el coito parte de un acto de venganza propio de la dureza de su corazón.

La descripción de aquella mujer indígena de irresistible belleza varía de acuerdo con la intención de quien relate el mito, ya sea exaltando su espiritualidad o recalcando sus atributos sexuales:

> Si ya has conocido lo dulce de embriagarte con el olor a vainilla que hay en el cabello de las mujeres, y si sabes apretar tu boca entre sus labios para gustar su jugo, como el de una ciruela madura [...] Pobre de ti, la X-Tabay es la mujer que deseas en todas las mujeres y no has encontrado todavía [...] ¡desdichado! Sentirás sus ojos clavarse en ti como flechas que no te puedes arrancar. Así serán como las azagayas de cazar al mono, que tienen seis puntas al revés y no salen nunca. ¡Desventurado de ti, porque no sientes miedo ni dolor, sino locura y felicidad, y es que has visto al deseo y se ha abierto el corazón!
>
> [...] Corrió al encuentro de aquella mujer tentadora y hermosa que él se figuró sería alguna joven india, fácil conquista para sus ímpetus de tenorio pueblerino. Llegó hasta la misteriosa desconocida que le hablaba en la lengua primitiva de aquellas regiones y le tendía sus brazos y le brindaba sus labios rojos como el plumaje de los cardenales, y la desnudez ebúrnea de su cuerpo perfecto, como ánfora de barro llena de agua fresca que calma todas las fiebres pasionales [...] Llegó la tentación de aquella mujer escultural que era promesa de supremo éxtasis...

Tanto en el Mayab como entre los lacandones, X-Tabay se reprodujo y comenzaron a proliferar jóvenes maravillosas que surgían de las ceibas para seducir a los hombres y hacer que las acompañaran hasta caer abatidos por la muerte o meterse en los nueve niveles que conforman el Inframundo.

Así, ya fuese en plena iridiscencia o en la penumbra que priva bajo el follaje de las ceibas milenarias, para los mayas la seducción, a pesar de los riesgos que implicaba, fue uno de sus juegos favoritos en el tiovivo de los *katunes* que determinaron su existencia.

LA LEYENDA DE OJA Y LAS MUJERES GOLOSAS

Para penetrar en los intrincados vericuetos que asociaban a la naturaleza y el hábitat con el cuerpo humano y sus atributos sexuales, nada mejor que la leyenda de *Oja y las mujeres golosas*, vinculada estrechamente con la simbología erótica de los mayas que habitaban la selva tropical.

Los mayas creían que «antes de que las mujeres hubiesen comenzado a hacer niños en una forma natural, estos eran proporcionados por los árboles». Que estos surgían de las raíces de las ceibas que se encontraban dispersas dentro del territorio de caza de los hombres, y que bastaba con que un varón orinase o se sangrara el pene frente al árbol para que su fluido vital lo penetrara y con él engendrase en su interior a la criatura:

> Cuando una mujer sentía que iba a tener un bebé, corría a una ceiba. Con una escoba barría cuidadosamente las raíces del árbol: entonces el bebé aparecía. Ella lo tomaba en sus brazos y daba el pecho para amamantarlo. La leche venía sola. Ella no sufría y tampoco el bebé que llegaba muy contento a conocer a su mamá. Pero como a veces costaba trabajo encontrar una ceiba cerca de la casa, *Ah K'in Chob* propuso a los lacandones que los bebés nacieran de las raíces del papayo. Todos los lacandones tenían papayos en sus milpas, de esta manera se facilitaba todo. Los niños comenzaron a nacer en las raíces del papayo.

Símbolo frugal, con el tiempo, la papaya —fruto del árbol incubador— fue utilizada para designar el órgano genital femenino, al grado de que en Cuba su mención constituye una majadería, y, en el desayuno, para no cometer una vulgaridad, se debe pedir *fruta bomba*.

La esperma se nombra *u cab i men* que significa la miel del niño y «es un producto que se extrae metafóricamente del cuerpo de los árboles, ya que *ché* es el término utilizado para designar tanto al árbol como al pene». En el interior de la selva, los troncos de muchos árboles son adoptados por las abejas para construir sus colmenas y producir miel. Por ello y por asociación, «se dice que las mujeres son muy golosas de la miel, porque son muy golosas del esperma del hombre». Es tal su gusto por atiborrarse con dicha *golosina*, que su actitud desmesurada e incluso riesgosa dio origen a una leyenda cuya moraleja no deja de constituir un escándalo delicioso:

Un hombre que se llamaba Oja vivía en el bosque. Conocía las abejas y todo el tiempo tenía miel. La miel de Oja era buena. Cuando llegaba cerca de una casa, llevaba siempre una calabaza llena de miel silvestre. Las mujeres querían a Oja, pues su miel era deliciosa, sobre todo para hacer atole en las fiestas. Los antiguos no conocían la melaza y no sembraban caña de azúcar.
Las mujeres decían:
—Oja es muy animoso, trabaja mucho, siempre tiene una miel exquisita en su calabaza, a mí me gustaría que fuera mi marido.
Oja no tenía mujer, pues su pene era muy grande. Tan grande era su pene que lo enrollaba y lo colgaba.
Cuando una mujer quería acostarse con él, decía:
—Te voy a dar solo un poco, un poquito únicamente, porque si no puedo matarte.
A las mujeres les gustaba mucho abrazar a Oja, pero Oja no desenrollaba todo su pene, porque si lo hubiese hecho las habría matado.
Un día una mujer fue a buscar a Oja y le dijo:
—Quiero jugar contigo, desenróllalo más.
Oja, entonces, le respondió:
—Solamente un poco, si no te lastimaré y correrás riesgo de morirte. Pero la mujer no quiso escucharlo y le pidió que desenrollara todo, porque ella quería todo. Insistió a tal grado que Oja descolgó su pene que era muy grande, tan grande que la mujer murió. Oja se lo había advertido, pero ella no quiso creerle, tanto quiso que por eso se murió.

El texto de esta leyenda maya obliga a hacer una acotación para mostrar su contrapropuesta, dentro de la visión eurocentrista, recurriendo a la paráfrasis satírica que un autor anónimo hizo de los versos del *Don Juan Tenorio* de Zorrilla, con la que se demuestra que las españolas, al contrario de las mujeres mayas, no tenían un sentido goloso de las relaciones sexuales:

¿No es verdad ángel de amor,
que en esta apartada orilla
se te resbala mejor
mi verga con mantequilla?
¡No, don Juan que soy doncella,
la puntita nada más!
¡Nada, nada, todo adentro
y los *güevos* además…!

5

NOMENCLATURA SEXUAL

Los mayas daban un contenido sexual al conjunto de bienes con que se rodeaban. La palabra *ché* designa tanto al pene como al árbol, y también al poste sobre el que se construye la armazón de la casa. El pene es, entonces, el tronco por el que fluye la savia que permitirá la creación de un nuevo ser y, a lo largo de la gestación, el hombre alimentará al niño con la miel que se derrama de su pene. Asimismo, se denominaba a la placenta *kanche*, que era el banquillo que utilizaban para tomar sus comidas. Dentro de esta concepción, la choza maya tenía brazos, una cabeza, una vulva —que era la puerta a la que nombraban *hoor*—, pies, un pene, una espalda, etcétera.

Hemos señalado que los hombres que tenían una familia poligínica copulaban en los graneros de maíz, lugar al que se le llamaba *u na'i nar*, que a su vez es el nombre del mes lunar y, por extensión, del ciclo menstrual. Llama la atención que «los lacandones no consideraban la sangre menstrual como una sangre impura, sino como un producto nutricio que aseguraba la alimentación del embrión».

La pequeña calabaza donde guardaban los granos de maíz era llamada *nek'*, que también significa testículos, por lo que se le consideraba el recipiente donde el hombre llevaba las semillas que podían fecundar a su mujer. Dicha calabaza se relacionaba con una bolsa de manta que llevaban las mujeres, a la que identificaban con el útero o *kuch*.

Una vez que la mujer dejaba de menstruar —*cuando su orificio ya no sangra*, decían los mayas—, se había iniciado la concepción y, entonces, durante un lapso considerable, el varón debía aplicarse en la realización de múltiples cópulas, pues las eyaculaciones ayudaban, en un principio, a la formación del niño.

Balché significaba tanto la bebida como el esperma o aquello que pertenece al pene, por lo que la conjunción de los sonidos *ché* les permitía hacer versificaciones donde se entremezclaban ambos conceptos:

>¡Mujercita! ¡Oh, mujercita!
>Aquí mismo te deseo.
>Tus senos están bien formados.
>He mentido por ti, oh mujercita.
>A mi espíritu le faltan fuerzas por ti.
>No soporto más a mi espíritu, pero tú no me
>dejarás caer. Yo me dejaré caer de nuevo.
>¡Llámame mujercita! Mi espíritu se ilumina,
>mujercita.
>Mi espíritu se ilumina, yo miento por ti.
>Canto, estoy ebrio, mujercita.
>Estoy ebrio, no me llames, mujercita.
>Te he visto, qué bella eres.
>Tu cara es hermosa, tu cabello trenzado
>es hermoso, mujercita…
>Veo que lo has trenzado con plumas.
>Te digo que eres muy bella mi pequeña mujer.
>Te abrazaré sobre el campo. No te cazaré.
>No te dejaré.
>Tú sola me llamas. Yo te tengo firmemente
>entre mis brazos.
>No te dejaré ir.
>Tú iluminas mi espíritu.

Siento que bailo; canto, canto.
Mi corazón está contento, mujercita.

El balché entre los mayas estaba impregnado con el mismo simbolismo sexual que los otomíes concedían al pulque, ya que la bebida de agave o *pene del ancestro* era «el equivalente imaginario del esperma». Lo mismo sucedía con los mayas, quienes asociaban en la obtención del placer de los sentidos a la mujer con la ebriedad, y al exceso de lujuria con la muerte, tal y como aconteció a la mujer golosa en el mito de Oja.

6

MISCELÁNEA DE PERVERSIONES SEXUALES

El concepto de deleite carnal era muy extenso y variado entre las diversas etnias que componían el universo maya. Algunos linajes, como los tzeltales, incluían en este «conceptos como seducción, deleite carnal y lujuria, hasta prácticas como el adulterio, el amancebamiento o la masturbación». Las voces que designaban a las rameras —*mulavil* y *xcaxibat yotan uinic*—, podían traducirse como *la del deleite* y *la que desea torpemente a los hombres en su corazón,* lo que permite pensar que, al igual que los nahuas, admitían dos clases de prostitutas: las que ofrecían su cuerpo para obtener una remuneración; y aquellas cuya lujuria las empujaba a entregarse a cuanto varón se les pusiese por delante, «insinuándose de manera ondulante al igual que las culebras». Para estos mayas, la forma que adoptaba una mujer para desplazarse de un hombre a otro era equiparable con la manera que emplean las víboras al deslizarse entre los matorrales, y se decía de ellas «culebrea su corazón».

De acuerdo con las fuentes consultadas «los mayas eran sumamente tolerantes respecto de la homosexualidad», e incluso en algunas poblaciones, «donde las madres adolescentes eran vistas como una verdadera calamidad», se toleraba el pecado nefando practicado por los varones a fin de evitar paternidades tempranas.

Los adolescentes mayas eran retenidos en el hogar paterno durante el tiempo que requería prepararlos para el matrimonio. Sin embargo, los varones asistían a una casa grande, abierta por todas partes, en la cual realizaban pasatiempos, como jugar a la pelota y generalmente dormían en ella todos juntos. Allí, les llevaban a las mujeres públicas para que los iniciasen en las prácticas sexuales, y no obstante que recibían de ellos galardón, eran tantos los mozos que a ellas acudían, que las traían acosadas y muertas; presumimos que lo último solo en sentido figurado.

En dichos lugares, en principio, no se toleraban encuentros homosexuales; empero, «en algunos pueblos de Guatemala, los hijos eran enviados a dormir en los templos [que cumplían funciones similares a las casas de los pueblos], donde, se asegura, practicaban el grave pecado de sodomía». Fray Bartolomé de las Casas confirma lo anterior, al asentar que los habitantes del Mayab cometían, con frecuencia, tres vicios: el pecado nefando, comer carne humana y sacrificar hombres; y para demostrarlo, afirmó haber hallado ciertos ídolos uno encima de otro, hechos de barro; refiriéndose, seguramente, a los que fueron encontrados en la laguna de Términos —hoy Isla del Carmen— durante la expedición de Juan de Grijalva: «entre los ídolos de barro, había dos figuras de madera, una de ellas representaba a dos hombres dedicados a la sodomía y otra a un hombre que sostenía sus genitales con ambas manos». Asimismo, en los poblados de la zona de la Veracruz —cuyos habitantes tenían fama de ser proclives al pecado nefando— fue encontrada una figurilla erótica que confirmaba lo que decían los mayas de los *itzáes* mientras celebraban la cópula: «Tuercen el cuello, tuercen la boca, cierran los ojos y babean».

Es muy probable que la inclinación hacia una conducta homosexual haya sido introducida entre los mayas por sus conquistadores *itzáes*, pues su deidad Itzam era considerada hermafrodita en algunas zonas bajo su influencia, como en el caso de los kekchis de la Alta Verapaz, quienes afirmaban que «era macho y hembra al mismo tiempo».

Los mayas peninsulares, a la llegada de los *itzáes* a su territorio, mostraron repugnancia por sus costumbres y prácticas eróticas relacionadas con el culto a la serpiente emplumada:

«Sus corazones están sumergidos en el pecado. Sus corazones han perecido en sus pecados carnales. Son reincidentes a menudo, los principales que extendieron el pecado: así Kukulcán en el pecado carnal de sus compañeros, los gobernantes de dos días [...] Ellos son los irrefrenables lujuriosos del día y de la noche, los bribones del mundo. Ellos tuercen los cuellos, guiñan los ojos, sueltan sus babas en la boca [...]; en fin, los más activos y depravados putos.»

Asimismo, en la región habitada por los *putunes* fueron encontradas algunas figurillas que representaban sométicos: «una que muestra un ojo cerrado en un guiño, la lengua asomando a un lado y una vaga sonrisa lasciva [...] el labio malévolamente torcido y el pene en estado de erección...»; hallazgo que dio motivo para acusarlos de homosexualidad generalizada.

Los lacandones, por su parte, tenían la creencia de que en el inframundo, aquellos que habían obrado mal, entre ellos los homosexuales, se transformaban en perros y mulas, obligados a trabajar sin descanso. Sin embargo, en algunos rituales, en los que las mujeres eran expulsadas de los templos, «feminizaban al sacerdote celebrante creándole senos [con la intención de cumplir con el ideal estético de que las jóvenes deberían *tener senos grandes y no ser flacas ni huesudas*]; y le sangraban el falo para ofrecer a sus deidades la *sangre fértil* que tanto les satisfacía». En una sociedad donde el ejercicio de la sexualidad mantuvo tan elevado prestigio, resulta lógico que el falo fuese el vector de innumerables rituales. «Los genitales masculinos que normalmente exhibían tarascos y huastecos, pero que nahuas y mixtecas mantenían cubiertos, fueron exhibidos por los mayas con fines rituales y militares». El culto fálico cobró, así, carta de naturalización entre los mayas.

Existen evidencias sobre dicho culto en Chichén Itzá, tales como las figuras de dos grandes atlantes que están en el Templo de las Cabecitas, en las que sus respectivos taparrabos están echados a un lado para mostrar los genitales, y en las pilastras del Mercado hay personas ricamente vestidas pero sin taparrabos, con los genitales al descubierto, sin lugar a dudas deliberadamente. Es muy probable que el culto fálico proviniera de la región de Veracruz, pues la población entera de la costa del Golfo de México mostraba aún ciertos rasgos característicos de los mayas, entre ellos varios ritos sexuales estrechamente relacionados con la deidad de la Luna, tales como la circuncisión, el culto fálico y la confesión de los pecados carnales.

Durante la visita que hicieron John L. Stephens y Frederick Catherwood a Uxmal —que fue ocupada por los *xiues*—, ambos se sorprendieron al encontrar, al este de la plataforma que soporta el Palacio del Gobernador, una significativa cantidad de estatuas fálicas que los indígenas llamaban *picotas*. Estas esculturas, comentó en su momento Justo Sierra O'Reilly «...no son otra cosa que las partes pudendas del varón representadas en proporciones monstruosas. Las ruinas consisten en once falos, todos fragmentados en mayor o menor grado, dispersos por doquier, semienterrados en el suelo y con una medida de aproximadamente dos o tres pies...»; y solo le faltó agregar que, en su momento y a su debido tiempo, podrían haber sido una delicia para las mujeres rubicundas de Pedro Pablo Rubens, las gordas ultravaginadas de Botero o la *Giganta* de José Luis Cuevas.

Uxmal posee abundante escultura fálica y existen motivos fálicos en la fachada posterior del edificio norte del Cuadrángulo de las Monjas, así como en el llamado Templo del Falo, localizado al sur. Estas representaciones fálicas se encuentran, también, en Sayil, donde hay una bastante célebre de fecha desconocida, al igual que en la zona Puuc de Yucatán y Campeche, donde abundan los penes de piedra, y en muchos otros sitios arqueológicos.

Si bien este culto se hacía en señal de reverencia y veneración a los genitales masculinos, estos estaban sujetos a sacrificios aberrantes tales como castración, emasculación y la perforación del miembro con punzones de hueso, espinas de maguey o navajas de obsidiana.

Fray Diego de Landa dejó una relación de los sacrificios rituales, que aún hoy es capaz de causarnos escozor y repugnancia:

…Otras veces se agujeraban las mejillas, otras el labio de abajo; otras se sajaban partes de sus cuerpos; otras se agujeraban las lenguas, al soslayo, por los lados, y pasaban por los agujeros unas pajas con grandísimo dolor; otras se harpaban lo superfluo del miembro vergonzoso [el prepucio] dejándolo como las orejas, con lo cual se engañó el historiador general de las Indias [Gonzalo Fernández de Oviedo] cuando dijo que se circuncidaban.

Otras veces hacían un sucio y penoso sacrificio, juntándose en el templo los que lo hacían y puestos en regla o fila se hacían sendos agujeros en los miembros viriles, al soslayo, por el lado, y hechos pasaban toda la mayor cantidad de hilo que podían, quedando así todos ensartados; también untaban con la sangre de todas aquellas partes al demonio […] y es cosa espantable cuán aficionados eran a ello.

Estos sacrificios quedaron esculpidos en las estelas de Chichén Itzá, donde aún se pueden ver «sacerdotes que hacen penitencia delante de un ídolo fálico»; así como impresos en el libro sagrado del *Chilam Balam de Chumayel*, en el que se asienta: «los que estén sobre el Principado de los pueblos, los que tengan medida su cosecha, sabrán que dolorosamente acabará su reinado. Atadas sus manos por delante, a sus partes genitales, con una cuerda remojada, serán llevados al rey, Primer Verdadero Hombre».

Los rituales para llevar a cabo estos sacrificios fálicos se vinculaban, generalmente, con actividades presacrificiales y con la muerte de la víctima propiciatoria mediante flechamiento. Uno de los textos de los *Cantares de Dzitbalché* alude a que el joven que había de ser sacrificado, «...días antes de su muerte deambulaba por el pueblo acompañado de jóvenes doncellas, con las que mantenía trato sexual»; y de su lectura se induce que se buscaba provocar un desbordamiento de su energía sexual, además de un agotamiento que lo transformaría en un ser más dócil, cuyo sacrificio se practicaría en una forma sencilla.

Estos rituales se celebraban, comúnmente, en un recinto sagrado circundado por los templos. Ahí, se colocaban unos maderos labrados donde se sujetaba a la víctima, ya fuese esta hombre o mujer. Se le desnudaba y teñía el cuerpo con un colorante azul para consagrarla. Luego, un grupo de danzantes, con flechas y arcos, bailaban a su alderredor:

> Subía el sucio sacerdote vestido y con una flecha le hería la parte verenda [falo o vagina], fuese mujer u hombre, y sacaba sangre y bajábase y untaba con ella los rostros del demonio [la deidad venerada]; y haciendo cierta señal a los bailadores, ellos, como bailando, pasaban de prisa y por orden comenzaban a flechar el corazón, el cual tenía señalado con una mancha blanca; y de esta manera poníanle al punto los pechos como un erizo de flechas.

Otra forma de realizar este sacrificio ritual consistía en colocar a la víctima de pie con piernas y brazos abiertos a fin de imitar la posición de coito de la mujer, dispuesta a recibir los dardos-eyaculación como ofrenda del acto sexual del hombre. Las flechas significan la unión de los principios masculino y femenino, y pueden simbolizar a los rayos del Sol fecundando a la Tierra. Respecto de la castración, considerada una ignominia y, en el mejor de los casos, un recurso desesperado, se cuenta con algunos registros en el *Chilam Balam de Chumayel*, en los que se hace alusión al sacrificio y se le equipara con el trauma de la Conquista:

>Castrar al Sol,
>es lo que vinieron a hacer aquí
>los extranjeros.
>Y he aquí por qué los hijos de sus hijos
>se han quedado a vivir entre nosotros
>recibiendo su amargura.

El sacrificio de la castración se practicaba para castigar a los infractores o, en forma de emasculación, para reducir la virilidad de los varones y condenarlos al ostracismo sexual y al desprecio de sus semejantes.

La zoofilia o cópula con animales tampoco fue desconocida en el Mayab. Una cantidad considerable de mitos relatan aventuras de hombres que se vieron en la necesidad de tener relaciones sexuales con hembras de diversas especies: perras, pecarís, monas, buitres, jaguares, etcétera; ello pudo deberse a la «escasez de mujeres que obligaba a los hombres a transgredir los límites del código moral o a buscar una solución a la angustia y humillación provocadas por el celibato».

Sin embargo, y si nos atenemos a los mitos de la creación, estas mañas depravadas se dieron desde el inicio de los tiempos. Los tzotziles afirmaban que, en la Tercera Creación del Mundo, «hubo ladinos en el mundo porque la mujer pecó con un perro blanco, e indios porque pecó con un perro amarillo». Las relaciones sexuales con perros, aparentemente, eran recurrentes.

Otra historia, del cuño de los lacandones, cuenta lo sucedido entre un campesino y su perra: la perra vestía una túnica de pelos y solo se convertía en mujer mientras preparaba la comida de su amante. «Un buen día, el hombre decidió tirar el pelaje de su perra a las brasas y tomar al animal como esposa. Muchas hijas nacieron de esa unión. Sin embargo, el hombre estaba a disgusto por las costumbres de su esposa, sobre todo porque esta comía los excrementos que sus hijos dejaban alrededor de la casa. Terminó por apalearla hasta provocarle la muerte».

Si perros y perras los atraían sexualmente, no menos acontecía, aunque parezca una aberración, con los buitres hembras. El mito de *Las hijas de la mujer buitre*, si se lee entre líneas, además de encantador, es un retrato sumamente interesante de la vida en las comunidades rurales y de la relación de sus habitantes con la naturaleza:

> Hace ya mucho tiempo, un hombre que no tenía esposa, se acercó a un riachuelo donde se bañaba una mujer-buitre. La vio desnuda, no traía plumas. Entonces la atrapó y la llevó a su casa, le proporcionó ropa y la tomó por esposa. Empero, tenían ciertas desavenencias, una de ellas era que a la mujer no le gustaba comer la carne cocida, sino que la prefería cruda; hecho que hacía enfurecer al hombre quien la golpeaba y le recriminaba que en realidad no era una mujer sino un buitre. La mujer, quien ya presentía su muerte, le dijo entonces que le cortara la punta de su dedo pequeño y que, una vez muerta, lo sembrara junto con su metate en donde estaba la milpa. El hombre cumplió y en el lugar creció un árbol que dio calabazas. Un día descubrió que de las calabazas habían salido dos mujeres. Eran las hijas que la mujer le había dejado antes de morir. Tenían cabellos rubios y ojos blancos, como los buitres, y parecían extranjeras. Decidió, entonces, dárselas a uno de sus compañeros para poder tomar una mujer, lo cual era mejor.

Tanto este mito como el de la perra enfatizan la importancia que los mayas le conferían al vínculo de «dar de comer» al compañero, que, como hemos visto, era la forma habitual para establecer un matrimonio. Si la sexualidad está presente al principio de la relación, esta pronto se ve superada por el apetito. Sin embargo, resulta atrayente imaginar la cópula con los animales mencionados.

Los monos y los hombres también tuvieron sus amoríos en la fronda de los árboles o en la espesura de la selva. Uno de los mitos relata la aventura de un cazador con una mona, con la que tuvo que casarse y procrear una gran cantidad de monitos.

La relación sexual más dramática se daba, sin lugar a duda, debido a la ferocidad de la bestia, entre humanos y jaguares. Las figuras de una mujer copulando con un felino o el felino moteado con un hombre, quien muestra una notable erección, están estampadas en una pintura rupestre que se encuentra en una gruta de Oxtotitlán: ambos personajes están unidos por la cola del felino que toca el sexo del hombre y la expresión de los rasgos de la bestia imprimen al conjunto un carácter de agresividad muy pronunciado.

En el mito de *Ah K'ebatum*, se establecen pautas de un dramatismo emocionante: «La mujer es alejada de su morada mediante bramidos atemorizantes. Es robada por el jaguar que pretende seducirla. El jaguar-marido, para engañar a la mujer, se pone el vestido de la nuera que le inspira confianza. El jaguar fornica con la mujer, prácticamente la viola. La mujer aprovecha el sueño del jaguar para amarrarlo por los testículos y mantenerlo inmóvil hasta que su marido llega y lo muele a machetazos».

No existen registros fehacientes acerca de si los mayas eran dados a celebrar orgías en sus festividades o ceremonias religiosas, mas se pueden inferir ciertas tendencias de la lectura de los textos de los *Cantares de Dzitbalché*.

El término que los mayas utilizaban para designar las relaciones sexuales ilícitas o extramatrimoniales era *ba'axer*, que significa *jugar*. Sanos y sumamente juguetones, su actividad sexual podía prolongarse hasta edades increíbles, como sucedió con muchos viejos, entre ellos uno de trescientos años, según lo testifican sus historias, y otro de ciento cuarenta años de edad que, al igual que Pablo Picasso, era muy ágil, tenía hijos y nietos muy viejos, y normalmente estaba rodeado de mocitos y mocitas que lo reconocían como padre.

7

LA LEYENDA DEL ENANO DE UXMAL Y OTROS JOROBADOS LIBIDINOSOS

Las deformidades físicas fueron ostensiblemente atractivas para los pueblos de Mesoamérica, en especial para sus gobernantes o aquellos que desempeñaban alguna función importante entre las élites locales dedicadas a la política o al sacerdocio. Los enanos y jorobados acompañaban a los poderosos porque se consideraban investidos de poderes sobrenaturales, eran signo de lo extraordinario, y estaban dotados con atributos sexuales que, en proporción a su estatura, adquirían una dimensión sobresaliente.

Si para los antiguos nahuas la creación del sol se debió al valor de una deidad menor y deforme —enana, corcovada y llena de pústulas— que, ante el titubeo de los demás dioses, se arrojó al fuego volcánico para transformarse en el astro rey, para los mayas del norte de Yucatán el primer mundo existente estuvo habitado por enanos, los *zayamuincob* -ajustadores-torcidos-desarticulados, quienes, según se cree, fueron los constructores de las grandes ciudades en ruinas porque podían llevar a cuestas pesadas cargas. Tenían poderes mágicos y les bastaba con silbar para que las piedras se ordenaran debidamente en los edificios. Su obra se hizo en la oscuridad, pues aún no había sido creado el sol. Tan pronto el astro salió por primera ocasión, los enanos quedaron convertidos en piedra, como puede observarse en la figura de un atlante de Chichén Itzá de reducida estatura, y en algunas esculturas de piedra dura con las que se representa a un dios viejo y jorobado, en Mezcala, y entre las culturas del Golfo.

Por su parte, en la iconografía maya «se encuentran numerosas representaciones de miembros de las cortes reales con malformaciones o deformidades esqueléticas, entre ellas gibosidad, enanismo y dedos supernumerarios», como sucede con algunas figurillas de barro de Jaina, Campeche, correspondientes al periodo Clásico.

Para los habitantes de las comunidades asentadas en la península, «tocar una joroba o contar con un enano equivalía a atraer la buena suerte», una constante en muchas culturas. Por ello, no es extraño advertir que algunas de sus deidades menores, como Ikal Ahau-Señor Negro, Ah Yax Ac-Señor Tortuga o Enano Verde, y U Yum Cap-Señor de la Tierra, fueran enanos en la cosmovisión de los *putunes*.

Este gusto por la anormalidad humana arranca desde las culturas primigenias, como es el caso de los olmecas, donde sus esculturas de volúmenes colosales y sus miniaturas «reflejan a un pueblo obsesionado por las proporciones que reproducen tipos físicos que describen, con no pocas audacias formales, jorobados, enanos, hombres-jaguar, rostros deformados y transfigurados; muestras de un arte campesino ligado al culto de la fertilidad y de la fecundación».

Conocido internacionalmente, el templo llamado la Casa del Enano, localizado en las ruinas arqueológicas de Uxmal, es considerado sagrado en virtud de una leyenda. Este mito, titulado *La leyenda del enano de Uxmal*, cuya versión literaria debemos a Antonio Mediz Bolio, fue asociado al *Chilam Balam de Chumayel* para facilitar la comprensión de la cosmogonía maya y sus mitos fundacionales, y para «sacar a luz los símbolos agazapados tras las palabras» del propio Chilam.

La leyenda, que por momentos se asemeja a los cuentos recopilados por Wilhelm y Jacob Grimm, explica la génesis de los enanos y cómo estos lograban acceder a los círculos del poder e, incluso, encumbrarse hasta el gobierno de sus reinos:

La leyenda del enano de Uxmal

Dicen que hubo una vieja en Nohpat, que hacía sortilegios y hablaba de noche con los corcovados de los cerros. Un día supo que iba a morir y quiso tener un hijo. Los corcovados, entonces, le dieron un huevo que ella envolvió en un paño y puso a incubar en un rincón de su choza. Todos los días, la vieja tomaba el huevo y se sentaba encima de él, como hacen las gallinas, hasta que una mañana encontró que el huevo se había empollado y de él nació una criatura. Así, del huevo brotó un niño con cara y genitales de hombre, que al cabo de un año andaba y hablaba como un hombre, creció siete palmos mas dejó de crecer. La vieja le puso un nombre —se desconoce cuál— y dijo que era su nieto. La vieja nunca estuvo tan contenta porque el muchacho además de hablar con propiedad, sabía muchas cosas y maravillaba a la gente. Decía que, con el tiempo, sería un gran rey o señor.

Cuando un día como los demás la vieja fue con su cántaro a traer agua del pozo, el enano le hizo un agujero con su pene en el fondo del recipiente para que tardara mucho en volver, porque deseaba saber qué guardaba bajo las piedras del fogón, que siempre tapaba cuidadosamente. En efecto, removió las cenizas y sacó un címbalo de oro, al que golpeó acto seguido con una varita. Un sonido terrible, como un trueno espantoso, se abatió sobre toda la Tierra. La abuela regresó presurosa, la gente estaba alborotada; una antigua profecía aseguraba que el rey de la gran ciudad de Uxmal sería destronado por aquel que sin haber nacido de mujer hiciera sonar el címbalo oculto bajo el suelo y el fuego.

El rey que estaba dormido en su palacio blanco, despertó con el ruido y se puso a temblar de pies a cabeza. Envió a sus hombres por todos los caminos a buscar al que había tocado el instrumento, y llegaron a la casa de la hechicera de Nohpat, y el enano se mostró a ellos y sacó el címbalo de oro. Fue llevado de inmediato ante el rey, que estaba sentado en su trono en medio de la plaza, bajo una ceiba milenaria. Para esto, el enano ya había sido aleccionado por la vieja para que provocase al rey en un desafío de fuerza, porque ella, aunque el enano dudase, contaba con los artilugios mágicos para hacerlo triunfar.

El enano desafió al gobernador y este sonrió con suficiencia. ¿Qué podía hacer ese ser deforme ante su inmenso poder?

El monarca, que había determinado no ceder su trono sin antes someter a distintas pruebas al enano, le exigió que le dijese cuántos frutos llenaban las ramas de la gran ceiba.

El enano respondió que eran diez veces cien mil y dos veces sesenta, y tres veces tres. Cifra que fue confirmaba como verdadera al rey por un murciélago que la vieja había enviado para que fuese testigo.

A continuación, el rey hizo mofa de los enormes genitales del enano y le dijo que ya que estaba tan bien dotado debería copular sin detenerse con tantas mancebas como tenía en su serrallo. El enano, que ya tenía cierta experiencia con ciervas y guajolotas, pero que nunca había conocido mujer, accedió con tal gusto que descontroló al monarca. ¡Son cuarenta y tres con las que yo he *jugado*!, explicó el rey para desanimarlo, pero el enano no se arredró. Al contrario, penetró en el palacio del rey y no solo copuló con cincuenta y dos mancebas, quienes quedaron felices y satisfechas, sino que de paso *jugó* con la esposa del monarca, con sus hijas y hasta con la madre reina, quien exclamó: ¡Nunca me habían montado con tanta gracia y destreza! ¡En verdad os digo que el enano merece ser rey de Uxmal y de todas las tierras que llegan hasta los cerros y más allá del mar!

La proeza del enano afrentó al rey en su dignidad y orgullo viril, y este decidió matarlo. Para ello, ordenó al enano que se prestase a que él rompiese sobre su cabeza una medida de frutos de palma con un mazo de piedra. El enano respondió: Consiento, mas admite que si salgo vivo, tú sufrirás la misma prueba.

—Yo sufriré todo igual que tú puedas sufrirlo, y de este modo serán los dioses los que decidan —repuso el monarca.

El enano consultó esa noche con la vieja y esta le dijo que no se preocupara, que ella tenía la solución para protegerlo.

Al amanecer del día siguiente el enano fue puesto en la picota y un dignatario rompió sobre su cabeza, uno por uno, los durísimos frutos de la palmera. El enano sonreía ya que, durante la noche, la vieja le había puesto una plancha de cobre oculta por debajo de los cabellos.

Días después, el rey, que ya no sabía cómo probar al enano y que estaba obligado a cumplir con lo pactado, tuvo que comparecer a la prueba del mazo de piedra. Y al primer golpe quedó muerto con la cabeza rota. El golpe del enano le hizo pedazos el cráneo y todos los espectadores le proclamaron vencedor y dueño del gobierno.

Al amanecer del otro día, apareció resplandeciente en aquellos lugares la grande Uxmal, con todos sus hermosos edificios. En el templo más elevado vivió desde ese instante el enano; en lo alto salía cada vez que la Luna iba a volver, y hablaba al pueblo: Hijos de la Luna eran los que con el rey muerto vinieron, y no hijos del Sol, como todos los que antes hubo. Artistas e inventores fueron esas gentes y sobre todo hicieron preciosas figuras, y así los llamaban *kulkatoob*, adoradores del barro.

El enano vivió más de setenta vidas de hombre y tuvo muchos hijos e hijas con todas las mujeres que habían sido del monarca, que crecieron y vivieron normales, con la salvedad de que su lujuria fue portentosa, tanto como la de los otomíes, lo que motivó que los de Uxmal hicieran estatuas suyas donde solo se representaba su falo prodigioso; de ahí todas las esculturas fálicas que adornan la ciudad.

La leyenda cuenta, en otra versión popularizada, con un colofón macabro más interesante: La vieja murió pocos años después de haber entronado al enano y la gente comenzó a propalar que, en el pueblo Maní, distante a diecisiete leguas de Uxmal, «…hay un profundo pozo en donde nace una cueva […] En esta cueva, a las orillas de un riachuelo y bajo la sombra de un gran árbol, está sentada una vieja con una serpiente al lado que vende agua en pequeñas cantidades. No lo hace por dinero, sino a cambio de una criatura o muchacho para darle de comer a la serpiente, y esta vieja es la madre del enano».

Debemos confesar que la cueva existe y puede visitarse en compañía del antropólogo Carlos Villanueva. Está localizada en un cenote que nace debajo de la ceiba sagrada de los mayas, y la única advertencia que se hace al visitante es tener cuidado de no tropezar con los güevos del enano que andan por ahí rodando.

Por último y solo como una precisión, en el *Vocabulario* de Molina los términos nahuas *itlacauhqui*-cosa dañada-corrompida-mujer recién preñada-huevo huero y empollado, e *itlacahui*-corromperse-dañarse-estragarse algo-empollarse el huevo, indican que la concepción se iniciaba por un proceso de corrupción, es de suponerse que del semen; o del huevo, ya fuera este de animal o humano.

LOS MIXTECAS Y ZAPOTECAS

1

GIGANTES LASCIVOS Y SODOMITAS

Desde la más remota antigüedad, los hombres y mujeres pertenecientes a las culturas zapoteca y mixteca tuvieron la firme creencia de que los vastos territorios que ocuparon fueron habitados, en sus orígenes, por seres gigantescos: «hombres corpulentos y de talla mucho mayor que la común, que tanto antes del diluvio como en épocas muy posteriores pasaron a la América, del mismo modo que pasaron los chichimecas, olmecas, mixtecas y demás tribus desde Asia».

Con base en esta creencia, muchos ilustres cronistas y estudiosos de los fósiles que se encontraron en muy diversos lugares hicieron conjeturas y llegaron al convencimiento de que, efectivamente, los gigantes habían vivido en las zonas de influencia de las culturas mencionadas: Fernando de Alva Ixtlilxóchitl —en su *Segunda relación. De los gigantes*—, señala:

> En esta Nueva España hubo gigantes; demás de la demostración de sus huesos que se hallan en muchas partes, y dicen los antiguos historiadores tultecas que se llamaban *quinametin*, y que los alcanzaron a conocer y tuvieron muchas guerras y disensiones con ellos, especialmente en toda la tierra que ahora se llama Nueva España, los cuales se destruyeron y acabaron con grandes calamidades y castigos del Cielo por algunos graves pecados

que cometieron [...] y dicen que hay provincias donde viven hombres que tienen más de treinta palmos de altura, y no es de espantarse...

Por su parte, fray Gerónimo de Zárate y Diego Muñoz Camargo aseveran «haber visto un cráneo humano tan grande como una tinaja en las que sirven el vino en Castilla»; y Francisco Javier Clavijero declaró que, en América, se «conservaba la tradición de haber existido ciertos hombres de desmesurada altura y corpulencia». Lorenzo Boturini, asimismo, afirmó «haber poseído muelas y dientes que, comparados con los comunes, resultarían cien veces mayores [...], y que se hallan con frecuencia, en muchas partes de la Nueva España, huesos, cascos, muelas y dientes de gigantes que se llamaban *quinametin hueytlacome*, esto es, hombres grandes y deformes que pertenecían a la prosapia de Chan y que tomando su derrota por el Asia fueron los primeros pobladores del riñón de la Nueva España».

En Oaxaca, en las Mixtecas, se han desenterrado huesos humanos de enorme tamaño; y en la hacienda de San Antonio Teitipac, cercana a Monte Albán, «se conservaba un cementerio con osamentas de las que no puede dudarse haber sido de hombres, pero cuyo tamaño era mucho mayor que lo ordinario, algunos inclusive con restos de sus partes verendas con dimensiones que causaban bochorno y, además, escándalo».

Las tradiciones hacían hincapié en que «...las mujeres de la Tierra no los podían sufrir sexualmente, y los naturales hacían sus juntas para echarlos, porque eran aborrecibles, y usaban mucho el pecado nefando, sin vergüenza de las gentes ni temor de los dioses; y aún dicen que fueron castigados con el fuego del Cielo, estando todos juntos usando de su pecado»; y que, en efecto su destrucción había coincidido con los grandes terremotos que marcaron el final del segundo periodo del mundo en el año *Ce Tecpatl*, 1-Pedernal por efecto de los enormes crímenes que habían cometido, «...especialmente por su incontinencia y pecados contra naturaleza que les atrajo aquel fulminante castigo...»

Estas creencias, que arraigaron en mitos y leyendas, y que hoy pueden ser vistas como especulaciones alucinadas de mentes enfebrecidas, alimentaron una cosmovisión necesaria para explicar el origen de los hombres y su relación con las deidades primigenias y el universo que los rodeaba; cosmovisión en la que la sexualidad siempre estuvo presente:

> No solo se afirma que hubo nuevas creaciones, sino que en cada una de ellas los hombres fueron distintos [...] Entre estos hombres de las generaciones previas destacan los gigantes llamados *quinametin tzocuilicxeque*. El término *tzocuilicxeque* se refiere a las deformadas extremidades inferiores de los gigantes, pues significa «los que tienen patas de jilgueros». El tamaño de estos hombres y la particularidad de sus extremidades hacían tan peligrosas sus caídas que, una vez en el suelo, no podían levantarse. A los pecados de estos gigantes —soberbia, degeneración sexual y embriaguez— se atribuyó la ira de los dioses que produjo su destrucción.

La degeneración sexual de los gigantes tuvo, entre otras consecuencias y como ya se advierte, una degradación física que llevó a su descendencia a convertirse en seres incompletos o disminuidos. Dos mitos quedaron encadenados para explicar estas transformaciones. El primero se refiere a la formación del hombre a partir de los huesos y cenizas de los gigantes muertos:

> ...los dioses Tezcatlipoca y Ehécatl deliberaron acerca de hacer los hombres. En seguida, Ehécatl descendió al infierno a buscar ceniza de difuntos para hacer otros hombres.
> El dios del infierno entregó solamente un hueso de una vara, y tan luego como lo hubo entregado se arrepintió mucho, pues esta era la cosa que más quería de cuanto tenía. Por ello siguió a Ehécatl para quitarle el hueso; pero al huir Ehécatl se le cayó y

se rompió, por lo que el hombre salió pequeño, pues ellos dicen que los hombres del primer mundo eran gigantes en grandor.

El segundo mito, amén de la disminución en tamaño de los vástagos de los gigantes, contempla su deformación y, a causa de ello, sus hasta cierto punto obligadas depravaciones sexuales:

> Un día de madrugada fue arrojada una flecha desde el cielo, la cual dio en un lugar que ahora es un pueblo.
> Del hoyo formado por tal flecha salió un hombre llamado Tzontecómatl, es decir «cabeza», y una mujer llamada Tzompachtli, que quiere decir «cabellos de cierta hierba».
> A la sazón el dicho hombre no tenía cuerpo, sino de los sobacos para arriba; la mujer, tampoco; y engendraron metiendo él la lengua en la boca de la mujer [...] No caminaban sino dando saltos, como las urracas o los gorriones.

Sin embargo y a pesar de las calamidades que los gigantes sufrieron por su depravada conducta, otras tradiciones apuntan en el sentido de que esta no fue impedimento para que siguieran viviendo junto a los hombres del Quinto Sol. Esta convivencia no fue cordial ni conveniente para los humanos:

> ...a las orillas del río Athólar hallaron algunos de los gigantes que habían escapado de la segunda edad, los cuales siendo gente robusta y confiados con sus fuerzas y mayoría de cuerpo, se señorearon de los nuevos pobladores, de tal manera que los tenían tan oprimidos como si fueran sus esclavos, y a sus mujeres violaban con sus falos enormes y les hacían estragos tanto por la vía natural como por el ano o las obligaban a sorber con sus bocas el jugo hediondo que arrojaban por el pene, igual que como hacían con sus compañeras [...] por cuya causa los caudillos y gente principal de los olmecas y xicalancas buscaron modos para poderse librar de esta servidumbre, y fue que en un convite que les hicieron muy solemne, después de hartos y repletos y

embriagados, con sus mismas armas los acabaron y consumieron, con cuya hazaña quedaron libres...

La convivencia con los gigantes dejó sus secuelas. Muchas mujeres se acostumbraron a ser maltratadas y poseídas contra natura, y en los hombres quedó la necesidad de demostrar que no iban a la zaga de sus opresores. La lujuria desenfrenada pasó a formar parte de sus hábitos sexuales; al grado de que, muchísimos años después, fray Toribio Motolinia se quejaba:

> No tuvieron poco trabajo en quitar y desarraigar a estos naturales la multitud de las mujeres, la cual cosa es de mucha dificultad, porque se les hacía muy dura cosa dejar la antigua costumbre carnal, y cosa que tanto abraza la sensualidad, para lo cual no bastaban fuerzas ni industrias [...] tenían con ellas mucha granjería [...] Habían estos contraído con las hijas de los hombres o del demonio de donde procedieron gigantes que son los enormes y grandes pecados; y no se contentaban con una mujer, porque un pecado llama y trae otro pecado, de que se hace la cadena de muchos eslabones de pecados con que el demonio los trae condenados [...] y en algunas provincias no han dejado las mancebas y concubinas todas.

Muchos intentos se hicieron para acabar con los gigantes lascivos. La fecha de su total destrucción y sus causas no son muy precisas. Algunas fuentes indican que un gran temblor de tierra se los tragó durante el año 5097 de la creación del mundo, y una más precisa asegura que sucedió doscientos noventa y nueve años después de la encarnación de Cristo, durante la tercera edad llamada Ecatonatiuh, debido los grandes aires y terremotos que los destrozaron.

Si bien la existencia de los gigantes queda como una incrustación fabulosa en el imaginario colectivo de estos pueblos, y los fósiles encontrados en diversas épocas obviamente corresponden a los restos de animales prehistóricos, su presencia se perpetuó en las tradiciones para curar algunas enfermedades y para estimular el vigor sexual:

> Hállanse en esta tierra huesos de gigantes por los montes y debajo de tierra, son muy grandes y recios; molido este hueso, o un poco de él, es bueno contra las cámaras de sangre y contra las cámaras de podre [...] es medicinal para los que han sido casados y, estando viudos, no se acuerden de mujer, ni les fatiguen las tentaciones carnales [...] También comen esta carne los señores para ser fuertes y animosos...

Así, tanto mixtecas como los zapotecas pudieron ostentar en su genealogía la ascendencia de los gigantes, míticos o reales, asociarlos a una de sus deidades principales, Pitao Cozaana, *el engendrador*, y, en algunas ocasiones, demostrar que su virilidad erecta estaba a la altura de aquellos *quinametin* desaparecidos.

2

LOS RIESGOS DEL SEXO ENTRE LAS GENTES DE LAS NUBES

Es muy probable que con la finalidad de establecer un origen común que los vinculara estrechamente y diera sustento a su convivencia, «tanto mixtecas como zapotecas decidieron llamarse a sí mismos las Gentes de las Nubes».

La alianza entre estas dos culturas, una vez que los mixtecas conquistaron las ciudades de los zapotecas y se asentaron en ellas —alderredor del año 1280—, ocupó vastos territorios, y fue consagrada a través de dos matrimonios: «el primero, entre una mujer mixteca y un señor zapoteca de Zaachila; y el segundo entre la hermana de la esposa del señor de Teozapotlán y un noble mixteco, pocos años antes de la llegada de los españoles».

El matrimonio quedó instituido, así, como un contrato entre grupos y familias, en el que nadie concedía mayor importancia al amor, para con el tiempo establecer linajes y un sistema endogámico de descendencia. La sociedad estaba dividida entre la nobleza, la gente común y los sacerdotes. La nobleza, a su vez, se dividía en dos rangos: los *tija coqui* de más alto rango —gobernantes y príncipes—, y los *tija joana* de segunda categoría; rangos que también operaban entre las mujeres. A pesar de que se afirma que la poligamia no exis-

tía en estas culturas, los reyes y grandes señores, por abuso, se permitían tener otras mujeres, aunque los hijos habidos con ellas no tenían derechos, y dichas uniones eran deshonrosas.
Los gobernantes, por tanto, sí practicaban la poligamia, y en Huitzo, los caciques desposaban hasta quince o veinte mujeres.

La práctica de la poligamia también quedó comprobada con la larga cronología de los reyes y reinas de la Mixteca, elaborada por don Alfonso Caso, y gracias a los hallazgos, en Monte Albán I, de «alrededor de diez deidades masculinas junto con figurillas de mujeres desnudas», que en un principio hicieron pensar en hábitos poligínicos «la figura más grande era de un hombre y las acompañantes, que eran mujeres, representarían a las esposas de un personaje importante». Más tarde, se encontraron disposiciones inversas: «una gran urna femenina acompañada por una serie de otras menores masculinas»; lo que implica que la poligamia podía ejercerse por ambos géneros.

Considerado como un medio para acrecentar el prestigio, el poder y la riqueza, el matrimonio tenía que darse entre personas que tuviesen el mismo estatus y las negociaciones eran conducidas por personajes designados por los padres de los contrayentes hasta que llegaban a un acuerdo que satisficiera sus pretensiones materiales, como ocurrió con el matrimonio entre la hija del príncipe de Zaachila y el hijo del príncipe mixteco de Yanhuitlán, en el que la dote ofrecida por el padre de la novia fue ¡nada menos que la población de Cuilapan!

...los sacerdotes y algunos ancianos y principales del pueblo iban en procesión por la novia, llevando presentes de oro y otras alhajas de valor: al regresar con ella sufrían un asalto, disputándose con las armas, cómicamente, la posesión de la doncella una y otra familia, pero de modo que la victoria quedaba siempre por parte del varón [...] Luego, llegaban a casa del varón adornada con esteras y ramas de sauce: la ceremonia esencial consistía en anudar los mantos de los desposados; pero también se usaba darse las manos y cortarse una parte de los cabellos. Entre los mixtecas, el novio llevaba en hombros por un breve rato a la desposada, denotando con esto la nueva y pesada carga que tomaba sobre sí.

Terminada esta ceremonia y mientras los invitados bebían pulque y comían opíparamente, los desposados —provistos con una buena dotación de chocolate amasado en tabletas y una olla de pulque y cacao ofrecidas por la esposa— eran conducidos al baño ritual y, enseguida, a una habitación para que hicieran ofrendas a las deidades zapotecas Pixee Pecala, *dios del amor* y Pitao Xicala *deidad del amor, el sueño y la lujuria.* Finalizado el ritual, la mujer se desnudaba y tendía con las piernas entreabiertas sobre la estera nupcial. El varón, entonces, colocaba una pequeña porción de chocolate entre los labios de la vulva y procedía a lamerla con la lengua hasta que esta se derretía, con la finalidad de endulzar el camino del placer. La penetración suave, tierna y sujeta a un previo aprendizaje —acompañada del lenguaje ceremonial que utilizaban los mixtecas para hablar de los actos íntimos, lenguaje no solo más pulido sino, en cierto sentido, metafórico—, culminaba con la eyaculación del varón y, algunas veces —puede preverse—, con el orgasmo de la mujer.

Las relaciones entre personas de la clase común eran comúnmente monogámicas, aunque estaba permitido tener tantas esposas como se pudiesen mantener. El matrimonio se llevaba a cabo bastante tarde en la vida, y algunas relaciones indican que los varones no podían casarse hasta los treinta o cuarenta años de edad. Eran los padres del varón quienes escogían a la novia, buscando siempre que fuera hacendosa, limpia, diligente y hermosa. Normalmente no se casaban entre parientes, aunque sí lo hacían con la viuda de los hermanos difuntos, recogiendo su fortuna y educando a la prole como si fuese propia.

En algunas ocasiones, si los padres de la novia ya habían dado su consentimiento y esta se negaba a casarse, el varón podía llevarla a su casa por la fuerza, si era necesario, y allí consumar el matrimonio. Violación que era *legalizada* con la ceremonia que, posteriormente, se hacía en casa de los padres de la novia, con profusión de trago y comida.

Otro procedimiento, consistente en el *robo* de la doncella, que contaba con el consentimiento de la joven y que era perpetrado por el varón en compañía de varios amigos, se practicaba con cierta frecuencia porque permitía a los individuos escoger a su pareja, sin tomar en cuenta el parecer de los padres. La pareja permanecía escondida por lo menos una noche, generalmente en el campo, lugar ideal para practicar el sexo ilícito, lo cual simbolizaba la consumación sexual de su unión, hubiese ocurrido o no. Se consideraba, entonces, manchada la reputación de la familia de la joven, hecho que obligaba a iniciar las negociaciones para formalizar el matrimonio.

Una vez acordada esta variante del casorio, entre los zapotecas de Juchitán o *juchitecas*:

> …toda la comunidad cooperaba. Se designaba un terreno al varón para que en él levantase su jacal. Los amigos regalaban el material para la construcción del hogar y los animales domésticos. La familia, los muebles y la ropa. Las mujeres, por su parte, molían el maíz y preparaban el mole para, una vez terminada la casa, comer en familia.
>
> El amor de la *shunco* era fuerte como el color de su huipil; grande y amplio como el vuelo del «olán» y acogedor y suave como el blanco *vidaaniquichi* con que enmarcaba su cara bruna.
>
> Y la fiesta máxima del amor la celebraban con regocijo solo comparable a las fiestas dedicadas a sus dioses. Bajo una enramada colocaban un estrado de honor para los contrayentes. Los invitados depositaban su óbolo a sus pies. A cambio se le obse-

quiaba con un cigarro y una copa de mezcal y los viejos gritaban: ¡Pariente!

Desde ese momento el robador se convertía en miembro de la gran familia juchiteca.

La sexualidad de los sacerdotes y sus prácticas eróticas estaban sujetas, en cambio, a tradiciones complejas y no necesariamente agradables, pues tenían prohibido casarse y beber pulque, restricciones cuya infracción se castigaba con la pena de muerte. El sacerdote, llamado Uija-tao, *grande atalaya* y *el que ve todo*, vivía en la ciudad de Mitla, en celibato y estricta reclusión en el interior de un palacio. Estaba consagrado a la veneración de Quiabela-gayo, *dios del placer*, y de Coquebila, *señora del centro de la Tierra*. Asimismo, celebraba las ceremonias de adoración de la deidad asociada con el nacimiento de los niños, Pichanto, de su contraparte masculina, Pitao Cozaana, y del dios de la lluvia, Pitao Cocijo, *el grande*.

Dicho sacerdote, a pesar de su inmenso poder y dado el celibato al que estaba obligado, solo podía tener relaciones sexuales en determinadas ocasiones:

> Al gran sacerdote estaban prohibidos los enlaces matrimoniales, ni podía él comunicar con mujeres sino en ciertas, señaladas y grandes solemnidades, que celebraban con aparato de costosos convites y abundancia de bebidas fermentadas que se distribuían con largueza y robaban el juicio a la mayoría de los convidados. En estas ocasiones, entre la nobleza, se buscaban las doncellas más hermosas, quienes por entonces y temporalmente formaban el serrallo del sumo pontífice, con las cuales copulaba. Si alguna concebía, luego era separada y custodiada con esmero, a fin de que ninguna duda pudiese empañar la limpieza de la prole. Si el alumbramiento era de varón, este sería el futuro sumo sacerdote...

Estas orgías, en la que seguramente participaban otros sacerdotes, eran una costumbre sagrada y aceptada por todos.

Sin embargo, de acuerdo con las tradiciones imperantes, es posible especular que los demás sacerdotes —*cope vitoo*-guarda de los dioses, y *neza-eché*-grandes sacrificadores— no podían tener acceso carnal a las doncellas, por la simple razón de que estos eran previamente castrados, al igual o peor que los eunucos, y no contaban con testículos y, al parecer, tampoco con falo, elemento indispensable para realizar la cópula:

> Los hijos de nobles destinados al sacerdocio desde su juventud eran castrados entre los zapotecas de la región montañosa [...] En la sierra se notaban algunas diferencias en orden a la continencia de los sacerdotes. Estaba establecido allí que nadie pudiese acercarse a las aras sin negarse totalmente a la concupiscencia, por lo que cuantos se dedicaban al ministerio del altar, desde su niñez eran cruelmente retajados de los órganos de la generación, de tal modo que les fuese imposible toda comunicación con mujer. Llamábanse a estos niños *vijanos,* es decir, «dedicados a dios», y eran por lo regular los hijos segundos de los caciques o señores...

Así y sin necesidad de mayores pormenores, es posible imaginar que las orgías mencionadas debieron de ser grotescas y, sin duda, patéticas.

Al igual que en otras culturas, para los mixtecas y zapotecas la castración o emasculación eran experiencias comunes que, en algunos casos, se practicaban como formas de autosacrificio ritual. Los danzantes, en Monte Albán, son representaciones de hombres en posturas extrañas y su anatomía no es lo que podríamos llamar normal. Les faltan los órganos sexuales, es decir que fueron emasculados, y en lugar de estos algunos están adornados con flores estilizadas. La castración y la ofrenda de los órganos sexuales a las divinidades de la fertilidad pueden interpretarse como símbolos de humillación o ausencia de poder; lo que ha dado pie a que dichas esculturas hayan sido vistas como *prisioneros* o cautivos destinados al sacrificio ritual.

3

LA CARNE DE MUJER COMO
UN MANJAR APETITOSO

Los mixtecas, tanto varones como hembras, andaban desnudos; ellos cubrían sus genitales con pieles de animales, y ellas con unos paños ásperos de media vara de ancho que tejían con el hilo del maguey. Los habitantes de algunos pueblos perdidos en las serranías de las partes altas de la zona conocida como *Las montañas que echan humo* o de *Apoala*, donde se decía que los humanos nacían en los troncos de los árboles, y que, como quien dice, estaban alejados de la mano de dios, no veían la desnudez como un síntoma de decadencia, sino, por lo contrario, de integración a la naturaleza y a los designios de sus deidades, ya que, al ser una rama de los olmecas, los mixtecas, al igual que los nahuas, adoraban a la diosa de la lujuria Tlazoltéotl, y no se andaban con tapujos para exhibir y utilizar sus vergüenzas como les viniera en gana; afición esta que seguramente compartieron con la cultura zapoteca, en la que las mujeres eran más vulnerables a la ansiedad sexual y tenían menos oportunidades para desahogar sus impulsos sexuales.

En efecto, las mujeres tenían que ser sumisas, en todos los órdenes, frente a las demandas de sus maridos, y su libertad sexual estaba constreñida al espacio vital que compartían con estos, así como a los deseos lúbricos que brotaban de sus entrepiernas. Las mujeres no participaban en las fiestas ni podían beber pulque. Debían mantenerse sexualmente fieles a sus maridos. Si bien los hombres casados podían copular con mujeres solteras, la más ligera sospecha de infidelidad respecto de su mujer les autorizaba a golpearla.

En Huitzo, para dar un ejemplo, las mujeres acusadas de cometer adulterio eran llevadas ante el príncipe y si se les encontraba culpables, eran ejecutadas públicamente y luego comidas, para mayor oprobio. A la carne desprendida del cadáver que se usaría en diversos guisados, ya fuese cocida o asada, se le llamaba *xoyaaquij*, y el primero en probarla era el marido ofendido; aunque se sabe de casos en los que *el primer tamal* —esto a criterio del príncipe o del sumo sacerdote— tuvo que ser compartido entre el marido y el amante, porque se llegó al consenso de que ambos eran responsables —uno por defecto y el otro por exceso— de la transgresión sexual que la mujer había cometido. En otros lugares, como Ixtepeji, las leyes eran más relajadas y las adúlteras no eran ejecutadas, sino simplemente enviadas de vuelta a casa de sus padres, con el consabido deshonor y la brutal reprimenda.

Fray Juan de Córdova, en su *Vocabulario en lengua zapoteca*, describe las razones que justificaban la disolución de los matrimonios zapotecas:

> La primera, si hubo yerro en el casamiento, como cuando ella era señora y él era hombre bajo o del común, y esto acontecía cuando los lexos [¿parientes?] la enviaban a pedir. Lo segundo cuando no tenían hijos, y esto era la causa principal. Lo tercero cuando no se conformaban en los nombres, porque para 8-Lagartija había de ser 3-Mono Araña, y para 5-Jilguero 2-Jícara de Pulque. Lo cuarto cuando alguno dellos era muy perezoso en buscar lo que habían menester. Lo quinto cuando alguno dellos era tan bravo que siempre reñían. Lo sexto cuando el hombre usaba mucho en demasía de la mujer, como si fuera bestia, y ella no lo consentía. Lo séptimo cuando ella era adúltera y alguna vez también cuando lo era él. Lo octavo cuando él pedía una

mujer y la tenía algún tiempo y no le cuadraba, dejábala y tomaba otra, esto era muy común.

Las mujeres que caían en el octavo presupuesto eran llamadas *las abandonadas*, y no se sabe a ciencia cierta si eran mujeres que sus hombres habían dejado para casarse con otra, si eran parejas de matrimonio a prueba o se trataba de mujeres divorciadas, o porque no se habían adaptado a las exigencias sociales de la familia del hombre. Lo que sí se sabe es que podían volver a casarse y que sus hijos, en caso de haberlos, pasaban a formar parte de la nueva unión o eran adoptados por la comunidad. De hecho y ya durante la Colonia, los frailes aplicaron las denominaciones de las *Siete Partidas* para clasificar la condición de los niños ilegítimos:

NATURALES	Nacidos de barraganas o mancebas.
FORNEZINOS	Nacidos de adulterio, o de relaciones con parientes, o con grados prohibidos o de monja.
MANZERES	Nacidos de prostitutas con paternidad incierta.
SPURRI	Nacidos de barraganas, viviendo fuera de la casa del hombre; es decir, amante o mujer que tiene relación con más de un hombre por lo cual la paternidad era incierta.
NOTOS	Nacidos de matrimonio, pero sin ser hijos del esposo.

Un caso que ilustra el estado en que quedaban los hijos provenientes de relaciones poligámicas es el del cacique mixteco 6-Muerte o Coyote-Antorcha-Cara, casado con 9-Zopilote o Tigre-Telaraña, perteneciente a la última rama de la genealogía de *Cerro de la máscara*, quien además tenía otras cinco mujeres. El cacique aceptó el bautizo cristiano y bautizó a la mujer que había decidido tomar por esposa, 9-Zopilote, con lo que la legitimó a ella y a su descendencia. Las otras mujeres pasaron a ser consideradas concubinas y junto con sus hijos fueron despojadas de todo derecho y marginadas. «Esos hijos fueron los primeros *fornezinos*»; aunque en estricta aplicación de las *Siete Partidas* debieron ser calificados como *naturales*.

El aborto estaba penado con muerte en las sociedades mixtecas y zapotecas, y se aplicaba tanto al abortador como a la mujer que abortaba. Como era frecuente que las mujeres adúlteras se embarazaran, estas acudían al aborto para esconder su pecado en vez de confesarlo públicamente; sin embargo, casi en todos los casos eran sorprendidas.

Tanto en las ilustraciones de los códices, como en las piezas de cerámica encontradas en las ruinas de las ciudades abandonadas, las urnas y esculturas similares ofrecen indicios de los aspectos mundanos de la vida zapoteca. Hay representaciones de acróbatas, malabaristas, jugadores de pelota, comerciantes, sacerdotes, mujeres atractivas y voluptuosas, guerreros, músicos, adivinos, agricultores y cargadores. Hay hombres con pequeñas o grandes panzas, paladares hendidos, ojos con cataratas, pezones exagerados y mejillas hundidas. Tanto niños pequeños como robustas matronas con papada y grandes caderas, así como mujeres en labor de parto, fueron modeladas en arcilla; una gama en verdad extensa de las actividades y de la vida cotidiana de estas sociedades que tuvieron momentos estelares y también algunos que, aunque parezcan terroríficos y hasta nauseabundos, debieron ser harto interesantes, como degustar la *barbacoa* de alguna parienta cercana o de una vecina libidinosa.

4

UNA BRUJA SEDUCTORA

Al igual que los mayas crearon a la hembra mítica X-Tabay, los zapotecas imaginaron una mujer fantástica que llamaron Matlacihua, misma que «...tan breve tomaba la forma de un niño como de un coloso, y ya en figura de mujer seducía con sus irresistibles y mágicos encantos a los hombres o ya como gigantesca esfinge oprimía a los más valientes: era un genio malévolo».

Este ser demoniaco, que en algunas poblaciones de Oaxaca trascendió con el nombre de María Sánchez y en otras con el apelativo de *la Llorona,* fue identificado con la versión femenina del diablo que utilizaba sus poderes sobrenaturales para adoptar formas humanas que atraían todo tipo de males. En su encarnación de mujer hermosa, arrebatadora y voluptuosa, la Matlacihua aplicaba todos sus artilugios para engatusar a los hombres, llevárselos a lugares apartados en el campo, mostrarse desnuda y enardecerlos hasta que suplicasen que los dejase copular con ella. Entonces Matlacihua tomaba el pene del hombre con una mano con la aparente intención de llevarlo a su entrepierna e introducirlo en su vulva. Pero, ¡oh, sorpresa!, antes de que esto sucediera, lo rebanaba con un cuchillo de obsidiana que portaba en la otra mano.

Otras veces, «se exhibía con la apariencia de un rico catrín que tentaba a la gente por dinero» y en tal carácter «motivaba en las mujeres deseos sexuales» que las llevaban indefectiblemente a perderse en el vicio de la prostitución y a ganarse el repudio de su gente. Así, los zapotecas la concebían como una bruja de naturaleza andrógina que podía tener, a la vez, genitales varoniles en un cuerpo con formas mujeriles, o pechos femeninos y masculinos, o el cuerpo de mujer y la cabeza de un hombre. Asimismo, la Matlacihua podía adoptar las formas de diversos animales: gato blanco o negro, perro con los ojos incandescentes, burro —cuando ya los hubo— desprovisto de cabeza o, lo más frecuente, zopilote.

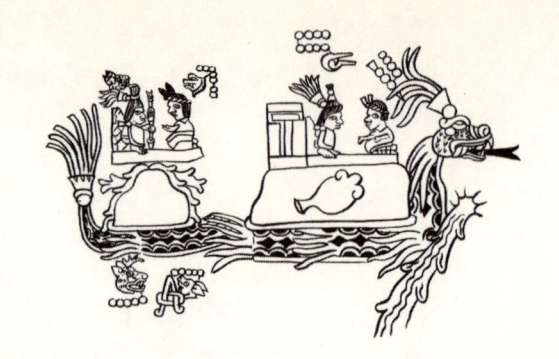

Las transformaciones de esta bruja se daban en el cementerio del poblado. Ahí se quitaba la cabeza humana y adquiría la forma de un zopilote. A continuación, robaba un niño y lo transportaba al campo para hacer maldades con él, sin que se especificara qué clases de maldades cometía, pero seguramente eran de carácter sexual, y se embozaba para distraer a padres y pobladores, a fin de que estos no pudiesen advertir las actividades pedófilas de algún vecino perverso, amén de asesino, pues los cuerpos de los niños jamás volvían a ser vistos.

Esta bruja, que actuaba durante las horas pesadas del día, esto es el mediodía y la noche, cuando la gente estaba ocupada o dormía, no se presentaba en las casas porque «estas eran lugares sagrados y sin peligros y donde podía practicarse el sexo legítimamente»; prefería actuar en el campo abierto o entre las cañadas y ríos, donde los zapotecas, al igual que los mixtecas y los mayas, copulaban ilícitamente con impunidad y desparpajo.

Es muy probable que la Matlacihua, venerada por algunos caciques de la región poblana con influencia zapoteca, no haya sido otra cosa que la adaptación de la deidad Tlazoltéotl.

5

LA LEYENDA DE COZIJOEZA
Y LA PRINCESA COYOLICATZIN

La vocación expansionista de los mexicas bajo el gobierno del *huey tlatoani* Ahuítzotl se manifestó en innumerables guerras destinadas al avasallamiento de los pobladores de vastas regiones, que abarcaban desde el océano Atlántico hasta el Pacífico. Muchos señoríos fueron derrotados y sus habitantes sujetos al pago de tributos y al envío periódico de mancebos y doncellas para ser sacrificados en las múltiples festividades dedicadas a la veneración de las deidades de los vencedores.

Sin embargo, durante las batallas que los mexicas sostuvieron en contra de las huestes zapotecas, al mando de su señor Cosijoesa o Cosihuesa o Cozijoeza, se encontraron con la *horma de su sandalia* y no solo no pudieron vencerlas sino que tuvieron que enfrentar derrotas ominosas, «ya que los zapotecas no se conformaban con vencer, sino que de los mismos muertos que se recogían en el campo, salando y disecando la carne, hacían nuevas provisiones». Fueron tantas las derrotas que los zapotecas infringieron a los mexicas, que después de la batalla de Tehuantepec —sostenida entre los años 1486-1503—, en la que Cozijoeza luchó aliado con los mixtecas, que el emperador mexica se vio obligado a consentir en el cese de las hostilidades y a solicitar una amnistía. Además, para ganarse la voluntad del señor de Zaachila-Yoo o Teotzapotlán y establecer una alianza firme y duradera que uniera en lo sucesivo a los dos monarcas, tuvo a bien ofrecerle en matrimonio a la más bella de sus hijas, Coyolicatzin, a quien los zapotecas llamarían *Pelaxilla* o Copo de Algodón, debido a su extraordinaria blancura.

En un principio, Cozijoeza se hizo el remolón y no demostró mucho entusiasmo con el matrimonio que se le había propuesto, «pues andaba remiso en aceptar la condición, por no conocer a la doncella sino solamente por el eco de su fama». Entonces, cuenta la leyenda recogida por fray Antonio Gay y Jacobo Dalevuelta, Ahuítzotl «rogó a sus encantadores y hechiceros que pusiesen delante de sus ojos a la hija seductora».

Una tarde, en la que Cozijoeza se bañaba en un lugar llamado Ninza Rindan, *donde el agua nace*, «manantiales que brotan de un hermoso bosque, muy cerca de la villa de Tehuantepec, conocidos con el nombre de Charcos de la Marquesa», comenzaron a surgir del agua cristalina «flores de cempasúchil, azucenas y yoloxochitls aromantes [...] y de las espumas blancas como la luz de la luna, esplendorosa en su hermosura, una noble princesa de piel nítida como copo de nieve y suave como flor de algodón». Cozijoeza, quien se encontraba solo pues sus servidores se habían retirado, quedó embelesado con el «esbelto talle de la princesa y su desnudez bella y peregrina», pues nunca había visto hermosura semejante.

Cozijoeza tardó un rato en asimilar tal prodigio, mas una vez repuesto exclamó: «Suave princesa, como pecho de garza de Roaloo; con ojos negros como el pedernal de las flechas de mis guerreros y cautivadora como diosa. Ven a mí; te llevaré a mi palacio donde mis vasallos serán tus esclavos. Te arrullarán los torcazos enamorados y sentirás conmoverse tu pecho [...] Ven princesa soñada [...] ¿Pero quién eres y qué es lo que deseas de mí?»

«Soy Coyolicatzin, señor. Mi padre lleva en su cabeza la diadema y las plumas del *huey tlatoani* del Anáhuac y se llama

Ahuítzotl [...] Mas yo te amo, noble príncipe, por la fama de tus proezas como guerrero. En mis sueños te he visto junto a mí. He sentido un amor intenso y el fuego de tu cuerpo y el aliento de tus besos. Iré sí, en su momento, contigo a tus palacios, hermoso y noble señor. Junto contigo llegaré al país de la ventura...»

Coyolicatzin tomó, entonces, con sus manos «un jabón oloroso que llevaba a prevención y un rico vaso de oro extraído del palacio de su padre, y comenzó a lavar el cuerpo del rey de Zaachila-Yoo». Sus manos, al igual que si fuesen chupamirtos deseosos del almizcle de las flores, recorrieron el cuello, las axilas y el torso del monarca. Luego, sus dedos juguetearon con el pájaro enhiesto y las bolas que pendían de su entrepierna, con el botón del ano y sus robustos muslos. Cozijoeza, entre jadeos, comenzó a suplicar: «Quédate, princesa. No te vayas. Si te marchas mi piel morena como el barro, se tornará amarilla como el ámbar. Mis ojos llorarán y pronto, muy pronto, el frío llegará hasta mi corazón. Ven, vamos al tálamo...»

La princesa comprendió que había llegado el momento de suspender la excitación que había propiciado y retirarse en graciosa huida. «Me voy, Señor —dijo con firmeza—. Los dioses me lo mandan. Pídeme a mi padre y entonces los dos iremos juntos a escuchar el canto del jilguero, veremos en Roaloo las garzas morenas en el juego del amor [...] Deberás enviar embajadores a mi padre y preparar convenientemente el camino por el que habré de ser conducida con pompa y aparato [...] Tus embajadores me reconocerán por este gracioso lunar orlado de vello que llevo en esta mano...» Enseguida, la visión desapareció frente a los ojos incrédulos de Cozijoeza, quien, sin poder hacer nada al respecto, quedó como tamal oaxaqueño: «caliente y con el chile adentro».

Por supuesto y sin tardanza, los embajadores del monarca zapoteca se presentaron ante Ahuítzotl provistos de riquísimos presentes. «Entre las princesas escogieron a la más bella, quien al disimulo, llevando al cabello una de sus manos, había dejado ver un gracioso lunar. Coyolicatzin fue conducida en rica silla de manos, que cargaron grandes señores hasta Tehuantepec. El camino fue una fiesta continua. Las bodas se celebraron en medio del regocijo de todos, zapotecas, mixtecas y mexicanos, y con la pompa y suntuosidad de un rey que tenía voluntad de ostentar en esa ocasión toda su magnificencia. Desde entonces, Cozijoeza y Pelaxilla se amaron con efusión, guardándose fe inviolable.»

Si bien las imágenes de la visión en el *temazcalli* pertenecen a una leyenda con tintes eróticos, en la realidad Cozijoeza y Coyolicatzin procrearon, inmediatamente después de la celebración de su matrimonio, un hijo que fue llamado Cosijopii o *rayo del aire*, que llegó a ser señor de Tehuantepec —principado subordinado a Jalapa— y se alió con los mexicas contra los mixtecas. Este monarca fue quien gobernaba a los zapotecas a la llegada de los conquistadores españoles; y casó «con la dulce Zeetobaa, quien llegó al tálamo nupcial con la pureza de su alma y con la belleza de su cuerpo».

Asimismo, Cozijoeza y Pelaxilla engendraron dos hijas que se volverían importantes para el imaginario colectivo de los zapotecas, dentro del contexto de las leyendas de Oaxaca. La primera, llamada Donají o *alma grande*, quien sería hecha prisionera por los mixtecas en Monte Albán y a cuya muerte, degollada por un verdugo, «...los zapotecas vieron entre las flores y el follaje donde había sido sepultado su cadáver, surgir con todo esplendor un lirio morado de inenarrable hermosura. Cavaron el sepulcro, con respeto y veneración, y encontraron los despojos mortales de Donají y quedaron sorprendidos al ver la cabeza con el cuello hacia abajo, la cara al oriente, algo inclinada y con las raíces del lirio saliendo de la frente y de la sien derecha».

Aunque la leyenda acoge la presunción de que Donají murió sin conocer obra de varón, algunas versiones afirman que el último gobernante de los zapotecas de Zaachila fue un príncipe mixteco llamado Nuhucano —bautizado como don Diego de Aguilar—, quien era amante de Donají, hija de

Cosihuesa, y que ambos están enterrados en el convento de Cuilapan.

La segunda princesa fue llamada Pinopiaa, *la virtud en esencia*, «infanta bella como la luz crepuscular y virtuosa como la madre de un dios»; quien moriría al mismo tiempo que su *tona*, una paloma torcaza, y «se transformaría en una esfera de jade».

Conquista e inicio de la Colonia

1

CODICIA SEXUAL ENTRE
LOS CONQUISTADORES

La llegada de las huestes españolas a los señoríos mesoamericanos vino a trastornar, en una forma profunda y catastrófica, las costumbres y tradiciones de sus habitantes. Muy pronto, ante la incertidumbre sobre la naturaleza de su estirpe, que preconizaba su calidad de deidades o *teules*, como dieron en llamarlos, los indígenas reaccionaron con una actitud obsecuente que los impulsó a entregar ofrendas ricas en oro, ajuares, alhajas, y, sobre todo, mujeres escogidas entre las más bellas y de preclaro linaje, de suerte que a los españoles les comenzaron a llover mujeres del cielo, tal y como asienta Bernal Díaz del Castillo:

> Y dieron a Cortés, pues éramos ya sus amigos, que nos quieren tener por hermanos, que será bien que tomásemos de sus hijas e parientas para hacer generación; y para que más fijas sean las amistades trajeron ocho indias, todas hijas de caciques [...]
> Y parece ser tenían concertados entre todos los caciques de darnos sus hijas y sobrinas, las más hermosas que tenían que fuesen doncellas por casar. Y dijo el viejo Xicontega: «Malinche para que más claramente conozcáis el bien que os queremos y

deseamos en todo contentaros, nosotros os queremos dar a nuestras hijas para que sean vuestras mujeres y hagáis generación porque sois buenos y esforzados. Yo tengo una hija muy hermosa, no ha sido casada, y quiérola para vos». Los otros caciques respaldaron la oferta del principal jefe tlaxcalteca asegurando que traerían sus hijas para que las recibiésemos por mujeres. Y al día siguiente aparecieron con cinco indias hermosas doncellas y mozas, y para ser indias eran de buen parecer y bien ataviadas, y traían para cada india otra india moza para su servicio y todas eran hijas de caciques.

Así, estas doncellas, como otras que les habían sido regaladas por el *Cacique Gordo* de Cempoala, fueron utilizadas como mujeres-obsequio para establecer alianzas con los españoles, como un acto político y no una actitud de gratificadora sensualidad; aunque, como veremos, en la medida en que se fue desarrollando la Conquista y los españoles mostraron el filo de sus colmillos, así como el desprecio que sentían por dichas mujeres, fueron usadas, en el mejor de los casos, como objetos de placer para satisfacer su lujuria, o como sirvientas para atender a sus necesidades más oprobiosas.

Destaca el hecho de que las mujeres dadas para *hacer generación* fueran doncellas y, por ende, vírgenes, pues la alianza con los poderosos no podía ponerse en riesgo por una mujer que ya hubiera sido penetrada y cuya descendencia pudiera ser puesta en duda por parte de quien la recibía en prenda; esto es, que los señores, sin conocer el vil y desnaturalizado *usufructo* que los españoles iban a ejercer en los cuerpos de sus hijas, pensaron, no sin cierta inocencia, que estos valorarían la *integridad del himen* que cada una aportaba.

¡Mas cuán equivocados estaban! Una vez que los españoles concretaron sus alianzas e hicieron sentir el poder de sus armas de fuego, sus caballos y sus perros sobre los ejércitos oponentes, y se recrudecieron las hostilidades, se comportaron sin ley ni freno, con una fe muy viva, pero con una moral muy precaria, e hicieron saltar los herrajes que los sujetaban a sus vicios más acuciantes: el sexo y la codicia por el oro.

Muy rápido, durante el curso de dos escasos años, los señoríos fueron avasallados y la derrota de los indígenas implicó un alto grado de violencia sexual. Muchas mujeres indefensas fueron capturadas como botín de guerra y entregadas a los soldados —más de seiscientos hombres que andaban urgidos— para que desfogasen en ellas los apetitos que habían estado reprimidos durante muchos meses de abstinencia forzosa debida a la carencia de hembras en los vivaques que levantaban o en los poblados arrasados. Pronto, comenzaron las peleas entre los españoles por el reparto de la carne inerme, mancillada por grilletes y cadenas. La primera vez, en Segura de la Frontera, villa recientemente fundada por Cortés, se dan pregones para que todas las hembras y muchachos capturados por los soldados fueran reunidos en un edificio para marcarlos con la letra *G* candente en el rostro, apartar el quinto real y otro quinto para Hernán Cortés. Pero el capitán extremeño y sus oficiales hicieron trampa: a escondidas, por la noche, sacan las mejores indias para ellos y las reemplazan por otras viejas e inútiles.

Ante las vivas protestas de los soldados, Cortés jura que es inocente del escamoteo de indias y, para satisfacer a los descontentos, les promete que la próxima vez las mujeres serán sacadas en almoneda, es decir a subasta, «y la buena se vendería por tal y la que no lo fuese por menos precio, y de aquella manera no tendrían que reñir con él». Igual que monedas de cuño prohibido, las mujeres vencidas fueron marcadas para hacer patente la violencia de la sexualidad desenfrenada de los vencedores.

De nada sirvió a las mujeres que huían de Tenochtitlan tratar de afearse y deformarse el cuerpo, o pintarse la piel con tiznes o barro, sabedoras de que el despojo más preciado para los lúbricos españoles eran las carnes claras, algunas «aún más blancas que las de las hembras alemanas», exagera Gonzalo Fernández de Oviedo. Igual y sin parar en mientes, los españoles escogían a las mujeres bonitas, a aquellas cuyo cuerpo era de color amarillo. Y algunas mujeres, para evitar que se las llevaran, se cubrían con lodo el rostro y se ponían trapos remendados y como blusa harapos mugrientos; en la *Relación anónima de Tlatelolco,* se describe: «Tomaron las mujeres bonitas, las de color moreno claro, a pesar de que iban cubiertas con andrajos, y las mujercitas llevaban las carnes de la cabeza a la cintura casi desnudas y las caderas envueltas en sarapes viejos. Y por todos lados rebuscan los cristianos. Les abren las faldas, por todos lados les pasan las manos, por sus orejas, por sus senos, por sus muslos, por sus cabellos, por sus nalgas...», sin dejar de apretar, palpar, magullar la carne acongojada, la piel aterida por el miedo. Una orgía celebrada a plena luz del día sobre las calzadas anegadas de sangre, sudor y lágrimas.

No menos feroces fueron los conquistadores de los señoríos mayas. Como ya referimos, su lascivia llegó al grado de *aperrear* a las mujeres que se negaban a complacer sus ardientes deseos. Este martirio, el *aperreamiento,* cuya principal promotora fue la conquistadora María de Estrada, dueña de unos mastines venecianos con fauces luciferinas, fue una de las maneras más crueles de exterminio practicada por los españoles, y se utilizó indiscriminadamente tanto por los conquistadores como por los encomenderos para imponer su capricho entre los indígenas derrotados y las mujeres rejegas que se atrevían a defender su honra a costa de su propia vida.

El procedimiento para poseer a las mujeres-obsequio y, más adelante, a todas aquellas que merecían ciertos privilegios por tener ascendencia noble, se estableció desde los primeros repartos. Ya desde antes que Cortés iniciara su expedición de conquista, el gobernador de Cuba, Diego Velázquez, conocedor de la calaña rufianesca que acompañaría a su concuño, dictó unas *Ordenanzas* a las que deberían sujetarse. Entre ellas, prohibió a «los españoles tener acceso ni coito carnal con ninguna mujer, fuera de nuestra la ley»; disposición que los obligaba a bautizar a cualesquier doncella con la que quisiesen *echarse encima*, término utilizado por los españoles para describir la cópula.

Establecida la fórmula: *primero te bautizo y luego me echo encima de ti*, y, entonces, ya puedo hacerte todas las cochinadas que me venga en gana, las primeras mujeres-obsequio fueron bautizadas con nombres españoles y Cortés, como siempre, hizo el reparto: Alonso Hernández de Portocarrero estaba ausente, de modo que el privilegiado fue Pedro de Alvarado, que recibió a la hija de Xicoténcatl, bautizada como doña Luisa. Juan Velázquez de León se hizo con doña Elvira, hija de otro cacique principal. Gonzalo de Sandoval, Cristóbal de Olid y Alonso de Ávila fueron beneficiados con las otras tres. Como Cortés ya poseía a Malintzin, bautizada como doña Marina, y no requería otra *vulva florida* para depositar su simiente, quedó, por el momento, ampliamente satisfecho.

Si bien dichos capitanes siempre estarían acompañados por numerosas mujeres, eso sí todas bien bautizaditas, muchos de los soldados —entre ellos Bernal Díaz del Castillo, a quien Moctezuma Xocoyotzin, viéndolo desprovisto de un buen par de tetas, regaló una doncella dotada con redondeces voluptuosas— tuvieron, por fuerza o de grado, éxito en sus conquistas amorosas.

Es innegable que las jóvenes indígenas, de manera paulatina, se fueron aficionando a la apariencia atractiva —por diferente y exótica— y varonil de los conquistadores, y comenzaron a procurarlos como amantes, no solo por razones eróticas sino porque intuyeron que los hijos concebidos con ellos tendrían —dadas las circunstancias— un mejor porvenir. Un vástago mestizo les serviría para adaptarse al universo de los nuevos amos, para establecer lazos de sangre con ellos y poder, hasta cierto punto, disfrutar de privilegios con más facilidad que los varones indígenas. Reflexión que fue confirmada con el calificativo de *tarascos* que los españoles dieron a los purépechas de Michoacán, expresión derivada de *tarascue* que significa *mi cuñado*, y se empleaba para dirigirse a los españoles porque estos se casaban con sus hermanas en los primeros tiempos de la Conquista.

Asimismo, Pedro Mártir de Anglería asevera, con su natural misoginia, que «…las mujeres indígenas se sintieron, en general, atraídas por los europeos. Según la índole general de las mujeres, que les gusta más lo ajeno que lo suyo, estas aman más a los cristianos…»; aseveración reforzada por otro misógino irredento y no ajeno a la xenofobia, Fernández de Oviedo, quien partiendo del prejuicio de que «…las indias son las mayores bellacas y más deshonestas y libidinosas que se hayan visto […] son amigas de los cristianos porque dicen que son amigas de hombres valientes y ellas son más inclinadas a hombres de esfuerzo que a los cobardes, y conocen la ventaja que hacen a los indios. Y quieren más a los gobernadores y capitanes que a los otros inferiores, y se tienen por más honradas cuando alguno de tales las quiere bien».

A pesar de que muchos españoles fueron despreciados por sus conterráneas que llegaron al poco tiempo en busca de fortuna, por estar «…viejos y podridos […]; y parecer que escaparon del infierno, según están estropeados: unos cojos, otros mancos, otros sin orejas, otros con un ojo, otros con media cara, sin dientes, y el mejor librado la tiene cruzada una o dos veces por alguna cuchillada…», se convirtieron en atractivos objetos sexuales para las hembras indígenas por varios motivos: eran diferentes en el color de su piel y en la textura de sus cabellos; portaban barbas cerradas, hirsutas; su estatura era más elevada que la de los naturales; vestían ropajes de metal y telas de colores desconocidos; y, sobre todo, eran triunfadores, aun sobre sus propios hombres.

Así, deslumbradas, seducidas, y más o menos —podemos otorgar el beneficio de la duda— bien *cogidas*, las indígenas se entregaron a ellos enteramente: eran sus mejores auxiliares para los debates con los caciques vernáculos, y con un desinterés y lealtad a toda prueba, y les avisaban de las traiciones secretas que perpetraban los indios.

Estas apreciaciones de los cronistas de Indias deben, sin embargo, ponderarse bajo el tamiz de otras consideraciones que si bien no las desmienten, sí les dan un giro menos tendencioso. Fernández de Oviedo, por ejemplo, al referirse al sitio de Tenochtitlan, tiene una perspectiva de la conducta de las mujeres mexicas más digna y diferente:

> Muchas cosas acaecieron en este cerco, que entre otras generaciones estuvieran discantadas e tenidas en mucho, en especial de las mujeres de Temixtitan [castellanización fonética de Tenochtitlan], de quien ninguna mención se ha fecho. E soy certificado que fue cosa maravillosa e para espantar ver las prontitud e constancia que tuvieron en servir a sus maridos, y en curar a los heridos, y en labrar las piedras para los que tiraban con hondas, y en otros oficios para más que mujeres.

Por su parte, fray Toribio Motolinia relata en su obra *Historia de los indios de la Nueva España* un suceso que demuestra que, si bien es cierto que existieron muchos amancebamientos entre españoles y mujeres indígenas, no todas sucumbieron frente a los requerimientos sexuales de sus opresores:

> En México aconteció una cosa muy de notar a una india doncella, la cual era molestada y requerida de un mancebo español; y como se defendiese de él, el demonio despertó a otro y púsole en la voluntad que intentase la misma cosa; y como ella también se defendiese del segundo como del primero, ayuntáronse ambos los mancebos y concertáronse de tomar a la doncella por fuerza lo que de grado no habían podido alcanzar; para lo cual la anduvieron aguardando algunos días; y saliendo ella de la puerta

de su casa a prima noche, tómanla y llévanla a una casa yerma adonde procuraron forzarla, y ella defendiéndose varonilmente. Y llamando a Dios y a Santa María, ninguno de ellos pudo haber acceso a ella; y como cada uno por sí no pudiese, ayuntáronse ambos juntos, y como por ruegos no pudieron acabar nada con ella, comenzáronla a maltratar y a dar de bofetadas y a mesalla cruelmente; a todo ella siempre perseverando en la defensión de su honra. En esto estuvieron toda la noche, en la cual no pudieron acabar nada [...] y como ellos la tuvieron toda la noche y nunca contra ella pudieron prevalecer, quedó la doncella libre y entera...

Mientras esto acontecía con las mujeres mexicas, entre los californios estas se condujeron de una forma parecida, por más que de sus maridos se afirme en el *Diario de las expediciones a las Californias*, de José Longinos, que «eran muy dados al vicio de la lujuria. Celaban muy poco a sus mujeres y era bastante frecuente el que los mismos maridos convidasen a los pasajeros con ellas, siendo muy común entre ellos el cambiar de mujeres [...] la viveza de estos indios les hacía ser más dados al latrocinio que los de los demás territorios y ser inclinados a poseer cosas de algún valor, por cuya avaricia, donde tenían algún comercio con soldados y marineros, eran alcahuetes hasta de sus propias mujeres por cualquier vil interés»; ya que muy pronto advirtieron que, una vez satisfecha la lascivia de los españoles, estos volcaban su interés en los beneficios que, como sirvientas, pudieran proporcionarles.

Muchos conquistadores se destacaron por su promiscuidad y «por ser muy dados a las mujeres», entre ellos Hernán Cortés, el abusador de doncellas por antonomasia, quien no acababa de pisar tierras americanas cuando ya se había *echado encima* del cuerpo de Malintzin para gozar de su carne.

Hernán Cortés de Monroy y Pizarro Altamirano tenía treinta y cuatro años cuando, en 1519, se lanzó a la Conquista de México, y, por lo tanto, estaba en la plenitud de sus facultades físicas y, obviamente por lo que de él sabemos, mentales. «Era de buena estatura [el análisis de sus huesos dio como resultado un metro con cincuenta y ocho centímetros] y cuerpo bien proporcionado y membrudo», según la descripción que dejó Bernal Díaz del Castillo y que lo hace ver atractivo y justifica la fama de seductor que le precedía: «...su cara algo cenicienta y no muy alegre y que tuviera un rostro más largo mejor pareciera, y era en los ojos en el mirar algo amorosos; y por otra parte graves. Las barbas tenía algo prietas y pocas y ralas, y el cabello, que en aquel tiempo se usaba, de la misma manera que las barbas, y tenía el pecho alto y la espalda de buena manera, y era cenceño [enjuto] y de poca barriga y algo estevado y las piernas y muslos bien sentados; y era buen jinete y diestro de todas armas, así a pie como a caballo, y sabía muy bien menearlas y, sobre todo, corazón y ánimo, que es lo que hace al caso».

Cortés no era un Adonis y no cumplía con los estándares estéticos que imperan hoy en día, pero para su época debió de ser sumamente provocativo para las preferencias femeninas, hecho más que confirmado por la nómina de mujeres que, se sabe, disfrutaron del vigor de su *paquete*.

La primera mujer con la que tuvo amoríos y de la que existe constancia fue Leonor Pizarro, con la que procreó una hija, en Cuba, llamada Catalina Pizarro, primogénita que se casaría luego con Juan de Salcedo. A esta siguió —no se precisa si fue después o simultáneamente— la española Antonia o Elvira Hermosillo, que le dio un hijo, Luis Cortés Altamirano, y a la que dejó, pero eso solo son rumores, porque le exigió que se cortara el prepucio, a la manera de los judíos —conversos o no—, porque en dicho pellejuelo mantenía Cortés un ligero sabor a tocino que mucho le disgustaba.

También en Cuba, Cortés tuvo trato carnal con Marina de Triana, una adolescente española provista de un nalgatorio pizpireto, y más tarde, ya en su casa de Coyoacán, consumada la Conquista, un despropósito con su madre, Catalina González, que era mujer de Juan de Cáceres Delgado —del que quedó constancia en el juicio de residencia que se le fincó en la Nueva España por el juez especial Luis Ponce de León, entre 1524 y 1525, y que se prolongaría en el Consejo de Indias de Sevilla hasta el 19 de septiembre de 1545—, y del que salió muy mal parado, «como un burdo amante y torpe seductor», y que si se hubiese dado a la luz pública, habría maltratado su fama de galán y lo hubiese hecho quedar en ridículo.

No conforme con haber copulado con la chica, el extremeño, a quien ellas llamaban don Fernando, quiso meterse entre las piernas de la madre:

> Estando esta que declara [según la versión de la afrentada y la denuncia de Bernardino Vázquez de Tapia en el proceso incoado] en Coyoacán fue un día a hablar con el dicho don Fernando a le rogar que le diese algunos indios e que hablaron al dicho don Fernando, que había acabado de comer e que se quería echar a dormir, e questa que declara se entró en la cámara del dicho don Fernando e se asentó encima de una caja que allí estaba, e que dende a un poco entró en la dicha cámara e pidió paño e peine e se acostó en la cama a dormir la siesta, e que estando así acostado esta que declara le dijo que tenía mucha necesidad ella y su marido, que les diese unos indios, e quel dicho don Fernando no le dijo cosa ninguna e que se levantó de la cama e se abrazó con esta que declara e anduvo con ella a los brazos asido un gran rato e rogándole que se echase con él, e questa se defendió dél diciéndole: «Cómo, ¿no sois cristiano, habiendo os vos echado con mi fija queréis echaros conmigo? Bien que me podéis matar y facer los que quisiéredes, mas yo tal no haré» [...] e que desta manera se defendió dél e se fue; e que desde ha cierto tiempo, una fija desta que declara, que se dice Marina de Triana, ques con la que decían quel dicho don Fernando se echó, vino a esta ciudad e le preguntó si era verdad quel dicho don Fernando se había echado con ella, la cual dijo que sí.

Por supuesto, Cortés negó y se defendió de la acusación como gato boca arriba. No podía permitirse el lujo de que su prestigio de garañón quedase por los suelos debido a una difamación que no se merecía, menos cuando los hechos confirmaban que él era gallo para todo el gallinero.

Todavía antes de que levantase las velas de sus naves ancladas en La Habana, Cortés fue protagonista de una aventura amorosa con Catalina Xuárez *la Marcaída,* hermana de la esposa del gobernador de la isla de Cuba, Diego Velázquez, con la que, después de muchas peripecias dignas de una novela romántica, tuvo que casarse y reconocer como su mujer legítima, y a la que, según los indicios recabados, acabó ahorcando con sus propias manos.

Esta mujer —de armas tomar—, cansada de esperar en Cuba el retorno de su marido, se presentó en la casa de Cortés en Coyoacán, hacia el mes de septiembre de 1522, acompañada de su hermano Juan Xuárez y varios parientes, y un séquito de criadas, entre ellas Ana Rodríguez, y las hermanas Elvira y Antonia Hernández, para que la sirvieran como si fuese una reina. Ya desde un principio, la Marcaída, de acuerdo con las declaraciones de Ana Rodríguez, camarera de doña Catalina, mujer discreta y buena observadora «se mostró celosa de su marido, quien festejaba damas e mujeres que estaban en estas partes», entre las que entraban las indias. Más de cuarenta con las que se *echaba* carnalmente, calculó Juan de Burgos en el juicio.

Los hechos trágicos, quizá la primera *nota roja* que se dio en la Nueva España, sucedieron la noche del primero de noviembre de 1522, en que «había fiesta, con muchas dueñas y caballeros, en casa de Cortés en Coyoacán». Durante la cena, doña Catalina hizo un reclamo al capitán Solís, sentado a su lado: «Vos Solís, no queréis sino ocupar mis indios en otras cosas de lo que yo les mando e no se face lo que yo quiero»; lo que dio pie a una breve disputa que fue resuelta por Cortés con una broma que hizo avergonzar a doña Catalina, quien se retiró y entró corrida en su cámara. Don Hernán quedó un rato más con sus invitados, los despidió y pasó a su cámara a desvestirse y acostarse.

Dos o tres horas más tarde, recuerda Juan de Burgos: «...estando este testigo doliente en su casa, vino a ella Alonso de Villanueva, camarero del dicho Fernando Cortés, a llamar a María de Vera, ama deste testigo, que la llamaba el dicho don Fernando que fuese allá, que estaba mala Catalina Xuárez, mujer del dicho don Fernando, e que esto podría ser a las doce de la noche; e la dicha María de Vera se fue a la casa de don Fernando, e que desde a obra de hora y media o dos horas volvió a casa deste testigo la dicha María de Vera y le dijo: "Vengo de amortajar a Catalina Xuárez, mujer del capitán Fernando Cortés", y este testigo le dijo: "¡Cómo!, ¿muerta es Catalina Xuárez?", y la dicha María de Vera le dijo: "Sí, que yo la dejé amortajada, y este traidor de Fernando Cortés la mató, porque al tiempo que la amortajaba le vide las señales puestas en la garganta, en señal de que la ahogó con cordeles, lo cual se parecía muy claro"».

Sin embargo, Cortés tuvo el ánimo de armar un numerito, en el que anduvo «dando gritos e que andaba dando golpes consigo contra aquellas paredes e que sus pajes tenían que sujetarlo para que no se hiciese daño» y lamentándose de la muerte de su esposa, y nunca, por más que sus enemigos insistieron, se le pudo probar que él la hubiese asesinado.

Varios años más tarde, en abril de 1529, Cortés se casaría *canónicamente* por segunda vez, en Béjar, con otra española, doña Juana de Zúñiga, hija del conde Aguilar y sobrina del duque de Béjar, con la que tuvo seis vástagos de los cuales sobrevivieron tres hijas: Catalina que murió joven; María que casó con el conde de la Luna; y Juana, esposa del duque de Alcalá; y a su segundo hijo llamado Martín Cortés, quien desplazaría al primer Martín engendrado con Malintzin y sería su sucesor y heredaría el título de segundo marqués del Valle.

Respecto de sus amoríos con las indias, Cortés demostró una afición más que desproporcionada por los excesos y promiscuidades sexuales. Como hemos visto, la primera mujer con la que cohabitó en tierras americanas fue Malintzin o doña Marina, *naboría*-manceba, que en un principio regaló a

Alonso Hernández Portocarrero pero que, cuando este tuvo que ausentarse y regresar a Castilla, tomó para sí. Esta mujer, además de servirle como intérprete, engendró con él al primer Martín Cortés y, una vez que se hubo cansado de su compañía, la casó con el capitán Juan Jaramillo y la apartó de su vida. Llama la atención, sin embargo, que Cortés fuese celoso de sus favores, a pesar de haberla compartido carnalmente con varios de sus predilectos, pues el bachiller Alonso Pérez dejó testimonio de que «vio ahorcados a dos o tres indios en Coyoacán, acusados de que se habían echado con la dicha *Marina*»; testimonio que nos permite pensar que Malintzin daba de beber a Cortés *agua de su propio chocolate*.

Antes de llegar a Tlaxcala, Cortés recibió como regalo a una sobrina del Cacique Gordo de Cempoala, llamada Tlachcalcatl y bautizada con el nombre de Catalina, a la que desdeñó porque era horriblemente fea y adolecía de un mal aliento insoportable. Se presume que Cortés no se echó encima de ella, aunque algunos de sus enemigos, quizá el tesorero Alderete, dejaron correr el borrego de que el extremeño se la *echaba como cebollita*; esto es, cubriéndole el rostro con una manta para no verle la cara y poder dedicar su lascivia a las partes del cuerpo que más lo entretenían.

Más adelante, durante el periodo previo a la guerra de resistencia de los aztecas y mientras mantenía una especie de *luna de miel* con Moctezuma Xocoyotzin, Cortés sostuvo relaciones sexuales con una de sus hijas, bautizada con el nombre de Ana, «a la que dejó embarazada». Esta mujer aparentemente murió ahogada en uno de los canales de Tenochtitlan durante el episodio conocido como la Noche Triste. Por la misma época, Cortés se echaba con Francisca, hermana del *huey tlatoani* de Texcoco, Cacama, y con otras hijas de Moctezuma llamadas Inés y Elvira, aunque con la tergiversación de tanto bautizo es imposible determinar de quiénes se trataba.

Vázquez de Tapia, quien afirmaba que Cortés «tenía más de gentílico que de buen cristiano», especialmente por sus infinitas mujeres, cuenta del harén que don Hernán tenía en su casa, de mujeres de la tierra y otras de Castilla, y que según sus criados, con todas tenía acceso aunque fuesen parientes entre ellas y refiere las relaciones que tuvo Cortés con dos hijas de Moctezuma, doña Ana y doña Isabel, y con una prima de ellas, así como con una sobrina de Malintzin; y en fin, dice que el conquistador no tenía reparos en que estuviesen casadas ni que fueran parientas entre sí y que «enviaba los maridos fuera desta cibdad por quedar con ellas [...] e que algunas de ellas parieron del dicho don Fernando».

Empero, entre toda la pléyade de doncellas mexicas que Cortés tuvo a su disposición, la más interesante fue, sin duda, Tecuichpotzin Ichcaxóchitl, hija predilecta de Moctezuma Xocoyotzin, mujer de belleza notable, a quien el conquistador violó en su casa de Coyoacán y con la que engendró a Leonor Cortés Moctezuma que, ya adulta, casó con Juanes de Tolosa, vizcaíno, conquistador de Nueva Galicia. Esta distinguida mujer, bautizada con el nombre de Isabel Moctezuma, tuvo una vida por demás azarosa. Casada en primeras nupcias con Cuitláhuac, su tío carnal y héroe de la guerra de resistencia de los mexicas contra los conquistadores —el único que pudo derrotarlos y hacerlos huir de Tenochtitlan—, a la muerte de este fue dada en matrimonio al célebre Cuauhtémoc, con quien convivió hasta la derrota final de los mexicas, su aprehensión por Juan García Holguín y su entrega a Cortés, quien lo hizo prisionero, lo torturó afrentosamente y, después, asesinó durante la expedición a las Hibueras.

Recluida en el serrallo del extremeño, Isabel fue violada. Antes de que diera a luz a su hija, seguramente para disimular el escándalo, Cortés le hizo contraer matrimonio con Alonso de Grado, con el que vivió apenas un año. Viuda por tercera vez, Isabel fue obligada por Cortés a contraer matrimonio con Pedro Gallego de Andrada, con el que procreó un hijo llamado Juan de Andrada Moctezuma, «de quien descienden los condes de Miravalle, de Granada, España».

A la muerte de este, acaecida a los dieciocho meses de haber contraído matrimonio, Isabel casó, por quinta vez, con Juan

Cano de Saavedra, hidalgo de Cáceres, con quien procreó cinco hijos y con el que viviría hasta 1550, fecha de su fallecimiento.

Cortés cumplió, así, con la promesa hecha a Moctezuma —ya agonizante y antes de que lo asesinaran sus capitanes— de cuidar de tres de sus hijas —Tecuichpotzin-Isabel, Ilancueitl-Marina o Leonor y Macuilxóchitl-María— que, según el conquistador, «eran las mejores joyas que él me daba y me pidió que partiese con ellas de lo que tenía porque no quedasen perdidas, especialmente la mayor, que esta quería él mucho». ¡Y vaya que las cuidó bien! Se *echó encima* de las tres y disfrutó de sus cuerpos todo el tiempo que le fueron placenteros.

Cortés, a pesar de los *descargos* que hizo en su defensa, en 1534, «asegurando, respecto de los cargos de promiscuidad que "lo tal no pasa", puesto que él es un buen cristiano y se defiende señalando que las acusaciones no están debidamente probadas y que sus acusadores son "hombres de baja suerte y manera e infames"», no pudo escapar al juicio lapidario de sus detractores, quienes fallaron que había «transgredido muchas veces los mandamientos morales básicos de la humanidad»; uno de los cuales, Diego de Ordaz, fue implacable al sentenciar: «Hagoos saber que el marqués no tiene más conciencia que un perro».

Si bien Hernán Cortés se distinguió por los innumerables desmanes cometidos en agravio de la sexualidad de castellanas y mexicas, otros conquistadores no estuvieron exentos de tales tropelías. Tal es el caso de Alonso Hernández de Portocarrero, quien recibió como obsequio a la más bonita de las doncellas de Cempoala, hija del cacique Cuesco, aunque no se sabe qué hizo con ella después de disfrutar de su cuerpo. Este capitán era primo del conde de Medellín y, como tal, el de más ilustre linaje entre los conquistadores. Venía aureolado por una fama de mujeriego y había llegado a los dominios de los mexicas acompañado de una mujer española raptada por él, a la que luego abandonó. Hernández de Portocarrero, a lo largo de la guerra de Conquista y privilegiado por Cortés, cumplió cabalmente con el papel de *desvirgador* de innumerables princesas debido, decían los envidiosos, a que estaba dotado con un miembro de dimensiones colosales.

Alonso Valiente, secretario de Cortés, fue otro conquistador harto libidinoso, pero que cometió el pecado de enamorarse de aquella Marina, la hija que Moctezuma había regalado a Cortés con las siguientes palabras: «Mira, Malinche, que tanto os amo, que os quiero dar una hija mía muy hermosa para que os caséis con ella y que la tengáis por vuestra legítima mujer», y que el extremeño había desdeñado con el pretexto de ya estar casado, lo cual era cierto, y que su religión le prohibía tener más de una esposa.

Valiente había llegado un poco después de la caída de Tenochtitlan dotado con armas, bagajes y criados, y traía consigo a su legítima esposa española, Juana Mansilla, mujer de temple que se haría célebre por interponerse a los tiranuelos Salazar y Chirinos, en defensa de los intereses de Cortés y su marido. No obstante, «vencido por un irresistible amor», según escribió en sus *Diálogos*, cometió la locura de repudiar a su legítima esposa, tras lo cual, a punta de espada, obligó a un canónigo a casarlos. Marina, como era de esperarse, no tardó en quedar embarazada. Sin embargo, Juana Mansilla no se quedó ni con los brazos ni con las piernas cruzadas. Acudió a la curia romana y esta declaró nulo el matrimonio de Alonso Valiente con la princesa mexica. Empero, y sobre esto hay someras dudas, los mismos detractores de Cortés dieron por sentado que Juana y Marina llegaron a un entendimiento, y ya fuese de manera intercalada o en «deliquios compartidos», ambas permitieron que Valiente se les echara encima «ambas a dos y, a veces, con la participación de otras naborías descastadas».

Así, otros cientos de conquistadores contribuyeron, igualmente y al mismo tiempo, a poblar de mestizos las tierras que, durante milenios, no habían conocido a hombres de otras etnias.

2

MANCEBÍAS Y OTRAS CONDUCTAS SEXUALES

Los parámetros de las relaciones sexuales, ya fuesen dentro del matrimonio o fuera de él, pronto se transformaron a raíz de la Conquista. Acostumbrados, sobre todo los señores principales, a tener varias esposas «legítimas» y tantas concubinas como les permitiese su rango, y los *macehuales* o plebeyos a vivir, al menos de manera transitoria, en amancebamiento, les resultó natural pensar que los españoles adoptarían las mismas costumbres, ignorantes de las disposiciones restrictivas que, sobre la unión hombre-mujer, imperaban en España. Mientras que los extranjeros habían aceptado el matrimonio y la monogamia en sus relaciones sexuales para cumplir con la procreación y los mandamientos de la religión católica a que estaban sometidos, los indígenas convivían sujetos a conceptos que, si bien condenaban el adulterio y otras transgresiones y las sancionaban con un rigor implacable, eran más permisivos y libres para la expresión del deseo y sus variantes carnales.

Por ello, Xicoténcatl eligió a dos hijas suyas, Tecuiloatzin y Tolquequetzaltzin; Maxixcatzin escogió a Zicuetzin, hija de otro señor; y así los demás principales; y habiendo juntado otras muchas doncellas con estas señoras, se las dieron cargadas de muchos presentes de oro, mantas, plumería y pedrería;

y dijo Maxixcatzin a Marina que dijese al señor capitán, «que allí estaban aquellas doncellas para que él y sus compañeros las recibiesen por mujeres y esposas».

Sin embargo, los españoles vieron en estas mujeres solo la oportunidad de saciar su lujuria y usar de ellas como objetos sexuales, y para nada les pasó por la mente la necesidad de casarse con ellas. No sería hasta mucho más tarde, cuando algunos, por imposición de los religiosos y para no contravenir las ordenanzas que definían el marco legal al que estaban obligados, contrajeron matrimonio.

El ideal aconsejaba que se casasen españoles con españolas, indios con indias, y —después de la incorporación de los negros, en calidad de esclavos— negros con negras. Empero, quienes vivieron la contradicción de esta premisa fueron los españoles, para quienes «el prestigio social de un hombre español dependía de su mujer blanca». En efecto, muchos de ellos eran casados en España y abandonaron a sus esposas buscando en tierras americanas como mancebas, primero a indias y negras, y después a mulatas y mestizas; tal y como sucedió con Juan Rodríguez de Villafuerte, «un español conquistador que trajo acá el Marqués del Valle y que vivió amancebado con la hija de Chicome-Axochtzin, principal de Tenochtitlan, bautizada como doña Juana, con la que procreó dos hijos...»

Muy pronto, los españoles olvidaron que la relación conyugal consistía, para la mujer, en preparar los alimentos y servir en la cama; mientras que el hombre tenía la obligación de alimentar a la esposa y cumplir con el débito, así como que la virginidad era un derecho del hombre sobre la mujer, y se dieron al desenfreno y al sacrilegio de casarse dos o más veces, según se presentaran las circunstancias.

A pesar de que la mayor parte de los españoles consideró vergonzoso casarse con una india, aun cuando fuera su concubina, y de que el matrimonio legal del blanco con una mujer *de color* fuese tenido por socialmente deshonroso, y que «un español honorable no se casaba con una negra», los casos proliferaron:

Pedro de Herrera, casado en Sevilla con Inés Martín, confiesa que, después de haber llegado a la Nueva España, conoció a María Sánchez mestiza, a la que sacó de su casa siendo virgen, por lo que fue apresado. Al salir de la cárcel, se le obligó a cumplir con la palabra de matrimonio, y Pedro no tuvo valor para confesar que ya tenía mujer en España. Poco menos de un año hizo vida de maridaje con su nueva esposa «comiendo y durmiendo juntos como marido y mujer», procreando un hijo. Al ser denunciado como casado dos veces, la justicia fue implacable: lo sentenciaron a escuchar misa con vela en las manos, soga en el cuello en forma de penitente y con coroza en la cabeza; con las insignias de casado dos veces, desnudo de la cintura para arriba, en bestia de albarda, fue paseado por las calles; el pregonero al frente manifestaba su delito; al final del paseo se le propinaron cien azotes. La segunda parte de la sentencia fue el destierro para reunirse con su esposa en España, pero tuvo serias dificultades para cumplirlo, ya que al abandonar la cárcel se encontraba pobre y enfermo.

Cumplía, así, la justicia con los principios de la Corona que sancionaban a aquellos que abandonaban a sus mujeres para casarse por segunda vez en la Nueva España, al consignar que, con sus castigos, «la finalidad de los procesos y de la condena, en ocasiones a muerte, no era salvar el alma del acusado sino mantener el bienestar público y aterrorizar al pueblo».

El abandono del cónyuge en la península no fue privativo de los varones, sino que varias mujeres españolas faltaron a su compromiso en busca de placer y fortuna. Desoyendo el precepto, propalado por una tal doña Francisca, mujer blanca y de pelo en pecho que opinaba «que era mejor que los *perros negros* no se casasen porque después servían mal a sus amos», y haciendo caso omiso al hecho, patente, de que «las autoridades combatían con un afán de veras feroz el concubinato entre negros e indias, al grado de imponer la castración para el negro que se uniese con india», lo que permitía presumir que con la unión de negro y blanca la sanción sería mayúscula, Ana Hernández *la Serrana* cayó en falta debido a sus preferencias sexuales:

> La Serrana estaba casada en Toledo con Francisco Arévalo, hombre viejo y pobre, al que había dejado para venir a la Nueva España. En Guatemala contrajo segundas nupcias con Gonzalo de Escobar, mestizo de pocas pulgas, padeciendo a su lado muchos trabajos, pues era hombre vicioso, así de mujeres como de vino; para apartarse de él se denunció como casada en Toledo. Tiempo después, se trasladó a Oaxaca casándose con Juan López, cambujo de pocas luces mas dotado con un pene que le llegaba a las rodillas y que la Serrana adoraba.
>
> En dicha ciudad se le acusó de haber casado dos veces [en realidad tres]. Se hicieron las averiguaciones pertinentes y la justicia dictaminó que se separase de Juan y no lo volviera a ver, no sin antes cascarle a él las nueces y dejarlo emasculado. Ella debería embarcarse a los reinos de Castilla y reunirse con su esposo, al que, a su vez, habían separado de una mujer con la que se encontraba casado. Antes de partir, la Serrana tuvo que cumplir la penitencia: escuchar y pagar cinco misas y hasta su partida visitar una vez a la semana el hospital de Nuestra Señora de la Concepción para rezar frente al relicario donde se guardaban los testículos de Juan López y consolar a los pobres, además de pagar una multa de cien pesos de oro.

Es muy probable que ante la amenaza de castigos tan severos, los españoles —muchos de los cuales habían dejado a su mujer legítima en España— decidieran vivir amancebados y no correr el riesgo de perder el pellejo. De hecho, algunos conquistadores, como el propio Bernal Díaz del Castillo, habían encontrado argumentos para paliar su conciencia y no sentirse culpables al cometer una transgresión sexual prohibida: «...no soy amancebado [afirmaba el cronista], porque en el caso que tenga conocimiento carnal con alguna de las indias esclavas, no por eso es amancebamiento, que no comen, ni beben, ni duermen conmigo; y no me he echado con ellas públicamente, ni con una delante de otras...» Un anticipo de lo que hoy llamamos un discreto *rapidito* que no compromete a nada y, además, no le hace daño a nadie.

El amancebamiento, al igual que con los mexicas y los mayas, fue entre los españoles una vía para llegar al matrimonio, aunque las historias no siempre tuvieron un desenlace feliz:

> Ana, india posiblemente otomí, residente de Ixmiquilpan, servía como criada a Rodrigo de Salazar, quien había pedido al Vicario lo casara con ella según lo ordenaba la Iglesia; «ya estaban dadas las manos de muchos días delante de testigos», cuando Rodrigo solicitó angustiado y celoso al Vicario que no permitiera que Diego de Valderas se llevara a su mujer. Diego había estado amancebado con ella por largo tiempo, pero el Provisor de México los había separado, amenazándolos con graves penas si volvían a juntarse. El Vicario, entonces, escondió a la india en la cárcel, clavando previamente la ventana, y le prohibió contestar a cualquiera que llamase. Diego, acompañado de Juan Sánchez y Bernabé Armijo, trató de llevársela rompiendo la ventana, lo que fue impedido oportunamente por el Vicario. Lo hombres encolerizados lo acusaron, no de defender los derechos de Salazar sino sus propios intereses, pues él dormía con Ana y la tenía como manceba. La historia termina con los agresores presos y obligados a pagar una multa en oro...

Noemí Quezada remata la anécdota con una pizca de humor negro que merece, a todas luces, ser incluida: «Cabe preguntar si serían comunes estos altercados masculinos de prestigio a la virilidad ofendida, o bien se trataba de una india excepcional, que puso en entredicho a tres españoles con los que aparentemente tuvo relaciones. Siendo otomí quizá respondiera a un comportamiento menos reprimido que el de los nahuas, pues baste recordar que de los otomíes, hombres y mujeres, se decía *tenían la capacidad de resistir de ocho a diez cópulas seguidas*».

La historia de Ana nos lleva de la mano al hecho de que la ofuscación sexual y la promiscuidad, que no necesariamente respetarían los periodos menstruantes de la mujer, podían ocasionar la concepción de engendros verdaderamente terroríficos, como el llamado por los españoles *congelo*; esto es, una criatura producida durante la menstruación de la madre. El médico navarro López de Corella ilustra lo antes dicho:

> La sangre que es menstrual
> hace efectos venenosos:
> a las yerbas hace mal,
> ella oscurece el metal,
> hace a los perros rabiosos.
> Pues si cuando ella abunda
> cualquier mujer concibiere,
> no os espantéis si saliere
> la criatura muy inmunda.

Por muy cierto tuvieron esto que está dicho en el metro muchos médicos [...] Y sepan que muchos salen imperfectos y de monstruosa figura por no guardar tiempo en lo que mucho importa. Y adviertan que no tan solamente se sigue daño a la criatura de aquel ayuntamiento; pero también a ellos [...], pues como tengo dicho, la tal sangre mucho inficciona...

Otro médico español afirmaba:

...las causas físicas y naturales de la generación de los monstruos son [...] entre otras, la cópula en tiempo de menstruo [...] El menstruo, sitio, tiempo, demasiada lujuria, ejercicios de la madre, golpes en el vientre, y otras circunstancias, suele ser causa de que salga el niño con alguna deformidad, como lo suponen los moralistas, preguntando si es lícita la cópula en tiempo de menstruo...

Esta situación harto peligrosa había, pues, que eliminarla con el control eclesiástico de los encuentros sexuales, y qué mejor para ello que regularizar los matrimonios indígenas sacramentándolos con el ritual católico.

Ni tardos ni perezosos, los frailes que tomaron bajo su responsabilidad la evangelización de los indígenas se dieron a la enorme tarea de casar a las multitudes irredentas. «El sacramento del matrimonio en esta tierra de Anáhuac o Nueva España [afirma fray Toribio Motolinia], se comenzó en Tezcuco. En el año de 1526, domingo 14 de octubre, se desposó pública y solemnemente don Hernando Pimentel, hermano del señor Cacama, de Tezcuco...» El areito que acompañó a la celebración de esta ceremonia no varió mucho de lo que acostumbraban los principales mexicas para dichos festejos. Le fueron agregados la misa, las arras, los anillos y otras minucias de la liturgia católica, y contó con la presencia de varios españoles avecindados e, incluso, el marqués del Valle, Hernán Cortés, mandó a un criado «que ofreciese en su nombre, el cual ofreció muy largamente».

Sin embargo, los casamientos no se iban a efectuar con facilidad porque, como los señores tenían muchas mujeres, no las querían dejar, ni los curas se las podían quitar, ni bastaban ruegos, amenazas o sermones para que dejadas todas se casasen con una sola en la Iglesia. Mucho tiempo tomó a los frailes convencer a los indígenas de que aceptaran la monogamia y tuvieron que trabajar arduamente para, al menos, conseguir cientos de simulaciones. Empero, una vez aceptada la nueva situación, los matrimonios fueron masivos:

> En Xupanzinco, que es pueblo de harta gente, en domingo ayuntáronse todos para oír misa y desposáronse así antes de misa como después por todo el día, cuatrocientos cincuenta pares [...] A la misa del domingo se velaron doscientos pares, y el lunes adelante se desposaron ciento cincuenta pares, y los más de estos se fueron a velar a Tecoac, tras los frailes, donde se desposaron doscientos cuarenta pares [...]; y en Tlaxcala se des-

posaron en un día más de mil pares [...], porque en este tiempo fue el fervor de casarse los indios naturales con una sola mujer; y esta tomaban, aquella con quien estando en su gentilidad primero habían contraído matrimonio...

Y así, como si fuesen zapatos, los indígenas formaron pares, lo que debe haberles resultado gravoso, sobre todo después de tantos años de disfrutar, con cierta liberalidad, de los placeres carnales.

Si bien, en un principio, los frailes católicos actuaron de buena fe y con desinterés en el suministro de los sacramentos de su Iglesia, pronto sacaron las uñas y pusieron a circular la alcancía. El capellán de Malinalco expuso, a favor de los indios macehuales que no habían regularizado su situación matrimonial, argumentos económicos reales al mencionar que, en Zacualpan no llegaban ni a tener pastos, y «cómo quiere vuestra señoría que los indios reciban los sacramentos, si para poder casar han de dar un *tomín* al *topil*, otro al fiscal y otros dos o tres al padre que los casa»; situación que, para vergüenza de la *Puta de Babilonia*, se ha perpetuado hasta nuestros días.

La monogamia, pues, quedó instituida entre los indios pertenecientes a las culturas dominadas. Sin embargo, la poligamia continuó siendo un privilegio de los españoles, aunque también fue disfrutada por algunos principales que pudieron darse el lujo de pagarla. No fue hasta 1537 cuando llegó a la Nueva España la *Bula papal* que estableció que «el matrimonio católico entre los indios polígamos debería realizarse con la primera mujer». No obstante, en el ínterin, muchos indígenas continuaron casándose con la hermana de su esposa, lo que agregó a su falta el delito, aún más grave, del incesto. Empero, después contemporizaron. «En Tecualoya, el cacique regularizó su matrimonio y, así, solo tuvo una esposa, pero conservó a su cuñada como manceba; en tanto que su mujer mantenía, a su vez, relaciones con su cuñado.» El *ménage à quatre* en su expresión más sofisticada que, además de divertido, debió de ser muy excitante. Un caso más conocido fue el de Martín Xuchimitl, indio mexicano de Coyoacán, quien confesó «que antes de ser cristiano estaba amancebado con dos hermanas, para esos días ya difuntas; más tarde, tomó como esposa a otra de las hermanas manteniendo relaciones con una cuarta», con lo que la *cogienda quedó entre familia*. ¡Un angelito, el grandísimo cabrón! Los curas quedaron escandalizados y el castigo no se hizo esperar. Fue trasquilado y azotado públicamente, prohibiéndosele tener comunicación carnal con cualquiera de las hermanas. Martín acató lo ordenado y no se volvió a *echar encima* de ninguna de esas mujeres; a cambio, prefirió hacerlo con uno de los hermanos.

Los excesos sexuales llegaron a cobrar visos de locura y algunos personajes mostraron conductas francamente patológicas. «El gobernador de Tulancingo guardaba una estable relación con su cuñada "pues dormía y comía con ella". El fraile que los denunció lo hizo alarmado, pues se había enterado que cuando la mujer murió, el gobernador enloquecido llegó hasta donde estaba el féretro y la "desmortajó a las Aves Marías y la besó y palpó los pechos y su natura y piernas, anduvo con ella abrazándola y se quitó los zaragüelles y se echó sobre ella", al tiempo que gritaba que nada le complacía más que *echarse unas frías*, incluyendo en esa categoría a su suegra con quien también tenía acceso carnal...» Se le castigó moderadamente dada su enajenación mental y quizá porque la necrofilia era tan rara que nadie fue capaz de comprender su delito.

Durante algunos años los indígenas continuaron reconociendo a todas sus mujeres como esposas, en igualdad de condiciones; en cambio, los españoles hacían distinciones entre las esposas y las mancebas, sometiendo a estas a condiciones muchas veces infamantes. El caso de la negra María sirve muy bien para ilustrarnos:

La negra María fue comprada como esclava por su hermana Barbola y su cuñado, el español Francisco Lombardo. A los pocos días de haber llegado a casa de sus amos María enfermó. Un día, en ausencia de Barbola, Francisco se echó en la cama de la enferma y la forzó, teniendo «acceso carnal» con ella. Después, cada vez que Barbola salía de la casa el cuñado «saltaba sobre ella», y cuando no consentía a sus deseos, la azotaba y la conminaba con darle de puñaladas, sobre todo si se atrevía a decir algo a su mujer Barbola; y así «con amenazas y temores que le puso, se tornó a echarse con esta» [...] En una ocasión María escapó, pero Francisco la hizo volver con cepos en los pies y una argolla en la garganta, prometiéndole que si se echaba con él se los quitaría [...] Un año hubo de transcurrir para que María se atreviese a contarle lo sucedido a Barbola. Entonces, esta lo denunció con la justicia [...] Sin embargo, a pesar de lo dramático del caso, el español no fue castigado, por ser María mujer negra y esclava.

La laxitud de la justicia para con los españoles llegó, incluso, a perdonar el incesto, tal y como sucedió con los hermanos Pedro de Estrada y Francisco de Medinilla. El primero no tuvo empacho para echarse encima de su prima carnal y procrear varios hijos; y el segundo, amén de revolcarse con su cuñada con la que engendró un hijo, de vez en cuando le repasaba la entrepierna a su suegra para que esta no se sintiera ofendida. Las autoridades tuvieron conocimiento de ambos casos y, sin embargo, no impusieron castigo alguno.

El adulterio entre los indígenas fue clasificado por los frailes evangelizadores dentro de la categoría de las prácticas «luciferinas», debido quizá a que estos empleaban embrujos, hechizos, encantos y otras argucias desconocidas por los europeos para lograr la seducción, el convencimiento y la entrega del objeto sexual deseado, fuese este varón o hembra. «La mujer mezclada requería, a menudo, un poco de libertad nocturna para entregarse en brazos de su enamorado galán; pero, unas veces el amo, otras, el padre, la madre o los familiares y las más de las ocasiones el marido, con su enojosa vigilancia, se lo impedían.» Por fortuna para ella, el amor en tiempos de la Colonia tenía medios para allanar todas las dificultades y uno de ellos era el uso del poder hipnótico de los huesos y de la tierra de las sepulturas. El empleo de la magia, puesta por satán al servicio de los trasgresores, mas también utilizada para descubrir a los adúlteros, comenzó a ser advertido por los religiosos, quienes se empeñaron en una especie de cruzada para prohibirla y perseguirla. *El Manual de ministros de indios para el conocimiento de sus idolatrías y extirpación de ellas,* de Jacinto de la Serna, además del conjuro y adivinación que los nahuas hacían con los granos del maíz, contiene información interesante al respecto:

> Y como quiera que estos encantos, que usan estos indios en las pasiones humanas de amar, y aborrecer, no los encaminan a ningunos fines buenos, como es que el marido aborrezca a la mujer con quien comete adulterio, para solo querer a su mujer, sino que es al contrario, que aborrece a su mujer para querer a la manceba; y a la contra la mujer al marido por querer al adúltero, y que el marido se entorpezca de manera que no advierta los agravios que se hacen al matrimonio; por esta razón siempre son intrínsecamente malos, y han de ser inquiridos y castigados los que tales delitos cometen, que siempre son invocación e intervención del demonio...
>
> Otros procuran con palabras solas aficionar mujeres, pareciéndoles que diciéndolas son solo bastantes para traer a su afición a la mujer que les pareciere.

Las restricciones morales aplicadas por los religiosos para combatir las costumbres sexuales de los habitantes de la Nueva España, así como el abuso que los españoles ejercían sobre los indígenas y los severos castigos que les imponían las autoridades a cargo del gobierno, provocaron actitudes de repudio por parte de los mijes y chontales que habitaban la región de Oaxaca, rechazo que llegó al extremo de cancelar su sexualidad para evitar la persecución y las condiciones infamantes a que estaban sujetos. Alonso de Zurita, en su *Breve y sucinta relación de los señores de la Nueva España,* relata:

...un religioso de mucha autoridad me dijo que supieron él y otros de su orden que entienden del adoctrinamiento de los mixes y chontales [...] que se habían concertado todos los indios de no tener acceso a sus mujeres ni con otras, o buscar medios para impedir la generación, y como lo supieron él y los demás religiosos, habían trabajado mucho para darles a entender su error y la ofensa que hacían a Nuestro Señor, y que respondían [...] que no querían tener hijos porque no viniesen a pasar los trabajos que ellos pasaban.

La negación de la sexualidad y la supresión de la descendencia fueron algunas de las medidas extremas que utilizaron los miembros de estas culturas para defender su dignidad humana ante el embate poderosísimo de la religión católica que, al menos en los primeros años de la dominación española, los concebía como menores de edad, sin arbitrio ni albedrío, y, por consecuencia, presa fácil de los designios del demonio.

3

BREVE HISTORIA DE UNA CONCUBINA CÉLEBRE

Célebre por su notable belleza, «hermosa como diosa y que por tal la tenían» en opinión del cronista tlaxcalteca Diego Muñoz Camargo, y de un carácter «entremetido y desenvuelto», comenta Bernal Díaz del Castillo, es indiscutible que Malintzin o doña Marina fue la concubina o manceba más ilustre durante la Conquista de México-Tenochtitlan.

Esta mujer, cuya existencia ha motivado la escritura de innumerables ensayos históricos, filosóficos, sociológicos, amén de novelas, cuentos, poemas, letras de danzas, corridos, y una iconografía copiosa, y que, asimismo, en su acepción de *la Malinche*, ha sido protagonista de debates enconados que han sacudido la conciencia de los mexicanos, fue regalada a Hernán Cortés, junto con otras doce o veinte doncellas, por el cacique de Centla, después de la derrota que los españoles infringieron a los ejércitos maya-chontales de Tabasco, el Domingo de Ramos del mes de marzo de 1519, cuando contaba entre quince y diecinueve años de edad.

Un *bocado de cardenal* que debió cimbrar al conquistador desde el talón a la nuca, alterarlo desde la médula ósea hasta las terminales nerviosas de sus esfínteres, podríamos pensar; sin embargo, no fue así o, al menos no lo demostró en una primera instancia. Cortés, como hemos visto en las relaciones carnales que sostuvo con muchas de sus concubinas, no gustaba de las doncellas primerizas, cuyos hímenes, es lo más probable, le causaban malestar y desconcierto. Él prefería echárseles encima cuando ya alguien le había *hecho el favor* de desvirgarlas, y, para ello, siempre tenía a la mano a su compinche Alonso Hernández de Portocarrero, «extremado hombre de a caballo y diestro jinete de yeguas bípedas», a quien le cedió las primicias, una vez que la doncella hubo sido bautizada y limpiada del pecado original con el nombre cristiano y muy hispano de Marina por el mercedario fray Bartolomé de Olmedo.

La vida de Malintzin o doña Marina está sazonada con múltiples instancias que rozan los textos bíblicos, cuyo influjo fue tan patente que obligaron al cronista Bernal Díaz del Castillo a compararla con la historia de *José y sus hermanos*:

> ...Verdaderamente era gran cacica e hija de grandes caciques y señora de vasallos, y bien se le parecía en su persona [relata el cronista] [...] Su padre y su madre eran señores y caciques de un pueblo que se dice Painala y tenían otros pueblos sujetos a él, obra de ocho leguas de la villa de Guazacualco, y murió el padre quedando muy niña, y la madre se casó con otro cacique mancebo y hubieron un hijo, y según pareció, querían bien al hijo que habían habido; acordaron entre el padre y la madre de darle el cargo después de sus días, y porque en ellos no hubiere estorbo, dieron de noche la niña a unos indios de Xicalango, porque no fuese vista, y echaron fama que se había muerto, y en aquella razón murió una hija de una india esclava suya, y publicaron que era la heredera, por manera que los de Xicalango la dieron a los de Tabasco, y los de Tabasco a Cortés, y conocí a su madre y a su hermano de madre, hijo de la vieja, que ya era hombre y mandaba juntamente con la madre a su pueblo, porque el marido postrero de la vieja ya era fallecido, y después de vueltos cristianos, se llamó la vieja Marta y el hijo Lázaro...

El origen de Malintzin quedó, asimismo, comprobado, durante el infausto viaje a las Hibueras, en 1524, cuando «... al pasar por Guazacualco [hoy Coatzacoalcos], hizo Cortés convocar a todos los caciques de la comarca. Y entonces vino la madre de doña Marina y su hermano de madre, Lázaro, con otros caciques. Días hacía que me había dicho doña Marina que era de aquella provincia y señora de vasallos, y bien lo sabía el capitán Cortés y Aguilar, *la lengua*. Por manera que vino la madre y sus hijos y el hermano, y se conocieron que claramente era su hija, porque se le parecía mucho. Tuvieron miedo de ella y creyeron que los enviaba a buscar para matarlos y lloraban. Y así como los vio llorar la doña Marina, los consoló y dijo que no tuvieran miedo, que cuando la traspusieron con los de Xicalango que no sabían lo que hacían y se los perdonaba, y les dio muchas joyas de oro y ropa, y que se volviesen a su pueblo. Y que Dios le había hecho mucha merced en quitarla de adorar ídolos y ser cristiana y "tener un hijo de su amo y señor Cortés y ser casada con un caballero", como era su marido, Juan Jaramillo. Que aunque la hicieran cacica de todas cuantas provincias había en la Nueva España, no lo sería. Que en más tenía servir a su marido y a Cortés que cuanto en el mundo hay».

Pero volvamos atrás. Malintzin demostró, tan pronto fue entregada a Cortés, cualidades que la hacían especial y muy valiosa. Educada entre los mayas, Malintzin Tenépal dominaba su lengua, mas también, y ello no pasó desapercibido al conquistador, conocía a la perfección el idioma náhuatl, hecho que facilitaría la comunicación de los españoles con los mexicanos. Cortés llevaba consigo —lo había rescatado desde su llegada a la isla de Cozumel— al clérigo subdiácono Jerónimo de Aguilar, hombre que había vivido entre los mayas desde 1511 hasta su rescate en 1519, y que se expresaba con fluidez en la lengua vernácula. Cortés se dio cuenta de inmediato que él podía hablar con Aguilar en castellano, que este podía transmitir lo dicho a Malintzin en lengua maya, y que ella podía comunicarlo en náhuatl a los mexicanos, e igual en sentido contrario. Este sistema tripartito de traducción fue valiosísimo para Cortés y lo utilizó no solo para comunicar y comprender pensamientos e ideas, sino para enterarse de lo que los indígenas fraguaban en su contra. Gracias a él, el extremeño pudo enterarse de las asechanzas que le tendían los cholultecos y, en respuesta, perpetrar la terrible masacre que con ellos hizo; así como precaverse de los ataques que los tlaxcaltecas le hicieron en un inicio. Sin embargo, las complicaciones de este triángulo lingüístico fueron superadas al poco tiempo, gracias a que doña Marina aprendió el castellano y pudo comunicarse con los españoles sin necesidad de intermediario.

No obstante que la relación con el clérigo Jerónimo de Aguilar duró unos cuantos meses, dio pie para que algunas mentes cochambrosas les inventaran una relación amorosa semejante al matrimonio; versión que algún despistado se tomó en serio para afirmar que Marina andando el tiempo se casaría con Aguilar; ignorando que, por muy hermosa que hubiese sido la mujer, el clérigo subdiácono había hecho voto de castidad y no lo iba a malbaratar por una de las tantas nalguitas que se le ponían enfrente, tal y como ya lo había demostrado ante el señor de Xamanha —con el que había vivido al cuidado de su serrallo—, quien insistió hasta el hartazgo en regalarle mujeres para que pudiese saciar sus apetitos carnales.

Malintzin, transformada ya en doña Marina y dueña de la lengua de los españoles, no tardó en ser vista por los mexicanos, arrobados por su belleza y altivez, como una deidad. La mujer que acompañaba a Quetzalcóatl-Cortés no podía ser más que una diosa:

> [los españoles] …iban en animales extraños, y jamás vistos y conocidos, y espantables; que no llevasen mujeres, sino una sola que llamaban Malintzin, y que era por arte de los dioses el saber la lengua mexicana, pues siendo extranjera, no la podía saber de otra manera […] Los mexicanos se espantaron mucho [añade] y de saber que traían consigo una mujer como diosa.

Otra de sus grandes virtudes radicó en su carácter firme y valeroso, cuya influencia en los momentos más adversos de la guerra por la Conquista de México-Tenochtitlan fue definitoria, pues como apunta Bernal Díaz del Castillo: «Durante toda la guerra [...] con ser mujer de la tierra, que esfuerzo tan varonil tenía, que con oír cada día que nos habían de matar y comer nuestras carnes con ají, y habernos visto cercados en las batallas pasadas, y ahora que estábamos heridos y dolientes, jamás vimos flaqueza en ella, sino muy mayor esfuerzo que de mujer...»

Dotada con un temple extraño y singular, doña Marina, altiva y poderosa, podía, empero, mostrarse sumisa para agradar a Cortés en todas y cada una de sus exigencias. Como compañera de cama, supo avenirse a los caprichos —no necesariamente imaginativos o audaces, ni que fueran más allá de la posición conocida como *del misionero*: el varón encima de la hembra— de un macho del que es probable que hubiese estado enamorada, pero que él trataba, como lo demostró muchas veces, sin el amor recíproco al que ella podía aspirar. Para Cortés, Malintzin era una *cosa* destinada, en primer lugar, a servirle como *lengua* o *faraute*, y ya después y sin mediar compromiso alguno, para satisfacer su lascivia, hacerse cargo de la administración de su serrallo en Coyoacán y acompañarlo en muchas de sus aventuras. Ingrato papel para la mujer que le dio un hijo, Martín Cortés, y le demostró una fidelidad perruna.

Fue durante el viaje a las Hibueras, en un pueblo próximo a Orizaba, donde «Cortés la casó con Juan Xaramillo», quien al parecer «estaba borracho» y la aceptó de mil amores como una gracia personal del conquistador extremeño. Doña Marina congenió con Xaramillo y, se presume, tuvo una hija con él cuyo nombre se desconoce. Todo induce a creer que doña Marina, cuyo registro en las fuentes se pierde a partir de 1528, terminó su vida en México, rica y estimada, pues Xaramillo era uno de sus principales vecinos y desempeñó cargos de importancia, como los de regidor, procurador y alférez real; y que, además, gozó de mercedes reales que comprendían los pueblos de Olutla y Jaltiplan, cerca de Coatzacoalcos, un terreno inmediato a Chapultepec y varias huertas que habían pertenecido a Moctezuma.

Respecto de su apelativo, la Malinche, se han tramado muchas especulaciones de orden lingüístico que no resultan, para nada, convincentes. La verdad es que ninguno de los cronistas de Indias la menciona con ese nombre y mucho menos se le llama así en las versiones indígenas de los vencidos. Fue a Hernán Cortés al que los mexicas llamaron *el Malinche* y no a ella, quien siempre es mencionada como Malintzin o doña Marina «...e nombrábanle Malinche, a respecto de una lengua que traía consigo que llamaba Marina». Sin embargo, es posible que la transmutación de *el* por *la* se haya dado para justificar la xenofobia que manifestaron los españoles frente a los indígenas, así como la barbarie y crueldad con que estos fueron tratados. A alguien había que endosarle la culpa de una traición que, si se analizan los hechos con objetividad, jamás se dio por parte de Malintzin; a alguien que, cumpliendo con el papel de mujer-obsequio, hubiese servido a los conquistadores durante el aniquilamiento y destrucción de una cultura y fuese el pretexto ideal para denostar lo incomprensible de una *otredad* que siempre les resultó ajena.

4

GÜEVOS REVUELTOS Y DEGUSTACIÓN DE OTROS DESAGUISADOS

Una vez consolidada la primera etapa de la Conquista, el comportamiento sexual de los conquistadores, así como el de los pobladores de las diversas culturas avasalladas cayó en un estadio de desconcierto y anarquía. Las aguas, a río revuelto, habían alcanzado turbulencias que no podían controlar ni los sermones de los frailes evangelizadores ni las disposiciones de la Iglesia, y los pescadores obtuvieron, en muchos casos, una ganancia excesiva. La promiscuidad sexual de los españoles, hombres de la cuenca del Mediterráneo que ponían especial énfasis en la pasión amorosa, se desbordó sin medida, causando, incluso, el azoro de sus compañeros de armas que no eran dados a escandalizarse ni a manifestar sus escrúpulos. Tocó a Bernal Díaz del Castillo ser testigo de sus abusos y dejar constancia de ellos: «Durante la campaña del río Pánuco, los soldados al mando de Francisco de Garay se juntan de quince en quince y de veinte en veinte y se andan robando los pueblos y tomando mujeres por fuerza, como si estuviesen en tierras de moros»; y también recuerda que «un soldado de Palos de la Frontera, apellidado Álvarez, tuvo en tres años treinta hijos en hembras americanas». Ejemplos que, como botones de muestra, expresan con vehemencia la lujuria desenfrenada que acompañaba a sus embelesos irresponsables.

La Iglesia, desde la llegada de los primeros frailes, se empeñó en encasillar la sexualidad dentro de los cánones prescritos para el matrimonio cristiano: monogámico y un mal necesario que solo debía emplearse con fines de procreación; y en reprobar toda conducta lasciva y voluptuosa. «Así [señala Marcela Dávalos] un tolerante teólogo tomista, fray Alonso de la Veracruz, señaló de manera específica algunos comportamientos reprobados: adulterio, masturbación, homosexualidad, bestialidad, coito extravaginal, prostitución, alcahuetería y bigamia. Reservó los peores calificativos para la homosexualidad y señaló que las penas al delito de bigamia eran la excomunión, sospecha de herejía y marca con fierro en la frente».

Sin embargo, la *tolerancia* de dicho fraile no hizo mella en la conducta de los hombres y mujeres a los que iba dirigida, pues «…tanto las cosas del amor, y más concretamente del sexo, interesaban al más alto grado a los españoles del siglo XVI»; más, por supuesto, que las amenazas de una Iglesia que, al pretender reprimir la naturaleza humana, se meaba fuera de la bacinica. Las actas inquisitoriales confirman su apreciación en las conversaciones populares: «…los problemas del amor y del sexo las ocupaban a menudo […] Se encuentra siempre en las charlas que uno de los interlocutores pretende que la fornicación con una mujer pública o con una soltera de mala vida no es pecado o, al menos, que no lo es si no se está casado, si se le paga o si no hace más de siete veces el amor».

Así, pese a la represión sexual de la Iglesia, muchos más hombres y mujeres de los que se creía vivían fuera de sus normas, ya fuera habitando juntos sin estar casados, ya fuese una mujer con varios maridos, un hombre con varias esposas o con una o varias amantes. Todo un despelote en el que nadie podía confiar en su cónyuge y menos en sus conocidos o amigos, sin riesgo de que le pusiesen los cuernos o le hicieran alguna tarugada, como se aprecia en el caso relatado por fray Diego de Landa:

Iten, que saco de poder de un Garci Hernández conquistador y vecino desta ciudad, persona honrada, quieta y pacífica, y muy bien quisto a Leonor Muñoz, su mujer, a la que depositó en casa de un alcalde, íntimo amigo suyo, donde era público que de noche y a horas sospechosas, porque a la dicha sazón la mujer del dicho alcalde mayor no estaba en estas provincias, iba a su casa llevándola un hijo de la persona donde estaba depositada, a cual por ello y otras cosas la acusaba de adulterio el dicho su marido, y se trataba pleito ante el dicho alcalde mayor, el cual en él fue muy parcial a la dicha Leonor Muñoz, y aún se decía que él ordenaba a los esbirros que en la casa se habían de presentar por su parte y se mostraba contra el marido, el cual con el proceso fue a la Real Audiencia en seguimiento de sus agravios y desde a pocos días que llegó a la ciudad de México, falleció sin que se haya visto su causa.

Así murió de coraje por los agravios recibidos este pobre *cornudo* a quien, por obvias razones, no se le hizo justicia, al haber caído en las garras de una población desviada, pecaminosa o transgresora de la norma, en la que mujeres que no temían al pecado de la fornicación, tenían relaciones con dos o más hombres a la vez; parejas que convivían juntas sin importarles el sacramento matrimonial; hombres con dos o más mujeres; o bien sacerdotes que aprovechaban su condición para solicitar favores sexuales; practicantes todos de una moral condenada.

Si bien los hombres eran proclives a la bigamia o a la poligamia descarada, las mujeres no se andaban con melindres. Eran bravas para el sexo y no desmentían la calentura que traían en la sangre. Comenta Solange Alberro: «...Algunas mujeres de casta las más de las veces, se arriesgaban por aquellas sendas en una proporción superior a la que prevalecía en España [...]; y no se preocupaban por hacer declaraciones respecto a la fornicación, puesto que hacían las cosas sin discurrir acerca de ellas», y echaban mano de todos los recursos que tenían al alcance —la magia entre ellos—, para lograr sus objetivos carnales.

El proselitismo de los españoles, en ambos géneros, fue progresando hasta llegar a grados indecentes. Las rivalidades amorosas entre hombres y mujeres lo agudizaron y dotaron de una dimensión escandalosa:

> Un alguacil mayor llamado Domingo Márquez, intrépido cuando se trata de perseguir las relaciones ilegítimas, participa alegremente en el carrusel amoroso. Los sábados, después de cobrar las deudas, él y sus socios gustaban de disfrazarse, cantar, tocar la guitarra, esgrimir y bailar, a usanza de Galicia y Andalucía.
>
> La mujer y las cuñadas de una de sus amistades, Márquez de Andino, constituían un público entusiasta y no tardó en nacer un amorío entre el alguacil mayor y la joven y guapa mujer de su socio. Procurando quedarse a solas con ella para estar «retozando y solicitándola», daba a menudo uno o dos reales a la cuñada, doña María, para que se alejara y colmaba a doña Ana, su prenda amada, con cantidad de regalos, como eran dinero, chocolate y hasta «un vestido de raso de Italia, naranjado y con flores». Pero, pese a «algunos abrazos y besos, ella se resistió a llegar a la obra», lo que llenó a Domingo Márquez de despecho. Enojado, le propuso un trato de villano: la joven dama se rendía o él encarcelaba a su marido por deudas. Ana de la Peña cedió y entregó su honra [suponemos que sin muchos remilgos], mas contó todo al marido [...] Sin embargo, hay que decir en honor a la verdad que Domingo Márquez no hacía sino vengarse, puesto que su propia mujer, María Juárez, de unos cuarenta años bien llevados, era rondada por Márquez de Andino, quien parece haber tomado la iniciativa en esta lid amorosa, pues era, según su fama, todo un don Juan, además de reconocido rufián.

Los dos Márquez, así, se astaron mutuamente, demostrando que su conducta licenciosa era incapaz de respetar la amistad o demostrar el más mínimo recato.

El entusiasmo carnal llegó, incluso, a expresarse de modo insólito, como cuando un judaizante del Valle, al sorprender a su mujer en brazos de otro, perdonó la vida de su rival con la condición de que se convirtiese a la ley mosaica, lo que hizo efectivamente, ¡y además siguió gozando de los favores de la dama!

Para los indígenas, los cambios en su vida sexual se dieron paulatinamente al no comprender a cabalidad las exigencias matrimoniales de la Iglesia. Muchos, como hemos visto, continuaron practicando la poligamia y conservaron a sus esposas y concubinas. Tener hijos fuera del matrimonio, vivir amancebados y tener concubinas fue *normal* durante el siglo XVI; y no fue hasta que el Papa emitió su bula *Altitudo Divini Consilii* cuando se establecieron las directrices que deberían imperar sobre la materia, pues en ella «se precisaba que el casamiento debía celebrarse con la primera esposa que el indio había tenido, o con la que quisiera en caso de no poder resolver este punto». Empero y a pesar de la bula, la confusión continuó reinando. El sermón sobre la lujuria, redactado en náhuatl por fray Andrés de Olmos siguiendo las ideas de san Vicente Ferrer, aunque constituía un avance sustancial no resultaba suficientemente claro para la mentalidad de los nahuas, ya que la traducción de los conceptos cristianos al náhuatl se prestaba a confusiones. La euforia sexual desplegada por los españoles, aunada a las costumbres hasta cierto punto permisivas que demostraron los indígenas, así como el comercio carnal que se estableció con la llegada de los negros esclavizados para suplir la falta de mano de obra, una vez que la población vernácula disminuyó a causa de las enfermedades endémicas que llegaron de Europa, no tardó en fructificar en una nueva mezcla, «con variadas características físicas», que vino a conformar el *mestizaje*, considerado como la simiente de una nueva raza que, a lo largo de los siglos, vendría a conformar lo que, en nuestros días, llamamos *mexicanidad*.

Las evidencias proporcionadas por las fuentes indican que el mestizaje se originó, en una primera instancia, hacia el año de 1511, entre un español llamado Gonzalo Guerrero y una princesa maya del linaje *Tutul Xiu*, oriunda de Oxtan Ka, población cercana a Chektemal (Chetumal), quienes procrearon varios hijos. Más tarde, consumada la Conquista, el hijo procreado por Hernán Cortés y doña Marina es otro ejemplo bien conocido de la mezcla racial que alcanzaría proporciones significativas. De hecho, la persona de don Martín Cortés ha sido considerada el prototipo del mestizo mexicano.

Muchos mestizos alcanzaron fama y fortuna dentro de la Nueva España, como fueron los casos de los cronistas Fernando Alvarado Tezozómoc y Fernando de Alva Ixtlilxóchitl o de doña Leonor Cortés Moctezuma, por citar unos cuantos ejemplos; o en la corte de la corona española asentada en la metrópoli, como sucedió con algunos descendientes de Moctezuma Xocoyotzin: «…Don Pedro Tlacahuepan y de este provinieron don Martín Motlátocazoma, que engendró a doña Inés […], el llamado don Diego Luis de Motecuhzoma Ihuitl-Temoc, a quien engendró una princesa de Tulla, llamada doña Magdalena Quiauhxochtzin, el cual murió en España, donde están sus hijos…»; los cinco hijos engendrados por Isabel Moctezuma con Juan Cano de Saavedra —cuyos descendientes edificaron el palacio Toledo-Moctezuma localizado en la ciudad de Cáceres, Extremadura—; Juan Andrada Moctezuma, de quien descienden los condes de Miravalle; y así muchísimos otros.

Aunque el término *mestizo* se aplicó particularmente a la mezcla de español e indígena, el resto de las castas —producidas por la mezclas de españoles con negros y de indios con negros— deben ser consideradas biológicamente como mestizas. Dichas castas fueron clasificadas por los habitantes de la Nueva España «con nombres despectivos más que pintorescos para abarcar la gran variedad de tipos físicos», algunos francamente horripilantes: *mulato, cambujo, zambaigo, negra zaina, coyote, lobo, salta pa tras, no te entiendo,* entre otros.

Ahora bien, estos mestizos fueron, no podía faltar, sujetos de innumerables abusos sexuales por parte de los encomenderos españoles y detentadores de los repartimientos de indios que sucedieron a los primeros; mas también desarrollaron algunas formas peculiares, no ajenas a la magia, de procurarse placer, satisfacer su lujuria y pergeñar cópulas en las que las proporciones de sus genitales y sus atributos físicos —sobre todo en las personas pringadas con negritud— jugaron un papel harto importante:

Juan Zacarías, mestizo [reproduce Gonzalo Aguirre Beltrán algunos casos tomados del Archivo General de la Nación], decía a su denunciante «que si quería conseguir con facilidad alguna mujer para las cosas del mundo, tomase los huesos de un pájaro que llaman *alma de perro* y los llevase a poner a la iglesia sobre el ara en que se dice misa y que quedaban consagrados dichos huesos y que después los enterrase en paraje y lugar donde acostumbrasen las mujeres hacer sus necesidades corporales y que entonces ellas mismas lo seguirían».

Joseph Tadeo dio «a un negro llamado Lucas, esclavo de un tal Rendón, un hueso de difunto que le pidió, diciéndole que era remedio eficaz para conseguir mujeres».

Mariana Rueda, mulata, buscando un peine había hallado un trapo lleno de tierra y había dicho: «Déjalo niña que es tierra de muertos para darla a los hombres para que me quieran».

Francisco, esclavo de Hernando de Salazar y Silva, de tierra Angola y soltero, «dio unas tierras que en el monte había quitado del pie de un arbolillo que con el *aigre* se movía a todas partes y dijo que eran buenas para atraer mujeres».

El negro Antón Lindo aconsejó «que tocando la tierra donde tal mujer pisase y mezclándola con ella o con lo que quedase en el plato donde comiese, vendría a conseguirla».

Los ejemplos de las argucias sexuales proliferan en las fuentes y explican, en alguna forma, el crecimiento notable de la población mestiza en la Nueva España. «Hacia finales del virreinato la composición de la Nueva España, que contaba con cerca de seis millones de habitantes, era aún mayoritariamente indígena y solo alderredor del cuarenta por ciento era de criollos y mestizos»; una cifra considerable si se contempla el alto índice de mortalidad infantil y los estragos que, en este sector de la sociedad, causaban las enfermedades endémicas, entre ellas la sífilis.

José Mariano Mocino y Losada, el botánico naturalista de la *Real Expedición de Nueva España y de límites al norte de California* refiere:

> El tráfico con los españoles les ha hecho conocer varias cosas de que les hubiera sido mejor haber carecido siempre y conservando la primitiva simplicidad de sus costumbres [...] Con las mujeres del bajo pueblo no es igual el rigor: los mismos *taises* las prostituyen, especialmente con los extranjeros, para aprovecharse de la utilidad de este tráfico; supe de uno de los más condecorados [¿contagiados?] que a su propia esposa entregaba, siempre que el interés que se le ofrecía llegaba a parecerle extraordinario [...] Esta facilidad seguramente ha sido funesta para aquellas cortas poblaciones que van sintiendo ya los estragos del mal venéreo, el cual dentro de pocos años, puede arruinarlos de modo que perezca enteramente su estirpe.

La aparición y propagación de la sífilis entre los conquistadores y primeros colonos españoles fue motivo para que muchos médicos europeos la consideraran originaria de América. Sin embargo, algunos autores criollos como Francisco Xavier Clavijero, en su obra *Origen del mal francés,* arguye que dicha enfermedad no era un mal endémico en Mesoamérica y que lo más probable es que hubiese sido transmitida a los aborígenes por los extranjeros. La polémica, sin embargo, aún está en el aire; empero, resulta interesante conocer la versión de José Longinos:

> ...el virus gálico [el nombre puede definir su origen], que, después que en ellos se ha extendido y se extiende con rapidez [se refiere a los indígenas californios], hace más estragos que en los que están connaturalizados [...] Contribuye al mismo tiempo el

que esta enfermedad no es como otras, que lo sano del clima o robustez de la naturaleza del paciente vence muchas enfermedades, no verificándose en esta lo mismo, que lleva en sí un virus fermentante [...] Lo dados que son por naturaleza a la lujuria, su poco aseo, el no haber hecho remedio al propósito por la falta de facultativos y demás auxilio, hace ser esta la legítima causa de la decadencia de estos pobladores.

Es muy probable que la *Syphilis sive de morbo gallico*, como la llamó Girolamo Fracastoro, hubiese existido en ambos lados del Atlántico y que la enfermedad derivase de dos cepas diferentes del mismo virus, pues fray Bernardino de Sahagún hace alusión a enfermedades venéreas contraídas por los nahuas, cuya sintomatología es muy parecida a la descrita por los europeos:

...Pronto queda el cuerpo llagado y vil,
a poco se trueca la cara
en máscara de manantes pústulas, grandes y pequeñas.
Las glándulas se parecerán mucho a una concha escamosa.
Rompiéndose y vertiendo acre humor
de la piel purulenta se vacían todos los tumores.
Y las úlceras sanguinolentas siguen cavando más hondo
corroyendo los tejidos de que hacen presa...

Así versifica Fracastoro, y termina haciendo una exhortación para que los pecadores desistan de los actos carnales que tanto daño les procuran:

Desterrad a vuestra amante, y vuestro lecho solitario
rechace a Venus y sus aras y sus ósculos.
Y alejad de vos a vuestra amada con todas sus gracias y ternuras,
que, si no, morirá por vuestra falta de fe.

Aterrorizante pronóstico que, obviamente, ni los españoles ni los indígenas atenderían, menos cuando el diablo andaba suelto mostrando su desnudez y meneando la cola a todo aquel que estuviese *caliente.*

Lo más probable es que se trataba de la misma enfermedad, pero con diferentes síntomas:

> Los españoles son mucho más susceptibles a estas enfermedades de lo que son los indios. Estos tienen cuerpos más vigorosos porque desde niños han sido endurecidos por el viento y el mal clima. En general los indios tienen sangre limpia y humores saludables y debido a ellos sufren menos enfermedades.
>
> Otra circunstancia que contribuye a la escasa susceptibilidad de los indios a esta enfermedad, es el hecho de que en general están libres de la *lúes venérea,* que es muy común y ampliamente diseminada entre otras clases de gente en América. Sin embargo, esta infección no causa en América las desgracias que origina en Europa. El benigno clima americano ayuda mucho a los que contraen esta infección y pueden vivir mucho tiempo en condiciones enfermizas.

EL DELITO DE SOLICITACIÓN Y LOS CURAS DEPRAVADOS

Si la amenaza de la sífilis no desalentó a los legos, indígenas, españoles o mestizos, tampoco logró menoscabar los ímpetus lascivos de quienes estaban investidos con los hábitos de las órdenes sacerdotales. Poco después de la llegada de los frailes humanistas, generosos, inteligentes y colmados de virtudes, conocidos como *Los doce lirios de Flandes*, comenzaron a llegar a la Nueva España muchos curas ignorantes, lerdos, malvados, llenos de retorcimientos espirituales, odios, rencores y, sobre todo, dotados de una lubricidad incontenible, que no tardaron en demostrar su vesania y en urdir cuanta truculencia se les vino en mente para seducir mujeres u hombres afeminados y llevarlos a sus camas:

«...Cuando el ímpetu misionero estaba vivo todavía, se señala el paso a las Indias de numerosos sacerdotes "en hábitos disfrazados, so color de legos y títulos de mercaderes y por otros más; y lo peor es que algunos de ellos vienen suspensos, apóstatas y con otras máculas grandes y graves", pues si pasaban el golfo era porque acá, andaban con libertad.» Una caterva de *ojetes* que iban a ocasionar muchos males a la población e infinidad de dolores de cabeza al Santo Oficio de la Inquisición.

Tres tipos de relaciones ilícitas marcadas por el erotismo y la búsqueda de placer fueron perseguidas durante los primeros años de la incipiente Colonia: la simple fornicación, el amancebamiento y la prostitución. La primera era la más simple y más frecuente, pues solo requería que un varón, generalmente un español, se echara encima de una mujer, con o sin su consentimiento, para consumarla. Para los españoles, esta no constituía un pecado si «la mujer estaba de acuerdo o lo deseaba, si de mujer ajena se trataba, o si había paga de por medio». Sin embargo, las autoridades argumentaron que «si se le comparaba con la solicitación y la bigamia, fuerza era reconocer que la afirmación heterodoxa que pretendía que la fornicación no era pecado pesaba muy poco», y por ello emitieron *Edictos de fe* para que la gente se enterara de que la simple fornicación era pecado y que afirmar lo contrario era herejía condenada por la Santa Iglesia. Pero, quién lo iba a creer, entre los primeros que violaron estas disposiciones y cometieron pecado estaban, precisamente, esos curas regordetes que destilaban lujuria, al incurrir a menudo en el *delito de solicitación*, practicado preferentemente en el confesionario:

Fray Miguel de Oropeza, franciscano de treinta años, fue denunciado por otro religioso de la misma orden quien vio que al estar confesando a una india, fray Miguel «tuvo acceso carnal con ella, en un rincón de la iglesia de Tepeaca [...] Cuando entró estaban en el acto, ella debajo y él arriba», continuando más tarde con la confesión, cometiendo el grave delito de absolverla. Al marido le dio una jícara de cacao «para que no armara escándalo». Por estas faltas lo llevaron preso al convento de su Orden, en el que permaneció por espacio de seis meses [masturbándose con especial deleite]. La sentencia fue escuchar misa rezada en la iglesia del convento, en paños menores y con vela en las manos, sufriendo una disciplina a manos del guardián y los frailes, en presencia del secretario del Santo Oficio. Le fueron suspendidas las órdenes y se le prohibió confesar por espacio de cuatro años.

El confesor gozaba de un gran prestigio entre sus feligreses. Contaba con poderes sobrenaturales y podía perdonar los pecados, por muy graves que estos fueran; era varón, español y blanco y, por tanto, superior a la mujer, generalmente más joven e ignorante. Era el señor indiscutido por su piel clara, en un mundillo de indígenas, mestizas, negras y mulatas que se arrodillaban frente a él y le besaban la mano. Además, por si fuera poco, era el único hombre que sabía escucharlas, que tocaba necesaria y regularmente los puntos más íntimos de la sexualidad, los pensamientos, los sueños, que adivinaba sus secretos y las aconsejaba y consolaba. Una deidad prácticamente, a la que era imposible negarle los favores externados con el cuerpo. Por ello, «hubo un franciscano de Tampico que fue denunciado por beber chocolate, después decir misa y quitarse del altar después de dicho el evangelio e ir al río a recibir unas mujeres; y pasada media hora, volvía para continuar la misa». Sí, aunque usted no lo crea, se echaban sus palitroques entre los fandangos de la misa y transformaban la devoción de las incautas en mole de olla para sus *misas* negras o mestizas o mulatas.

Había otros que eran un poquitín más recatados y hacían su agosto afuera de las iglesias. En Nochistlán el clérigo Francisco de Vera solicitaba de amores a las españolas, mestizas e indias —*agarraba parejo*, como dicen en ese pueblo—, persuadiéndolas de que se «echaran con él carnalmente». Para acallar sus temores las convencía de que al entenderse con los clérigos, las mujeres «eran bien servidas», y les prometía «mantillas y trapos para camisas y culeros, y lo que hubiera menester». Era del dominio público que en México tenía una mestiza por manceba. El escándalo llegó a tal punto, que en la posada donde vivía le dejaron una copla que decía:

> Padre de Nochistlán,
> pues tenéis larga coleta
> ten queda la bragueta.

Otros, que habían colgado los hábitos, contraían matrimonio con alguna suripanta o mujer de vuelos ligeros, o tenían una manceba, y nunca se estaban quietos, preferían andar del tingo al tango y engañar a la pobre gente crédula con admoniciones y aspavientos, igual que si fuesen cómicos de la legua. En muchas ocasiones, administraban sacramentos sin tener autorización para ello y daban gato por hostia, que podía ser de amaranto, chocolate o lodito apelmazado, *asegún sus economías*.

Las autoridades eclesiásticas estaban desesperadas ante la frecuencia en la comisión del delito de solicitación. Tuvieron que diseñar estrategias sofisticadas, recurrir a la delación y agravar las penas y castigos. Hacia 1571 se habían tramitado 666 denuncias de solicitantes y resuelto 1,094 procesos: el 6.2 por ciento del total de delitos perseguidos por el Santo Oficio de la Inquisición.

Es un lugar común en la historia, el que gran número de personas no se hayan ceñido a las enseñanzas de la Iglesia, incluso las beatas, mujeres tenidas por poco menos que santas, que lograron desarrollar actividades sexuales gracias y al amparo de la religión, como sucedió con una tal Teresa Romero, que se hacía llamar Teresa de Jesús, quien ocultó sus deslices y los consiguientes embarazos, abortos y partos detrás de inauditas manifestaciones de éxtasis, arrobamientos, y revelaciones propios para establecer su fama de mística; y con Juana de los Reyes, que vestía el hábito de terciaria franciscana y «fingía posesiones demoníacas para ocultar su preñez y contar con argumentos para explicar el parto de una criatura, fruto del incesto con su hermano».

El dominico fray Alonso de Onrubia, inspirado —es muy posible— por los versos añejos de un clérigo socarrón, que había sentenciado:

> Como dice Aristóteles, cosa es verdadera:
> el mundo por dos cosas trabaja: la primera,
> por aver mantenencia; la otra cosa era
> por aver juntamiento con fenbra placentera.

Y acusado de haber solicitado a numerosas hijas de confesión cuando vivía en la lejana ciudad de Chiapa, declaró: «Al percatarse, junto con su compañero de cárcel Gaspar de los Reyes, de que el calabozo próximo al suyo estaba ocupado por dos mujeres, "dijo a este el dicho Gaspar que sería bueno llevarles un poco de chocolate; y ansi, este confesante una mañana pasó en la cárcel en que estaban y abriéndola porque estaba cerrada con solo el cerrojo y sin llave, dio a las dichas mujeres un tecomate de chocolate caliente; y esto mismo continuó por algunos días, regalándolas con el chocolate y un poco de azúcar y algunos paños viejos de lienzo, que sería quince días poco más o menos, en los cuales no pasó más de lo que ha declarado; hasta que continuando el verlas y hablarles, se determinó a solicitar a la dicha portuguesa para tratarla deshonestamente; y aunque a los principios ella lo resistió, al fin vino a ello..." De esta manera se establecieron unas relaciones cálidas de modo frecuente y regular y cuando fray Alonso entraba en el calabozo de su acogedora vecina —una tal Mariana Gómez—, su compañera "salía a la puerta mientras el fraile y la portuguesa se acoplaban carnalmente". Por lo demás, Onrubia parece haber sido excepcionalmente vigoroso y obviamente nada tenía que hacer en la orden de Santo Domingo. Cuando la amable Mariana abandonó la cárcel, el fraile no tardó en entablar una nueva relación con su vecina Leonor de Islas, relación de tono muy subido pero que no llegó a consumarse.

»Muy afectado por la continencia a la que lo sometía Leonor, el fraile se vanagloriaba de sus hazañas amatorias con Mariana Gómez, asegurando que "lo hiciera a quantas mujeres se le pusiesen delante y a los mismos inquisidores".» El fraile Onrubia estaba desesperado y su compañero de celda reveló que el dominico se masturbaba por las noches e, incluso, que tenía miedo de que quisiera practicar con él el pecado nefando, porque le había dicho que «...debía tener la barriga lisita y le ha preguntado si al tiempo que estudió en la Compañía, le acometió algún teatino, porque son amigos de niños y mozos de poca barba...» Tan caliente era el dominico que aplicaba el proverbio de que *en tiempo de guerra cualquier hoyo es trinchera.*

Estos curas desbalagados, obnubilada su conciencia por la pasión amatoria, y ajenos a todo escrúpulo, no tenían empacho alguno para acudir a la magia a fin de conseguir el placer sexual que su cuerpo demandaba: «Gonzalo Fernández, gallego establecido en Durango, expresaba "que cuando una persona pretendía la amistad de alguna mujer se venía a conseguir partiendo en dos partes por medio de una nuez moscada y escribiendo en la media el nombre de hombre que la pretendía y atando la dicha nuez moscada con los cabellos de la propia mujer y poniéndola en algún árbol o cosa semejante que fuese creciendo, porque así como iba creciendo el árbol, iba creciendo la afición de la tal mujer para con el hombre"».

También echaron mano de sus precarios conocimientos de latín para hacer conjuros heréticos, «en una jerga romanesca e ininteligible», que les allanaran el camino hacia la cópula: Bartolomé del Barco empleaba, tomado de la *Clavícula Salomonis,* uno que, por lo visto, le daba magníficos resultados:

Oh Júpiter, oh Acciton, por amor de mi fulano venid hasta aquí y por el nombre de Jadis, en nombre de Serdotius yo vos conjuro en el nombre del padre, del hijo y del espíritu santo y vos Serdotius *indi jues perpesal mantrasal vernet briel bersebú jovis aque* cupido de *rudis* dios infernal de amor, yo vos conjuro en el nombre del padre, del hijo y del espíritu santo yo vos te *trayamason quo el dhuhuc jubu* yo os mando que luego incontinenti sin dilación alguna vayais a fulana y la estimuléis y forcéis y obliguéis a mi amor y inflamad su corazón dentro del mío y *inducit* una deleitable visión de tal manera que ella se sienta y se muestre estar conmigo haciendo las obras de Venus y Cupido.

Conjuro a todas luces macanudo, porque quienes lo escuchaban, al no comprender ni jota, quedaban alelados e impresionados con la capacidad del sacerdote para invocar a la Santísima Trinidad en favor de sus demandas sexuales. Sin embargo, tantos latines mezclados con términos corrompidos de las lenguas vernáculas desconcertaban a sus oyentes, así que más tarde comenzaron a hacerlos en castellano y, es muy posible, con resultados más tangibles. Curiosa forma idolátrica con la que los sacerdotes solicitantes asumieron el comportamiento religioso de los indígenas que tanto habían criticado, al intercalar en sus embrujos a los iconos de la religión católica.

La solicitación, afectada por el delito de simonía y los abusos que se cometían con el pretexto de la confesión, llegó a tales extremos que ahuyentó a muchas mujeres del confesionario y las hizo exentarse de sus obligaciones espirituales hacia —en el caso de las indígenas— la religión recientemente adoptada. En una carta enviada desde el obispado de Yucatán por fray Diego de Landa a los inquisidores de la Nueva España, cuestionaba: «El negocio que se sospecha [solicitación] suele acaecer con las hijas espirituales y me ha engendrado los escrúpulos siguientes: Es a saber, ¿si toda hija espiritual, aunque no sea del sacramento de la penitencia, se entiende, en este caso, que su Santidad el Papa lo ha reservado para el conocimiento del Santo Oficio? ¿Mas si será el caso reservado también, por su complicidad, de parte de la tal hija, así como de su padre espiritual? [esto es, el confesor]. ¿Qué debe hacerse, si acaeciese ser la tal hija la agresora o el mismo padre espiritual, sin haberse consumado el delito? ¿Se debe entender que estos asuntos solo deben denunciarse cuando se trata de cosas públicas y de que se tiene noticia y escándalo, o también cuando se trata de asuntos secretos que hayan sido denunciados, lo cual a mí me ha parecido negocio de mucha aspereza por la distancia que hay desde esta provincia a esa ciudad de México y por el peligro de que las mujeres se nieguen a manifestar sus cosas secretas a quienes no son sus confesores?»

Preguntas que debieron causar grave inquietud entre los inquisidores, quienes, por lo que hemos visto, apenas y se daban a basto para controlar a los curas *solicitantes* e imponerles castigos que lograran meterlos en el carril de una conducta acorde con la santidad de sus sacramentos.

LA SODOMÍA NO CONOCE FRONTERAS Y MENOS SABE DE SOTANAS

Muchos de los cronistas de Indias, que debieron de conocer bien los preceptos de las *Siete Partidas* del rey Alfonso X *el Sabio*, en las que sodomía y bestialidad eran pecados que se juzgaban como crímenes *laesae majestatis* cometidos contra el orden natural y que se castigaban con la muerte en la hoguera, dejaron constancia de su existencia, los condenaron y los tomaron como un buen pretexto, entre otros, para justificar el avasallamiento de los mexicanos y paliar su conciencia respecto de las brutalidades que cometieron con ellos.

Hernán Cortés, por ejemplo, en una de sus *Cartas de relación* menciona que, desde un principio, «hemos sabido y hemos sido informados que los niños y hombres y mujeres que matan y ofrecen en sus sacrificios, son de cierto todos sodomitas y usan de aquel abominable pecado»; y Guilhem Olivier, en su ensayo *Homosexualidad y prostitución entre los nahuas y otros pueblos del posclásico,* abunda: «...tenemos acusaciones de homosexualidad dirigidas hacia Moctezuma Xocoyotzin.

En efecto, varios documentos insisten sobre insultos que se pronunciaron en contra del [*huey*] *tlatoani*: por lo general, las fuentes mencionan que cuando Moctezuma trató, desde una azotea, de apaciguar a sus súbditos después de la matanza del Templo Mayor, le reclamaron "qué dice el puto de Moctezuma [...] qué dice este bellaco de Moctezuma *bardoja* de los españoles".» Otros autores retoman este acontecimiento y hasta atribuyen el insulto a Cuauhtémoc: «¡Qué es lo que dice ese bellaco de Moctezuma, mujer de los españoles, que tal se puede llamar, pues con ánimo mujeril se entregó a ellos de puro miedo!» En la misma lógica, la controvertida muerte del *huey tlatoani* habría sido causada de esta manera: «y no faltó quien dijo que porque no le viesen la herida le habían metido una espada por la parte baja». Aunque esta forma de matar a Moctezuma —atribuida al conquistador psicópata Pedro de Alvarado, de quien se dice que «le metió siete veces la espada por el culo»— implica un castigo relacionado con la transgresión que había cometido con los españoles; recordemos que el propio Hernán Cortés le regaló un paje llamado Orteguilla para que lo consolase en su cautiverio, y que a su muerte se lamentaba que esta le dolía mucho porque se querían entrambos y se decían palabras amorosas y se hacían «*quiricias*».

Empero, haya sido que Moctezuma muriese de una pedrada en la frente o por una pócima envenenada suministrada por los propios conquistadores o porque lo hubiesen destripado por el ano, puede sospecharse que algunas de las prácticas eróticas de los señores, ritualizadas, fuesen de carácter homosexual, a pesar de que el mismo Bernal Díaz del Castillo haya afirmado que el *huey tlatoani* mexica era «muy libre de sodomías», pues otra fuente advierte que no era ajena la homosexualidad a los señores mexicas: «y en México había hombres vestidos con hábitos de mujeres, y estos eran sométicos, y hacían los oficios de mujeres, como es tejer y hilar, y algunos señores tenían uno o dos para sus vicios»; descripción semejante a la que, con el nombre de *Berdache*, hicieron los conquistadores respecto del papel transexual de algunos indígenas del norte de México, mediante el cual estos asumían total o parcialmente un rol social y sexual femenino e incluso —en el colmo de su putería— eran desposados por otros hombres.

A mayor abundamiento, Gonzalo Fernández de Oviedo —quien se mostró contradictorio al respecto— relató que «los sacerdotes que ofrendaban sacrificios humanos a uichilobo que llaman *papas*, que quiere decir persona santa, […] no comían sino solamente la sangre de los que sacrificaban. Estos aborrecían el coito e no conversaban con mujeres e mucho más el pecado de la sodomía»; y refiriéndose a los nahuas en general, que: «lo único que quieren es "comer e beber, e folgar, e luxuriar, e idolatrar e exercer otras muchas suciedades bestiales, e sodomías"»; con lo cual justificaba los repartimientos de indios, al afirmar que se trataba «de un justo castigo que Dios les envía por "los grandes y feos e inormes pecados e abominaciones de estas gentes salvajes e bestiales"». Tanta repugnancia y menciones reiteradas en cuanto a la sodomía, induce a pensar que es muy probable que el cronista actuase bajo el aforismo que dicta que *el que en pan piensa, hambre tiene*, y que este no tuviese otra intención que *curar en salud* a los sacerdotes españoles, porque él sabía «que la actividad sexual de los curas, condenados a eterna soltería por el celibato sacerdotal, era una de las causas principales de la tan difundida infidelidad conyugal, en todas sus variantes, en la Villa y Corte de Madrid».

Así, los sacerdotes católicos, ya durante la Colonia, también fueron proclives a la comisión de la sodomía o delito nefando, a pesar de que respecto de la homosexualidad, la intolerancia fuese total.

En los archivos de la Inquisición se conservan las actas de un escandaloso proceso seguido en contra de fray Manuel Arbustante, jefe de estudios del convento de la Merced de Valencia. Hombre de exquisita cultura y encendido verbo, había usado sus dotes intelectuales para seducir y sodomizar a casi todos los novicios y frailes jóvenes del convento; a sabiendas, en los casos concernientes a los primogénitos, de «que la pederastia era causa de indignidad en la fundación de mayorazgos, por la que el heredero perdía todos sus derechos». Así, no solo los emputecía sino que, si lo denunciaban, corrían el riesgo de perder un patrimonio que, sin duda, anhelaban con urgencia.

Estas desviaciones sexuales, que propiciaban el amor entre los de un mismo sexo, estaban presentes en la vida de muchos españoles y españolas, y encontraron un refugio propicio en la conducta sexual de los habitantes del Nuevo Mundo. «Los manuales de confesión destinados a los indígenas [pondera Serge Gruzinski] ilustran el mismo esfuerzo de adaptación, traducción o aproximación: la perífrasis permitía allanar muchas dificultades en las preguntas tocando la masturbación, la homosexualidad, o la sodomía, pero la traducción de *pecado contra natura* planteaba mayores problemas»; mismos que trató de solucionar el fraile Juan de la Anunciación utilizando la expresión *ayoc tlacáyotl tlatlacolli* igual a culpa, el defecto que ya no es humano, y para significar las reglas naturales de los hombres que rigen al coito.

Sin embargo, la *jotería* sacerdotal poco o nada menguó entre quienes adoraban el pecado nefando —que los indígenas, como hemos visto, sancionaban con la pena de muerte—. En el expediente 486.294 de la Rama Inquisición del Archivo General de la Nación, se relata un caso simpático:

> Luisa de Cuéllar, al denunciar contra Andrés, chino de Puebla y sacristán de una iglesia, dice que «entrando en casa de esta, el dicho chino un día le pidió que le diese unos polvos para tornar a atraer al hombre que él requería y tornarlo a reducir a su amistad. Ella dio al chino tres géneros de polvos, unos para que se los echara en el agua que había de beber el dicho hombre, otros para que se los echara en la cabeza, y otros para que los trujera a raíz de las carnes». Otro si. Que supo que el chino no solo consiguió reducir al hombre a su cama y gozar de sus carnes, sino que otros curas de la misma parroquia se los pidieron prestados para reducir a unos inditos que se bañaban en el aljibe del pueblo y que *estaban harto sabrosos*.

La revoltura, pues, de genitales variopintos estaba a la orden del día y los representantes de la Iglesia católica poco pudieron hacer para detenerla y más bien, participaban de ella.

AMORÍOS CON BURRAS, CHIVAS Y OTROS CUADRÚPEDOS CACHONDOS

El bestialismo o zoofilia, asociado al pecado nefando por fray Andrés de Olmos, no aparecerá mencionado en las crónicas hasta la época virreinal, cuando fueron traídos de España hatos de ganado vacuno y caballar, rebaños de cabras y borregos, piaras de puercos y, en particular, burros y burras que, como quedó constancia, podían sustituir en campo abierto y en lugares agrestes los traseros de las mujeres ausentes. Resulta, así, difícil imaginar a los señores mexicas, incluso a los macehuales, fornicando con un guajolote, una garza o un ajolote, por muy sensuales y cachondos que estos puedan aparecer dibujados en los códices.

Una anécdota peculiar sobre esta preferencia sexual nos la da fray Bartolomé de las Casas cuando, al discutir con los españoles que negaban la condición humana a los nahuas y los asimilaban a las bestias, él refutó su estulticia con el argumento de que «si los naturales eran igual que los animales, los españoles estarían cometiendo el pecado *contra natura* llamado bestialismo, pues ellos, sin parar en mientes, se acostaban con sus mujeres». Este asunto embarazoso continuó latente y no se resolvió hasta que se declaró que los indios tenían alma y eran seres humanos y, por ende, dejaban de ser animales.

LENOCINIO: PADROTES Y MADROTAS EN EL NUEVO MUNDO

La prostitución, *el oficio más antiguo del mundo*, era practicada, como hemos visto, por las mujeres tanto en los ritos de iniciación sexual como para suplir las carencias de aquellos que, por razones personales, no tenían acceso al amor carnal. Mujeres que se prostituían por unos granos de cacao o por algunos bienes materiales, la mayoría de las veces para asegurar su subsistencia, pululaban en todas las grandes concentraciones urbanas nahuas, mayas y de otras culturas, generalmente alderredor de los mercados, donde ofrecían sus servicios. Esta oferta de placeres corporales era controlada, en ocasiones, por alcahuetas que fungían como intermediarias entre el cliente y la puta para concertar la cópula, aunque, como dijimos, su actividad estaba penada con tal severidad que ponía en riesgo su vida. Sin embargo, con la llegada de los españoles, la prostitución, contemplada como «el oficio de las malas que buscan excusas para encubrir e dorar delitos e lujuria», fue reconocida por la Iglesia como «una práctica necesaria, ya que esto impedía que el mal de lascivia se extendiera a todo el cuerpo social, aunque no dejaba de considerar pecadores a sus practicantes». Así, disculpada en la medida en que evitaba males mayores, siempre y cuando no se atentara directamente contra el matrimonio y no estuviera inmiscuida una tercera persona, fue aceptada por la curia con cierta laxitud y condenada, en el peor de los casos, con la amenaza de excomunión o de infamia pública; castigos que, podemos suponer, podían soportarse en la conciencia sin desalentar la voluptuosidad de la carne, como aconteció con doña Beatriz de Padilla, quien pregonaba que su suerte privilegiada no se debía a causas misteriosas, como lo insinuaban los envidiosos, sino a su *sex appeal* y al desenfado con el que se desenvolvía, lo que no obedecía a hechizo alguno, pues *el encanto lo llevaba entre las piernas*.

La corona, por su parte, tampoco empleó medidas represivas para impedir que las mujeres públicas actuaran individualmente; pero sí llegó, basándose en una ley decretada en 1469 por Enrique VI, en la villa de Ocaña, a aplicar la pena de muerte para el alcahuete o rufián. Al igual que en las culturas dominadas, no se permitió la prostitución que estaba fincada en la práctica de la alcahuetería o lenocinio.

Según los cánones de la época, las putas eran mujeres que

ganaban su hacienda con la venta de sus cuerpos, y se dedicaban a ello aquellas que habían sido amancebadas y se encontraban en el abandono, las engañadas que por creer en el amor habían perdido su virginidad y no podían contraer matrimonio, y las viudas que buscaban el sustento en dicha ocupación. Con ellas «la justicia era paternalista y procuraba, en el caso de las españolas, protegerlas y regenerarlas para lo cual se fundaron los Recogimientos de mujeres». No sucedía lo mismo con las negras, mestizas y mulatas, pues se consideraba que, en su naturaleza intrínseca, llevaban el germen de la putería.

Muy a pesar de las penas y castigos que amenazaban a lenones y alcahuetas, la intermediación en el comercio carnal fue practicada por muchos padrotes españoles, que no tuvieron empacho en traficar con sus propias esposas, a fin de ganarse unos reales. Tal fue el caso de Martín de Vildósola, «quien consentía que su esposa, Juana Rodríguez, mantuviese comunicación carnal con el herrero Hernando de Orgás, el escribano Miguel de Zaragoza y, no podía fallar, el clérigo Miranda». De acuerdo con las actas del proceso que se siguió en contra de Vildósola, Juana, además de revolcarse con sus tres amantes con una impudicia que sacaba chispas a los muebles donde se acoplaban, se encargaba de preparar sus alimentos, limpiar su ropa y hasta asearlos con agüita de borrajas y otros perejiles aromáticos. «Vildósola no solo la dejaba hacer, sino que le aconsejaba sobre cómo agradar a sus clientes y la llegaba a recriminar por no obtener de ellos suficiente provecho».

Vildósola pronto se hizo rico. Construyó algunas casas con los recursos que le proporcionaba Orgás, siempre provisto de herrajes, pedruscos y argamasas, y se procuró alimentos y ropajes distinguidos de los otros dos fornicantes para vivir con cierta comodidad. Empero, no contento con la explotación que hacía de la vagina de su mujer, empleó su talento para educar a su hijo en el noble oficio de *aprendiz de lenón* y lo hizo participar en el negocio como mensajero y cobrador de los clientes, con lo que su giro cobró el carácter de *empresa familiar*.

El joven, no contento con ser un hijo de puta, extremó sus habilidades para padrotear a algunas mujeres que vivían en la misma vecindad y, a despecho de sus padres, las ofreció a los clientes que se acostaban con su madre, quienes, por cierto, «eran españoles solteros de un estrato económico medio, con necesidades domésticas y sexuales que satisfacer, y a los que no importunaba compartir a la mujer».

Algo parecido hacía Andrés de González, quien llevaba a su esposa, Inés de Rivera, con el alcalde mayor de Zacatlán, para que tuviese ayuntamiento carnal con él; sin que ello impidiese que Inés, especializada en deliquios orales, tuviese otros encuentros con varios hombres que llegaban a su casa para un acostón o una buena mamada, siempre con la aprobación de su marido.

El oficio de alcahueta era, por definición, practicado por mujeres maduras o que ya rondaban la ancianidad. Nicolasa de Guzmán, «española, casada, a la que mantenían junto con su marido, las jóvenes que administraba y guardaba bajo su custodia», era un *hacha* en la materia, cuya especialidad era ofrecer muchachitas vírgenes a algunos potentados pederastas para que las desfloraran. «Bernarda de catorce años, declaró que fue con Nicolasa y la Chomba, una mulata de edad, a casa de un hombre que pagaría trescientos pesos por echarla a perder», privilegio más que costoso por romperle el himen e iniciarla en la senda pecaminosa de la putería. Más adelante, Nicolasa la enviaba, en compañía de otras mujeres, a diferentes casas para que se ganase la vida con su cuerpo durante las noches y, solo por excepción, de día.

Otras putas asociadas al negocio, como Francisca de Rivera, negra ladina, afirmaba que «no es pecado el de la carne, si el sexo se utiliza en procura de alimentos»; y los clientes, Joan de Aguilar, negro esclavo, y Luis García, mulato zapatero, asumían que no era pecado echarse con una mujer pagándole o la fornicación con mujer soltera, porque con ello se ganaba la comida.

La prostitución que, paradójicamente, no era mencionada como tal, sino con eufemismos tales como alcahuetería, lenocinio y amancebamiento, se incrementó y, con el fin de controlarla, las autoridades decidieron crear las *casas de mancebía*. Así, la corona española emitió disposiciones para que estas se erigieran y, «para el caso de Nueva España, aun cuando se autorizó la edificación de la primera de ellas en la ciudad de México, según real cédula de 9 de agosto de 1538, promulgada en Valladolid por la reina consorte de Carlos I de España, existe constancia de que para 1587 aún no se llevaba a cabo su construcción». Sin embargo, se puede presumir que las casas de mancebía, antecedentes de los profilácticos y divertidos *burdelitos*, apreciados por tantos varones a lo largo de los siglos, se improvisaron apenas llegados los españoles, pues ya fray Juan de Zumárraga, primer obispo de México, se quejaba de que algunos sacerdotes fueran clientes asiduos de ellas.

5

MAGIA ERÓTICA

Las condiciones restrictivas impuestas por la Iglesia católica —una vez iniciada la evangelización y puesto en marcha el control de la sexualidad de los habitantes de la Nueva España— como respuesta a la «exuberante sensualidad de las religiones autóctonas» con que se toparon, así como la determinación de que «fuera del lecho conyugal la comunicación amorosa se convertía en una ofensa a Dios que ameritaba castigo en el fuego infernal», propiciaron la búsqueda de una alternancia en la práctica de la magia amorosa o magia erótica, como la llama Gonzalo Aguirre Beltrán.

La realidad social de la mujer era desmesuradamente opresiva, ya que —a diferencia de la que cobijaba a los varones, quienes podían proyectar el amor en dos vertientes, una, casta y pura, dentro del matrimonio, y otra, erótica y lujuriosa, fuera de él, sin sufrir consecuencias— las sujetaba a las exigencias de sus parejas y coartaba su libertad sexual en forma determinante. El rechazo a la opresión no tardó en transformarse en franca rebeldía y una de las vías redentoras «condujo a la mujer al conocimiento y práctica de la magia amorosa, a fin de obtener seguridad y poder canalizar su frustración y angustia pero, sobre todo porque «le permitía expresar su sexualidad y, a través de ella, alcanzar gratificaciones en su vida erótica».

Mientras las mujeres tenían una claridad precisa de los fines sexuales que perseguían con el ejercicio de la magia, los hombres la utilizaron comúnmente para «alcanzar los favores de alguna hembra con fines carnales u obtener prestigio amoroso, buena suerte en el juego y el dinero, descubrir la veta de alguna mina, curar una enfermedad, así como para proteger su virilidad».

Así, con el recurso de la magia, al que hombres y mujeres de la época daban un valor desorbitado, «el temor al infierno, al castigo eterno fue impotente para ahogar la fuerza desbordante del impulso sexual»; incluyendo el de los clérigos, quienes, paradójicamente, «conservaron las viejas fórmulas de la antigua técnica amatoria, revalorando el gran poder mágico de las palabras, y a menudo se extraviaron en sus floridos vericuetos, colgaron el voto de castidad en una argolla herrumbrosa y dedicaron su tiempo, con más frecuencia que la imaginada, a las obras gratas a Eros y Afrodita».

El conocimiento de las prácticas mágicas surgió a través de diferentes variantes, unas más poderosas que otras: «el hechizo del nombre [...]; la imprecación del conjuro, recitado en lengua muerta, donde el deseo implica la consecución del acto mismo; el uso de medallas, estampas, reliquias, rosarios, cruces, retratos de personas devotas, etcétera».

Lo primero que se perseguía con dichas prácticas mágicas era la «atracción» de la persona, objeto de los deseos amatorios. Para conseguirla, los practicantes recurrían a multitud de hierbas y animales, sobre todo avecillas pequeñas, cuyo plumaje fuera de colores hermosos y brillantes, «como el *huitzitzilin* o colibrí que era el más buscado para motivos de atracción y, al ser tenido por mejor vehículo de la fuerza mágica, llegó a llamarse *pajarito de quereres*». Entre las hierbas, el *puyomate,* planta de origen americano que tiene la forma de los órganos genitales, era considerada muy eficaz y tenía peculiaridades que la hacían adecuada para usarse con propósitos amatorios, entre ellas, «un olor penetrante de la raíz que posibilita su manejo al herir poderosamente la mentalidad mágica». Otra muy socorrida era la *doradilla*, cuyas hojas tienen forma de manos.

Si bien los mestizos y las castas, al igual que los indígenas y los negros, consideraban a las hierbas amatorias y a las medicamentosas como simples vehículos de un ente espiritual, dotado de una fuerza mística y de un poder mágico, en su uso era muy importante considerar el nombre, el olor, el color, la forma y también el sabor, para obtener la mayor eficiencia de su fuerza mágica.

Generalmente, los polvos obtenidos de estas yerbas se aplicaban como pomadas en la totalidad del cuerpo, en las partes pudendas o en las manos. También se mezclaban con semen, sangre menstrual, orina y ¡hasta con excrementos!, como materia amatoria, luego se batían y administraban con un sabrosísimo chocolate, cuya espuma desbordaba la jícara. Los ejemplos abundan:

Juan Corona, mulato de Pátzcuaro, usaba «una bolsa de gamuza dentro de otra de piel de tigre, envuelto en un listón y ruan una como yerba el uno macho y el otro hembra y molido lo daba a varias mujeres en pan, vino o fruta para que engendrasen amor».

Francisca de Agreda, que tiene amistad ilícita con el padre fray Tomás de Hortiga, guarda siempre consigo «una bolsita cogida en el medio de la pollera donde tiene aroma, almizcle y plumas de un pájaro que llaman puqui».

Isabel de la Cruz dio a una amiga unos palillos de unas yerbas y le dijo que los mascase y se untase con ellas las piernas y las partes pudendas.

Ynés María, negra de Juan Martín Hernández, pagó a un indio porque echase suertes, en una jícara de agua, para que apareciesen unas sábanas y una cuchara de plata, y echó su sangre menstrual en el chocolate que había de beber su amo para amansarlo, llevarlo a su cama, y para que no maltratase a una hija suya.

La materia amorosa, sin embargo, también podía ser utilizada para provocar la repulsión de algún sujeto indeseable o de la amante del marido, y para ello se preferían las excreciones desagradables del cuerpo humano, sobre todo al olfato, como el excremento empleado en forma de sahumerio o administrado oralmente.

Juana González, española, pidió a Mari Vázquez, negra, con qué apartar a su marido Domingo de Aguirre de una mujer con quien andaba, y la negra le dio una yerba que echó en agua junto con unos pedazos de mierda, y dio muchas veces de beber a su marido [...] y le pareció que hizo efecto, pues este no solo se volvió distraído, sino que le surgió un aliento fétido insufrible.

En ocasiones, la magia erótica era empleada para encubrir transgresiones como el adulterio o la sodomía. Otro de los beneficios que se buscaban con la magia erótica, a veces en forma desesperada, era la *ligadura amorosa*. Ya que amor «no es solo atracción sino posesión, exclusividad de afecto, propiedad y pertenencia», los individuos tenían que extremar sus artes puestas al servicio de la seducción, así como recurrir a la magia para que esta fuese permanente e incrementar el amor del marido o amante. Así, «para garantizar el afecto del galán o marido se acudía a polvos, gusanos, alimentos tomados del vómito, agua de levadura, anillos, oraciones, líquido seminal, yerbas y aves, lazos conjurados, ayunos, o al simple conjuro»; y para que el *ser querido* no se desligase al involucrarse con otra pareja, estaban a disposición «copal, cresta de gallo, cintas de calzones mágicamente anudados».

El español Cristóbal de Paredes, casado con española, guardaba unos círculos mágicos. Con uno de ellos colocado detrás de un anillo podía «alcanzar los favores de las mujeres»; otro era para evitar o curar el «mal de ligado»; y el tercero, que tenía marcadas unas letras al reverso, le permitía «fingir grandeza». Quiso seducir a una india que trabajaba en casa de sus padres, pero le salió el chirrión por el palito, porque lo único que logró con sus hechicerías fue que su padre se apañara con la india.

Mariana de Covarrubias, mulata de Sayula, aconsejaba que si se quería alcanzar algún hombre, ayunara tres domingos al diablo. Juan Muñoz, por su parte, dijo al ver pasar a una mujer que si él quisiera acostarse y pecar con ella, lo haría con facilidad ayunando al diablo cuatro días.

Un caso interesante involucró a una monjita llamada Inés de Villalobos que, al parecer, había sido seducida por un *don Juan*, a pesar de oponer férrea defensa de su virtud y de su rajita de canela, para luego ser abandonada y, por obvio despecho, dedicarse a la magia amorosa.

Inés de Villalobos, mulata, usaba una imagen de santa Marta en sus ceremonias. La tenía por milagrosa y la rociaba, al igual que a sus consultantes con agua bendita antes de iniciar la sesión. Inés tenía fama de adivina y cuando una mujer mantenía relaciones ilícitas con un hombre trataba de impedir que este se casara y la abandonase. Así, Inés improvisaba un altar en su cuarto y colocaba sobre una mesa la imagen de santa Marta. Ponía delante de la imagen unos ramos de sauce y dos velas encendidas, además de agua bendita, pan, sal, cuchillo, un poco de dinero y manteles tendidos. Desnuda, en camisa, suelto el cabello, Inés rezaba una oración a santa Marta para asegurar la «ligadura» del hombre y garantizar su amor para con la consultante: «…¿A dónde vas tú, Marta, que aquí está tu bravo león,/ lerdo y cuerdo, ligado y encadenado/ y dado a la mala ventura?».

La cresta del gallo de tierra, o sea, el moco de guajolote, «puesto debajo de la almohada del marido lo entorpecía y lo dejaba sin sentido, dando oportunidad a la mujer de estar en paz o, bien, buscar otro amor y cometer adulterio».

Otras veces, para conservar a un hombre se usaban unos

polvos que, mezclados con la sangre menstrual y el semen junto con algunas palabras mágicas: «Con dos te miro, con dos te ato», daban muy buenos resultados. También, eran muy eficaces las oraciones en las que se invocaba a los demonios con propósitos amorosos:

> Acostarme voy, a dormir y descansar,
> por tu corazón Fulano quiere enviar
> con Satanás y Barrabás,
> y el Diablo Cojuelo y el Diablo Soplillo.

La magia erótica tenía, por supuesto, su lado oscuro, más negro que el arillo del culo. La más violenta afrenta, más que la muerte física, era causarle impotencia por medio de prácticas mágicas y fue el objetivo de algunas mujeres desesperadas. La impotencia, proceso fisiológico provocado por la edad o por algunas enfermedades venéreas, afectaba terriblemente al hombre colonial que apoyaba su prestigio en su virilidad. En virtud de que el varón buscaba una explicación mágica, siempre acusaba a la mujer de culpable. Eran la esposa, la manceba, la novia repudiada o la mujer ignorada el blanco de sus acusaciones. Verdad o mentira, el caso es que el ritual para provocarla era diferente a los otros:

> Doña Felipa Gordillo, castigada por la Inquisición, ligó a Juan Velázquez, criado del virrey. Lo hizo con tres nudos sobre un cordel invocando al demonio. Juan le rogó lo desligara, y ella fuerte y condescendiente fue desatando cada uno de los nudos del cordel, del último al primero.

Sin embargo, una vez desanudado el cordel, Juan Velázquez siguió impotente porque ella, desalmada como la abuela de la cándida Eréndira o la matriarca Pérez de Jalapa, le había dado subrepticiamente a beber «líquido seminal y productos orgánicos insólitos como los pares y el cordón umbilical de un nonato» y tuvo que recurrir a una fuerte dosis de *calaverna-*

calavera humana untada en la barriga, «considerada como un remedio seguro para la esterilidad».

Otros casos, no menos escabrosos, fueron los de la negra Luisa que dio lombrices tostadas y molidas a un hombre para volverlo impotente; el de Leonor Islas, la famosa mulata de Veracruz y hechicera profesional, que explicaba a sus clientas los procedimientos de ligadura y para provocar impotencia; y, quizá uno de los más dramáticos y devastadores, el del sevillano Joseph Batista de Cos, mercader de cacao en México, de unos veintiséis años, quien acudió al Santo Oficio para denunciar a una mulata blanca de veintiocho años, Juana, esclava del conde de Miravalle, don Alfonso Dávalos:

> Joseph mantuvo una relación con ella por bastante tiempo y, como le tenía cariño, le propuso dinero para que pudiese comprar su libertad. Pero Juana quería matrimonio, cosa que rechazaba el muchacho. Las desgracias del sevillano comenzaron una noche en que la mulata le mandó una bebida de leche dizque para curarlo de sus frecuentes insomnios. Joseph la bebió y no pudo pegar el ojo durante toda la noche, pues sufría de diversos trastornos y angustias. Amaneció en un estado de postración total. Entonces, acudió a una india curandera quien le diagnosticó una ligadura y logró sanarlo, pero, seis meses más tarde, volvió a recaer. Como había dejado de ver a Juana, la acusó de haberle administrado un bebedizo con el fin de volverlo impotente. Joseph intentó tener cópula con otras diez mujeres, pero fracasó con todas. Su pájaro no se levantaba ni con alpiste del más fino. Regresó, entonces, con la india curandera y por su actitud pensó que, quizás, esta fuera cómplice de su adorada Juana. Fue con un cirujano y este le confesó que no podía curarlo, que su pito-caído no tenía remedio. Entonces, desesperado, Joseph acudió al Santo Oficio para denunciarla […], solo que ahí se enteró que la mulata Juana había sido puesta a salvo en un convento por sus amos, ya que Joseph había manifestado su deseo de matarla, movido de ciega cólera…

Después, se rumoreó que Joseph había desaparecido, hasta que unos arrieros encontraron su cuerpo colgado de la rama de un árbol.

Si bien la magia erótica cumplió en muchos casos su cometido, un hecho que vino a modificar el arte de hacer el amor en la Nueva España, fue el bagaje erótico y sensual que trajeron consigo los negros y las negras que llegaron como esclavos.

Provenientes de los mercados de esclavos localizados en las costas africanas, los llamados eufemísticamente *piezas de Indias* eran tanto hombres como mujeres, de entre dieciocho y veintidós años, cuya altura alcanzaba un metro con ochenta centímetros, aproximadamente, y que gozaban de una excelente condición física, ya que habían sobrevivido a las penurias y las condiciones infrahumanas del largo cruce del océano Atlántico. Estos negros que, dada su procedencia y las tradiciones culturales de sus tribus, no «tenían empacho en aseverar que la simple fornicación no era ni podía ser considerada cosa prohibida, ni consideraban la sexualidad como una ofensa al dios cristiano», puesto que ni siquiera tenían conocimiento de su existencia, desde su llegada a la Nueva España comenzaron a mezclarse con los indígenas y, tan pronto corrió fama de su destreza amatoria, de «su sexualidad irreprimible», además de su hermosura, la textura y el tamaño portentoso de sus genitales, con individuos de la raza blanca o pertenecientes al mestizaje.

> Desde tempranas fechas [señala María Elena Cortés] se tiene noticia del amancebamiento de negros con mujeres indígenas. La real cédula de 10 de julio de 1538, dice:
>
>> ...Por cuanto Bartolomé de Zárate, vecino y regidor de la ciudad de México, ha hecho relación que los esclavos negros que pasan a esta tierra, luego que llegan a ella se amanceban y están amancebados con indias naturales de ellas y con negras, así en casa de sus amos como fuera de ellas, y que los dueños de los tales esclavos, por

> los quitar de pecado, los casan, e, así casados, los dichos esclavos, sin otra causa alguna, dicen ser libres y procuran su libertad…

Dicho amancebamiento, al que sucedía el matrimonio lo más pronto posible, obedecía, más que nada, a las disposiciones de las autoridades eclesiásticas —que sí consideraban un pecado grave la simple fornicación con mujer soltera— «que concedieron a los negros, como una gracia, el sacramento del matrimonio»; con lo que, de acuerdo con las leyes conocidas como las *Siete Partidas* de Alfonso X *el Sabio*, podían obtener su libertad:

> …E si siervo alguno casase con mujer libre, u hombre libre con mujer sierva, estando su señor delante [...] o sabiéndolo, si no dijese entonces que era su siervo, solamente por este hecho, que lo ve o lo sabe, y callase, se hace libre el siervo, y no puede después tornarlo a servidumbre.

Así, el amancebamiento y el matrimonio constituyeron un recurso ideal del esclavo para obtener su libertad.

Un mulato, llamado Juan de Morga, esclavo, particularmente dotado, criado en el ámbito urbano, se vio relegado en las minas de Zacatecas donde sufría una persecución sistemática por parte de su amo mestizo, a todas luces envidioso de la hermosura y civilidad del esclavo [o, quizá, aventuramos, porque quería sodomizarlo]. Este decidió entonces huir y regresar a la capital donde, por ayudarle, sus amigos concertaron un matrimonio con una mujer de color de condición libre, para impedir que el amo volviese a apoderarse de él. En efecto, si Morga quedaba casado en México, debería hacer vida marital con su esposa y, por lo tanto, ya no se le podía regresar a Zacatecas; por otra parte, siendo su mujer libre, no era factible, de acuerdo con las Partidas, obligarla a seguirlo a las minas, y de este modo la Iglesia quedó comprometida a que Morga no volviese a caer en manos del amo minero que, después se confirmó, era más puto que Buñuelito de Triana.

La atracción física que los indígenas, hombres y mujeres, encontraron en los esclavos fue notable, de ahí que proliferara la mezcla que, con el paso del tiempo, diera origen a las *castas* que hemos mencionado. Mas también y gracias a su destreza amatoria, se convirtieron en objetos de deseo para los peninsulares, de suerte que de sus encuentros amorosos, celebrados con una potencia arrebatadora, surgiera el súmmum del erotismo colonial: mulatos y mulatas que se harían célebres, hasta convertirse en leyendas, como la Mulata de Córdoba, por sus potestades genitales, sus maneras desenvueltas, y la música y el fuego que portaban en el interior de sus cuerpos:

> Habiéndose convertido un mulato esclavo en amante de una joven española separada de su marido, fueron sorprendidos ambos, desnudos y cogiendo hasta rabiar, por el tutor de ella. La muchacha, hipocritona y aviesa, alegó en su defensa que siempre había odiado al mulato, pero que había sido hechizada por él. Su madre, escandalizada, no se sabe si celosilla, la encerró en un convento capitalino y denunció los hechos [...] El mulato fue castigado con azotes de su amo, quien lo vendió, más tarde, a un molino de metales. La española, sin embargo, fue perdonada por su marido, el cornudo feliz de Tacubaya, quien le pidió que reanudaran su vida en común.

Solo que la española continuó cantando hasta su muerte un estribillo, aprendido de las esclavistas inglesas, que reza: *Once you try black, you never go back.*

La promiscuidad de las mulatas se practicaba con absoluto desenfado, debido quizá a que, en el fondo, no llegaban a entender el concepto de familia y los «lazos de unión consanguínea» les importaban un pepino. Así, Beatriz de Padilla, morisca libre y soltera, de unos veintiocho años y una belleza excepcional, se hizo de cuatro hijos, con diferentes galanes:

...el mayor, Agustín Ortiz era hijo del licenciado Diego Ortiz de Saavedra, sacerdote y comisario del Santo Oficio de Lagos, quien murió, en plena faena sexual, tras haber vivido varios años con la joven. Siguen Diego y Micaela que procreó con Diego de las Máriñas, alcalde mayor de Juchipila, con quien estuvo amancebada. Luego, una vez que este cayó en desgracia, tuvo otra niña con Hernando López de Lara, niña que fue criada por su madre.

Ella misma, fue hija ilegítima de don Lorenzo Padilla y nieta de don Diego Padilla, de Guadalajara, casado con Ana de Bracamontes, personas «muy estimadas por la gente más lúcida en la dicha ciudad».

También eran adictos a la práctica de la magia erótica. Unas veces llevaban los amuletos en la faltriquera, dentro de una bolsa de cuero o tafetán, otras los cosían cuidadosamente en la faja, los recostaban sobre el seno, los escondían en el fondo de un baúl o entre el costal de sus trapos andrajosos.

Agustín Loza contaba que estando mal entretenido con una negra de la estancia, esta se iba públicamente todas las noches a casa de su galán, dejando en la cama a su marido. Que ella solía platicar que con rezar una oración al oído de su marido, este se quedaba dormido como si fuese un palo y ella se iba a sus deleites. Al volver a su casa, rezaba una oración y el marido despertaba tan campante...

La magia erótica, así, fue un crisol para producir innumerables argucias en las camas, petates y hamacas de los habitantes de la Nueva España y un instrumento idóneo para que los garañones y las calenturientas pudiesen tener acceso a cuerpos que, por razones de clase social, les estaban vedados.

6

EL SANTO OFICIO DE LA INQUISICIÓN Y LAS *MARRANAS* MEXICANAS

La Inquisición, esa máquina de tortura y aniquilamiento de la conciencia establecida en España, en 1480, por la célebre marimacha Isabel la Católica —a la que su marido Fernando II de Aragón tenía prohibido usar zapatos lustrosos porque si lo hacía se reflejaría en los empeines su descomunal varonía— para perseguir los delitos de apostasía, brujería y magia, pronto sentó sus reales y su aterrorizante presencia en la Nueva España para perseguir a los judíos que profesaban abiertamente su religión y a los judaizantes conversos, conocidos vulgarmente con el nombre de *marranos*.

Por ello, en un principio el Santo Oficio de la Inquisición no se ocupó de los pecados o delitos sexuales, pero sí de los errores de la fe que proclamaban la inocencia de la actividad sexual fuera del matrimonio. Se afirmó públicamente que masturbarse o mantener relaciones sexuales con otra persona con la cual no se estuviese santamente casado, no era materia inquisitorial; y estas transgresiones quedaban reservadas a los tribunales eclesiásticos ordinarios.

Sin embargo, los marranos, con su actividad proselitista para evitar la extinción de su fe, prendieron la mecha de un polvorín represivo, cuyas explosiones no tendrían otro fin que perseguirlos y, en la medida de lo posible, exterminarlos. «Las tierras americanas eran propicias [comenta Solange Alberro] para las empresas propagadoras de la fe y algunos judaizantes, casados o amancebados con mujeres indígenas, mestizas o mulatas, de catolicismo reciente y poco sólido, lograron convertirlas y educar en el mosaísmo a los hijos que tuvieron con ellas.» La Inquisición abrió los ojos de inmediato y desarrolló una red de intrigas y amenazas para aceitar la lengua de innumerables denunciantes dispuestos a vender el alma de sus vecinos, aunque el comprador no fuera, precisamente, el demonio.

Así, la imprudencia y la falta de discreción y recato, fueron aprovechadas por el Santo Oficio en la medida en que los marranos se descubrían con una insensatez que más parecía un desafío.

> Un tal Francisco Blandón circuncidó al hijo natural que le dio su amante, la mulata Agustina de la Cruz, también convertida al judaísmo, y la amiga, asimismo mulata, de varios judaizantes se preciaba de «ser de la nación», habiéndose ganado el respeto de la gente honrada pues organizaba en su casa ayunos muy concurridos.

No era extraño que un judaizante que se casaba con una cristiana nueva, esto es una marrana conversa, la presionara y chantajeara para que retornase al redil del judaísmo. Esta actitud, que no solo no era privativa de los varones, prevenía a las mujeres de la vida fácil que accedían al tráfico sexual ilícito con los judíos, de no caer en sus redes, tal y como propalaba Isabel Duarte, la de Antúnez, quien sostenía que «pocas o ningunas veces se mezclaban para casamientos los judíos y los católicos, pero para malas amistades, no se reparaba en nada».

A pesar de ser tratadas con cierta discreción, llama la atención el hecho de que se diesen relaciones carnales entre mujeres judaizantes y cristianos encumbrados:

Rafaela Enríquez y su hermana Micaela, madres de familia y observantes devotas, hijas de la dogmatista Blanca Enríquez, fueron amigas íntimas del notario inquisitorial Eugenio de Saravia y del inquisidor don Francisco de Estrada y Escobedo.

Dicha relación insólita entre judías militantes y eclesiásticos ministros persecutores, «es reveladora de la situación colonial, en la que, de hecho, las complicidades de clase y de casta y la libertad de costumbres» permitía ocasionales deslices para «granjearse para ellas y los suyos, la indulgencia de personajes peligrosos»; ligerezas que se daban el lujo de disfrutar algunas mujeres bonitas y coquetas, entre ellas, Rafaela, apodada *Rafa la Gitana,* quien con su acentuado tipo mediterráneo y su atractivo se divertía seduciendo a los ogros y los metía entre sus piernas estremeciéndose ante el peligro.

Durante los primeros años, al carecer de rabinos que los guiaran en la profesión de su fe o de sinagogas donde pudiesen practicar sus ritos, los judíos delegaron en sus mujeres la responsabilidad de mantener y propagar sus creencias. Por ello, la mujer judía, así como la marrana, gozaron de una libertad sexual notable, que, en algunos casos se transformó en libertinaje. «Las vemos a casi todas, hermanas, hijas, tías, primas, reunidas alrededor de la abuela, a la vez guía espiritual y abeja reina con ribetes de Celestina, ir y venir libremente, participar en reuniones, meriendas, juegos, visitas, bailes, en los que la religión se enhebra con la charla liviana, en una amena promiscuidad con recién llegados, parientes, socios y dependientes de sus maridos [...] Un alegre desparpajo prevalece en aquel mundillo...» Y más que eso, porque son mujeres generosas, para nada recatadas, felices de entregar sus cuerpos voluptuosos a la menor provocación, al primer galán que las requiebre, sobre todo si se trata de un compinche judaizante. Para ellas, los adulterios, así como los retozos de las doncellas y la pérdida de su virginidad son asuntos baladíes, siempre y cuando ocurran con judíos, porque, entonces, la cópula y los deliquios eróticos serían vistos como actos piadosos destinados a avivar su fe.

Isabel Núñez acompañaba a sus hijas casadas Ana y María Gómez con sus amantes respectivos, un tanto alejados de sus deberes religiosos, mientras los maridos estaban en viajes de negocios, cuando todos se otorgaban una semana de vacaciones devotas en las placenteras huertas del gobernador de Tlatelolco. Ahí, ayunaban, se amaban y los dos hombres gozaban mucho el espectáculo de las mujeres bañándose desnudas en las acequias...

La perversión no estaba ausente en estas orgías. Las mujeres, normalmente en una proporción más nutrida, aprovechaban las condiciones para comportarse como putas, sin correr el riesgo de una recriminación obscena o de un castigo lacerante:

...cierto martes de carnestolendas, algunas mujeres, entre casadas y solteras se hallaban juntas en un aposento de la casa de Simón Váez Sevilla y su respetable esposa, Juana Enríquez. Juan Pacheco de León, recién llegado de la judería de Liorna, estaba con ellas y la plática mezclaba las bromas de tono subido con las consabidas cosas de la religión. En algún momento, el pudor se hizo a un lado y venció el espíritu festivo, y las damas acordaron, a carcajadas, averiguar si el joven estaba efectivamente, como decían, circuncidado. En un santiamén lo desnudaron, una de ellas tomó la verga en sus manos y la mostró a las demás «para ver una cosa descapillada».

Baste decir que el miembro de Pacheco, *pachicho* al principio por la vergüenza, pronto se irguió turgente y fue lubricado, con experiencia, por varias vulvas voraces, siendo la primera la perteneciente a doña Juana Enríquez con la complacencia de su esposo.

La circuncisión, mutilación profiláctica para significar la pertenencia a la raza judía, no fue exclusiva de los varones. Las marranas de la Nueva España también padecieron dicha aberración quirúrgica, misma que podía ejecutarse en el interior de la vulva, quizá para cercenar el clítoris, o en otras partes del cuerpo con una intención simbólica:

> Margarita de Rivera, procesada por la Inquisición, contaba que el rabino Simón Montero se refería a la circuncisión que se hacía a las mujeres en Roma: «las metían desnudas en siete tinas de agua, tres frías y cuatro calientes, para ablandar la parte que iba a ser cercenada, mientras los sacerdotes rezaban algunas oraciones, con que quedaban limpias y purificadas de las culpas que habían cometido con ellas los cristianos, sin o con su consentimiento...»

Duarte de León, cuya razón se hallaba sin duda perturbada por un primer arresto del Santo Oficio, se valía de un modo extraño para circuncidar a las mujeres de su familia.

Respecto a ello, los testimonios de sus hijos fueron explícitos y corroborados por las declaraciones del cirujano del Santo Oficio encargado de examinar a las hijas y mujer de Duarte, quien les había cortado un trozo de carne del hombro derecho que luego ponía a asar en las brasas, salaba y comía.

Esta «circuncisión femenina», verdadero acto de canibalismo ritual, tenía también un fin propiciatorio. El hijo de Simón de León reveló que su padre procedió a tal operación sobre su hermana Antonia para conseguir que fuese liberada la madre, Isabel Núñez, presa entonces del Santo Oficio.

Si esto sucedía en las altas esferas, con el paso del tiempo las marranas de cualesquier condición social comenzaron a practicar la magia erótica para obtener la influencia de las potestades celestiales o del infierno en sus devaneos sexuales.

Asimismo, las mujeres acudieron cada vez más al recurso de «mezclar su sangre menstrual con el chocolate destinado al marido que se quería amansar o al hombre que se deseaba seducir». Consecuencia de estas actitudes transgresoras, tanto en el terreno de la sexualidad como en el religioso, fue la inclemente persecución del Santo Oficio, misma que se incrementó y propició que muchos judíos y marranos fueran a parar a las mazmorras de la Inquisición, donde no solo se les torturó para que confesaran los supuestos crímenes que habían cometido, sino se les obligó a denunciar a sus familiares y amigos. Sin embargo, estas crujías donde se confinaba a procesados y sentenciados, para los cuales no existía la pena de cárcel perpetua, estaban en condiciones deplorables debido a la humedad y a los materiales porosos con que se habían construido, de suerte que sus muros no podían resistir los instrumentos punzantes con que los reos los perforaban para abrir boquetes que les permitían una comunicación promiscua. También, dichos recintos estaban vacíos muchas veces y el alcaide, para hacerse de un dinerito extra, no tenía escrúpulo alguno en alquilarlos a la gente de la chusma o a aquellos que, por alguna razón inconfesable, deseaban ocultarse. Así, «el testigo Baltasar García declaraba que "vivía mucha gente de mal proceder, de hombres y mujeres, españoles y mulatas y mestizas, y las más estaban amancebadas"». La prisión, pues, pronto se convirtió en hotel de paso o en vecindad de quinto patio, donde cada cual hacía lo que le era conveniente:

> ...en la cárcel perpetua de este Santo Oficio de que es alcalde Diego de Castro, han vivido y al presente viven muchas personas, ansi hombres como mujeres de mal proceder y con escándalo, que porque no se las prenda por sus delitos la justicia eclesiástica ni seglar, alquilan los aposentos de la dicha cárcel; de que muchas personas han dado noticia para que se procure, se remedie y se eviten muchas ofensas de nuestro señor que se hacen allí, como amancebamientos y no querer los que allí viven pagar lo que deben.

Otros testimonios inscritos en las fuentes informan, asimismo, del comercio sexual que se practicaba en la cárcel e, incluso, del carácter *doméstico* con que se comportaban las marranas prisioneras en relación con sus amantes:

Rafaela Enríquez, por ejemplo, había recibido de su «compadre» Francisco Millán una cama de granadilla para explayarse a gusto en sus frecuentes fornicaciones [...] Y, también, hacía alarde de que usaba atole para almidonar los cuellos de las camisas de su vecino de cárcel [...] y, es muy probable, para templar el fuste con que se agasajaba.

De esta manera, con la connivencia de las autoridades responsables de su manejo y administración, la prisión inquisitorial llegó a convertirse en una *cárcel de amor* donde el tedio se veía aligerado y el ocio recompensado con mercedes quizá mucho más atractivas que las que podían obtener afuera:

Un tal Gaspar Alfar, que se prestó a espiar a los judaizantes prisioneros, confesó que [...] había inducido a la mestiza Catana, que servía en las cárceles, a que se fingiese también presa y aconsejase a las demás confesar; dice haber sido colocado como espía al lado de Simón Váez Sevilla, el judaizante más preeminente de la comunidad mexicana, con el fin de oír cuanto decía; haber visitado a Catalina Enríquez en su calabozo, y dormido con Ysabel de Rivera, «que tenía los pies muy grandes».

La esclava negra Antonia confesó haber recibido del falso sacerdote el consejo de espiar a sus compañeras esclavas con el fin de descubrir a las que mantenían relaciones amorosas con los presos.

Así, aun bajo las condiciones más severas, la sexualidad de los recientes novohispanos encontró los medios para expresarse y encontrar una satisfacción plena, sin que amenazas o castigos lograran suprimirla, por más esfuerzos que hiciesen la Inquisición y los sicarios del Santo Oficio.

AGRADECIMIENTOS

Mi agradecimiento a Mónica del Villar y Felipe Garrido, quienes generosamente me proporcionaron varios de los valiosísimos textos que utilicé como fuentes para documentar este libro. Asimismo, mi gratitud especial para Alfredo López Austin, cuyas recomendaciones y comentarios fueron de inapreciable valor para comprender la visión cosmogónica y el conocimiento profundo del cuerpo humano de las culturas prehispánicas comprendidas en este libro. También agradezco a Federico Andahazi, a Guillermo Schavelzon, así como a mis editores José Calafell, Gabriel Sandoval, Carmina Rufrancos y a todos mis amigos y amigas de la casa editorial Planeta México por la confianza depositada en mi persona y el entusiasmo brindado para la realización de la obra.

A María por su paciencia e incondicional apoyo.

BIBLIOGRAFÍA

Abreu Gómez, Ermilo, *Popol Vuh. Antiguas leyendas del Quiché.* FCE, Colección Popular, núm. 629, México, 2003.

Aguirre Beltrán, Gonzalo, *Obra antropológica VIII. Medicina y Magia. El proceso de aculturación en la estructura colonial*, FCE-Universidad Veracruzana-Instituto Nacional Indigenista-Gobierno del Estado de Veracruz, México, 1992.

Alberro, Solange, *Inquisición y sociedad en México 1571-1700*, FCE, México, 2004.

_____, "La sexualidad manipulada en Nueva España: modalidades de recuperación y de adaptación frente a los tribunales eclesiásticos", en *Familia y sexualidad en Nueva España*, FCE, colección SEP/80, México, 1982.

Alvarado Tezozómoc, Fernando, *Crónica Mexicáyotl*, Instituto de Investigaciones Históricas, Primera Serie Prehispánica, núm. 3, UNAM, México, 1998.

Anónimo, *Chilam Balam de Chumayel*, Dastin, España, s/f.

_____, "Historia de los mexicanos por sus pinturas", en *Teogonía e historia de los mexicanos. Tres opúsculos del siglo XVI*, Porrúa, colección Sepan Cuantos, núm. 37, México.

Arroyo García, Sergio Raúl, "Retrato de lo humano en el arte mesoamericano", en *Arqueología Mexicana*, vol. XI, núm. 65, México, enero-febrero de 2004.

Atondo, Ana María, "Prostitutas, alcahuetes y mancebas. Siglo XVI", en *Familia y sexualidad en Nueva España*, FCE, colección SEP/80, México, 1982.

Barjau, Luis, *La conquista de la Malinche*, Martínez Roca-INAH-Conaculta, México, 2009.

Benavente o Motolinia, fray Toribio, *Memoriales o Libro de las cosas de la Nueva España y de los naturales de ella,* Instituto de Investigaciones Históricas, UNAM, México, 1971.

_____, *Historia de los indios de la Nueva España,* Porrúa, colección Sepan Cuantos, núm. 129, México, 1990.

Bosch García, Carlos, *La esclavitud prehispánica entre los aztecas.* El Colegio de México, Centro de Estudios Históricos, México, 1944.

Caso, Alfonso, *Reyes y reinos de la Mixteca. Diccionario biográfico de los señores mixtecos,* FCE, México, 2004.

Clavijero, Francisco Javier de, *Historia antigua de México,* Porrúa, colección Sepan Cuantos, núm. 29, México, 1971.

Códice Borgia, 2 tomos, FCE, México, 1993.

Códice Chimalpopoca, *Anales de Cuauhtitlán y Leyenda de los soles,* Instituto de Investigaciones Históricas, UNAM, México, 1975.

Códice Dresden, *Die Maya- Handschrift der Koniglichen Bibliothek zu Dresden,* Leipzig, Alemania, 1880.

Códice Ramírez, *Relación de los indios que habitan esta Nueva España,* Innovación, México, 1979.

Cortés J, María Elena, "Negros amancebados con indias. Siglo XVI", en *Familia y sexualidad en Nueva España,* FCE, colección SEP/80, México, 1982.

Chimalpahin Cuauhtlehuanitzin, Francisco de San Antón Muñón, *Relaciones originales de Chalco Amecamecan,* FCE, México, 1965.

Chimalpahin, Domingo, *Las ocho relaciones y el memorial de Colhuacán,* 2 tomos, Conaculta, colección Cien de México, México, 2003.

Dalevuelta, Jacobo, *Monte Albán. Mosaico oaxaqueño,* Imprenta Mundial, México, 1933.

Dalton, Margarita, compiladora, *Oaxaca. Textos de su historia.* Instituto de Investigaciones Dr. José María Luis Mora, Gobierno de Oaxaca, México, 1969.

Dávalos López, Enrique, "La sexualidad de los pueblos mesoamericanos antiguos", en *Antología de la sexualidad humana*, tomo I, Miguel Ángel Porrúa, México, 2007.

Dávalos, Marcela, "Familia, sexualidad y matrimonio durante la colonia y siglo XIX", en *Antología de la sexualidad humana*, tomo I, Miguel Ángel Porrúa, México, 2007.

De Alva Ixtlilxóchitl, Fernando, *Obras históricas*, 2 tomos, Instituto Mexiquense de Cultura-Instituto de Investigaciones Históricas, UNAM, México, 1977.

De la Serna, Jacinto, y otros, *Tratado de las idolatrías, supersticiones, dioses, ritos, hechicerías y otras costumbres gentílicas de las razas aborígenes de México*, 2 vols., Fuente Cultural, México, 1953.

Delgado, Jaime, "El amor en la América prehispánica", *Revista de Indias*, vol. 29, núm. 15, España, 1969.

Díaz del Castillo, Bernal, *Historia verdadera de la conquista de la Nueva España*, Porrúa, colección Sepan Cuantos, núm. 5, México, 1976.

Durán, fray Diego, *Historia de las Indias de Nueva España e Islas de Tierra Firme*, Biblioteca Porrúa de Historia, núm. 36, tomo I y II, México, 2006.

Fernández de Oviedo, Gonzalo, *Sucesos y diálogo de la Nueva España*, Biblioteca del Estudiante Universitario, núm. 62, UNAM, México, 2007.

García Icazbalceta, Joaquín, *Opúsculos y biografías*, Biblioteca del Estudiante Universitario, núm. 38, UNAM, México, 1994.

Garibay K, Ángel María, *Teogonía e historia de los mexicanos, tres opúsculos del siglo XVI*, Porrúa, colección Sepan Cuantos, México.

Garza, Mercedes de la, "El matrimonio, ámbito vital de la mujer maya", en *Arqueología Mexicana*, vol. X, núm. 60, México, marzo-abril de 2003.

Gay, José Antonio, *Historia de Oaxaca*, Porrúa, colección Sepan Cuantos, núm. 373, México, 2000.

Gibson, Charles, *Los aztecas bajo el dominio español 1519-1810*, Siglo XXI, México, 2003.

Gonzalbo Aizpuru, Pilar, *Las mujeres en la Nueva España. Educación y vida cotidiana*, El Colegio de México, México, 1987.

González Marmolejo, Jorge René, "Algunos grupos desviantes en México colonial", en *Familia y sexualidad en Nueva España*, FCE, colección SEP/80, México, 1982.

Gruzinski, Serge, "La 'Conquista de los cuerpos'. Cristianismo, alianza y sexualidad en el altiplano mexicano: siglo XVI", en *Familia y sexualidad en Nueva España*, FCE, colección SEP/80, México, 1982.

_____, "Matrimonio y sexualidad en México y Texcoco en los albores de la conquista o la pluralidad de los discursos", en *Seis ensayos sobre el discurso colonial relativo a la comunidad doméstica*, Departamento de Investigaciones Históricas, INAH, Cuadernos de Trabajo, núm. 35, México, 1980.

Herren, Ricardo, *La conquista erótica de las Indias*, Planeta, México, 1992.

Jiménez López, José C. Martínez Sosa, Gloria. Hernández Flores, Rocío, "Las huellas de las enfermedades de los huesos", en *Arqueología Mexicana*, vol. XIII, núm. 74, México, julio-agosto de 2005.

Krickeberg, Walter, *Las antiguas culturas mexicanas*, FCE, México, 2003.

Lagunas Rodríguez, Zaid, "El uso ritual del cuerpo en el México prehispánico", en *Arqueología Mexicana*, vol. XI, núm. 65, México, enero-febrero de 2004.

Landa, fray Diego de, *Relación de las cosas de Yucatán*, Porrúa, colección Biblioteca Porrúa de Historia, México, 1982.

Las Casas, fray Bartolomé de, *Apologética historia sumaria cuanto a las cualidades, disuasión, descripción, cielo y suelo destas tierras, y condiciones naturales, policías, repúblicas, manera de vivir y costumbres de las gentes destas Indias Occidentales y Meridionales, cuyo imperio soberano pertenece a los reyes de Castilla*, Instituto de Investigaciones Históricas, UNAM, México, 2 vol., 1976.

_____, *Los indios de México y Nueva España*, Porrúa, colección Sepan Cuantos, núm. 57, México, 1987.

León-Portilla, Miguel, *Toltecáyotl. Aspectos de la cultura náhuatl*, FCE, México, 2003.

―――――, *La visión de los vencidos. Relaciones indígenas de la conquista*, Biblioteca del Estudiante Universitario, núm. 81, UNAM, México, 2005.

―――――, *Los antiguos mexicanos a través de sus crónicas y cantares*, FCE, Colección Popular, núm. 88, México, 2004.

―――――, *La tinta negra y roja. Antología de poesía náhuatl*, ERA-El Colegio Nacional-Galaxia Gutenberg, Círculo de Lectores, México, 2008.

―――――, y Silva Galeana Librado, *Huehuehtlahtolli, Testimonios de la antigua palabra*, Secretaría de Educación Pública-FCE, México, 2003.

López Austin, Alfredo, "La sexualidad entre los Antiguos Nahuas", en *Familia y sexualidad en Nueva España*, FCE, colección SEP/80, México, 1982.

―――――, *Cuerpo humano e ideología. Las concepciones de los antiguos nahuas*, 2 vols., Instituto de Investigaciones Antropológicas, UNAM, México, 1980.

―――――, "La composición de la persona en la tradición mesoamericana", en *Arqueología Mexicana*, vol. XI, núm. 65, México, enero-febrero de 2004.

López de Cogolludo, Diego, *Historia de Yucatán*, Campeche, México, 1954.

Lozoya, Xavier, "Spa: Salute per Aqua, el temazcalli", en *Arqueología Mexicana*, vol. XIII, núm. 74, México, julio-agosto de 2005.

Marion, Marie-Odile, *El poder de las hijas de la Luna*, Conaculta-INAH-Plaza y Valdés, México, 1999.

Martin, Simon y Grube, Nikolai, *Crónica de los reyes y reinas mayas*, Planeta, México, 2002.

Martín del Campo, Marisol, *Moctezuma Xocoyotzin*, Planeta, México, 2005.

Martínez, José Luis, *Hernán Cortés*, FCE-UNAM, México, 2003.

Matos Moctezuma, Eduardo, "Embarazo, parto y niñez en el México prehispánico", en *Arqueología Mexicana*, vol. X, núm. 60, México, marzo-abril de 2003.

———, "Testimonios de las enfermedades en el México antiguo", en *Arqueología Mexicana*, vol. XIII, núm. 74, México, julio-agosto de 2005.

Mediz Bolio, Antonio, *La tierra del faisán y del venado*, México, 1957.

Molina, fray Alonso de, *Vocabulario en lengua castellana y mexicana*, Ediciones Cultura Hispánica, España, 1944.

Nájera Coronado, Martha Ilia, *Los Cantares de Dzitbalché en la tradición religiosa mesoamericana*, Instituto de Investigaciones Filológicas, UNAM, México, 2007.

Olivier, Guilhem, *Conquistadores y misioneros frente al pecado nefando*, en Historias, vol. 28.

———, *Tezcatlipoca. Burlas y metamorfosis de un dios azteca*, FCE, México, 2004.

Ortiz de Montellano, Bernardo, "Medicina y salud en Mesoamérica", en *Arqueología Mexicana*, vol. XIII, núm. 74, México, julio-agosto de 2005.

Piña Chan, Román, *Las culturas preclásicas en la cuenca de México*, FCE, México, 1955.

———, *Una visión del México prehispánico*, Instituto de Investigaciones Históricas, UNAM, México, 1967.

———, *Chichén Itzá. La ciudad de los brujos del agua*, FCE, México, 2003.

Proskouriakoff, Tatiana y Joyce Rosemary A, compiladoras, *Historia Maya*, Siglo XXI, colección América Nuestra, México, 2007.

Quezada, Noemí, *Amor y magia amorosa entre los aztecas. Supervivencias en el México colonial*, Instituto de Investigaciones Antropológicas, UNAM, México, 1996.

———, *Sexualidad y magia en la mujer novohispana: siglo XVI*, en Anales de Antropología, vol. XXIV, Instituto de Investigaciones Antropológicas, UNAM, México, 1987.

Rodríguez Shadow, María J., *La mujer azteca*, Universidad Autónoma del Estado de México, colección Historia, núm. 6, México, 2000.

Rodríguez V. María J., "Sexo y erotismo entre los antiguos nahuas", en *Cuicuilco*, núm 23-24:19-28, Escuela Nacional de Antropología e Historia, México.

Ruiz de Alarcón, Hernando, *Tratado de las supersticiones y costumbres gentílicas que oy viennen entre los indios naturales de esta Nueva España, escrito en México, año de 1629*, 2 vols., Fuente Cultural, México, 1953.

Ruz, Mario Humberto, "De cuerpos floridos y envolturas de pecado", en *Arqueología Mexicana*, vol. XI, núm. 65, México, enero-febrero de 2004.

Sahagún, fray Bernardino de, *Historia general de las cosas de Nueva España*, 4 vols., Porrúa, colección Sepan Cuantos, núm. 300, México, 1989.

_____, *Códice Florentino. Manuscrito 218-02 de la Colección Palatina de la Biblioteca Medicea Laurenziana*, 3 vols., Archivo General de la Nación, México, 1979.

Serrano Sánchez, Carlos, "Mestizaje y características físicas de la población mexicana", en *Arqueología Mexicana*, vol. XI, núm. 65, México, enero-febrero de 2004.

Sharer, Robert J., *La civilización maya*, FCE, México, 2003.

Solís Olguín, Felipe, "El imaginario mexicano en torno a la sexualidad del México prehispánico", en *Arqueología Mexicana*, vol. XI, núm. 65, México, enero-febrero de 2004.

Soustelle, Jacques, *La vida cotidiana de los aztecas en vísperas de la conquista de México*, FCE, México, 2003.

_____, *Los mayas*, FCE, México, 2003.

_____, *El universo de los aztecas*, FCE, México, 2004.

Tate, Carolyn E., "Cuerpo, cosmos y género", en *Arqueología Mexicana*, vol. XI, núm. 65, México, enero-febrero de 2004.

Tibón, Gutierre, *Historia del nombre y de la fundación de México*, FCE, México, 2005.

Tiesler, Vera y Cucina, Andrea, "Las enfermedades de la aristocracia maya en el Clásico", en *Arqueología Mexicana*, vol. XIII, núm. 74, México, julio-agosto de 2005.

Thompson, J. Eric S., *Grandeza y decadencia de los mayas*, FCE, México, 2002.

_____, *A Commentary on the Dresden Codex*, American Philosophical Society, Estados Unidos, 1972.

_____, *Historia y religión de los mayas*, Siglo XXI, México, 2008.

Torquemada, fray Juan de, *Monarquía Indiana*, Biblioteca del Estudiante Universitario, núm. 84, UNAM, México, 1978.

Trueba Lara, José Luis, *Historia de la sexualidad en México*, Grijalbo, México, 2008.

Vaillant, George C., *La civilización azteca*, FCE, México, 2003.

Viesca T. Carlos, "Las enfermedades en Mesoamérica", en *Arqueología Mexicana*, vol. XIII, núm. 74, México, julio-agosto de 2005.

Villa Rojas, Alfonso, *La imagen del cuerpo según los mayas de Yucatán*, en Anales de Antropología, vol. XVIII, tomo 2, México, UNAM, Instituto de Investigaciones Antropológicas, México, 1980.

_____, *Los mayas*, UNAM, México, 1985.

Whitecotton, Joseph W., *Los zapotecos. Príncipes, sacerdotes y campesinos*, FCE, México, 2004.

Zorita, Alonso de, *Historia de la Nueva España*, Biblioteca mexicana de la Fundación Miguel Alemán, México, 1999.

ÍNDICE

MÉXICO PREHISPÁNICO

LOS NAHUAS
1. Las deidades y el sexo 13
    Deidades de la voluptuosidad 20
    Tlazoltéotl 25
    Símbolos del pecado y los placeres sexuales 30
2. Los atributos sexuales del cuerpo 34
3. El viejerío y su papel en la conformación
   de los señoríos (*esposas, concubinas y mancebas*) 38
4. Mujer: botín de guerra o carnada política 59
5. La concepción de los hijos:
   así en el Cielo como en la Tierra 66
6. Sementales y cogelones famosos 72
7. Con ninguna agua te podrás limpiar 80
    Chalchiuhnenetzin, la Lucrecia Borgia azteca 91
8. De mujeres abusadas y vírgenes desfloradas 97
9. Mujeres alegres de la vida airada 101
10. Viejitos libidinosos 111
11. Desviaciones sexuales 121
    El pecado nefando 121
    Lesbianismo 126
    Voyeurismo 128
    Masturbación 129

    Incesto 129
    Pedofilia 130
    Desnudez 130
    Orgías 131
    Ritos fálicos 134
12. Enfermedades venéreas, conjuros y curaciones ... 137

LOS MAYAS

1. De cómo las mujeres heredaron una vagina
   con forma de pezuña de venado 143
2. Belleza de la mujer maya, tinos y desatinos 151
3. El corazón de la casa 158
4. El arte de la seducción y los amores clandestinos ... 166
   La leyenda de Oja y las mujeres golosas 178
5. Nomenclatura sexual 181
6. Miscelánea de perversiones sexuales 184
7. La leyenda del enano de Uxmal
   y otros jorobados libidinosos 193

LOS MIXTECAS Y ZAPOTECAS

1. Gigantes lascivos y sodomitas 203
2. Los riesgos del sexo entre las Gentes de las Nubes .. 209
3. La carne de mujer como un manjar apetitoso 215
4. Una bruja seductora 219
5. La leyenda de Cozijoeza
   y la princesa Coyolicatzin 221

CONQUISTA E INICIO DE LA COLONIA

1. Codicia sexual entre los conquistadores 229
2. Mancebías y otras conductas sexuales 245

3. Breve historia de una concubina célebre 257
4. *Güevos* revueltos y degustación
    de otros desaguisados 263
    El delito de solicitación y los curas depravados ... 272
    La sodomía no conoce fronteras
        y menos sabe de sotanas 279
    Amoríos con burras, chivas
        y otros cuadrúpedos cachondos 283
    Lenocinio: padrotes y madrotas
        en el Nuevo Mundo 283
5. Magia erótica 288
6. El Santo Oficio de la Inquisición
    y las *marranas* mexicanas 299

Agradecimientos 307
Bibliografía 309